KB076177

다문화사회와
한국 이민정책의 이해

INTERPRETATION OF MULTICULTURE SOCIETY
& KOREAN IMMIGRATION POLICY

다문화사회와
한국이민정책의 이해

초판 1쇄 인쇄 ㅣ 2015년 01월 30일
개정판 1쇄 발행 ㅣ 2022년 01월 15일

지은이 ㅣ 김태환
펴낸이 ㅣ 최화숙
편집인 ㅣ 유창언
펴낸곳 ㅣ 집사재

등록번호 ㅣ 제1994-000059호
출판등록 ㅣ 1994. 06. 09

주소   ㅣ 서울시 성미산로2길 33(서교동), 202호
전화   ㅣ 02)335-7353~4
팩스   ㅣ 02)325-4305
이메일   ㅣ pub95@hanmail.net ㅣ pub95@naver.com

ⓒ 2022 김태환
ISBN 979-89-5775-162-6 93350
값 23,000원

개정판

다문화
사회와
한국
이민정책의
이해

김태환

INTERPRETATION OF MULTICULTURE SOCIETY
& KOREAN IMMIGRATION POLICY

집사재

개정판 머리말 〉〉〉

이 책의 초판을 출간한 지 벌써 7년이 흘렀다. 시간의 화살이 이렇게 무심하면서도 빠르게 지나는 동안 정책을 둘러싼 환경과 법제도에도 변화가 많았다. 학계에서는 2016년 한국이민정책학회가 출범했고 이민정책연구원은 설립·활동한 지 12년이 되었다. 2018년 예멘 난민 사태가 있었고 2021년 국적법 개정 논의, 아프간 특별기여자 391명의 입국과 체류허가가 있었고 그 과정에서 뜨거운 논쟁들이 있었다.

2022년은 제3차 외국인정책기본계획, 제3차 다문화가족정책 기본계획 시행 5년째의 결실을 맞는 해이고 새 정부가 출범하는 해인데, 학회와 공직의 고마운 많은 분들의 도움과 독자들의 성원에 힘입어 미뤄왔던 책의 개정판을 낼 수 있게 되어 감회가 새롭다.

국가의 적극적 이민정책은 공동체가 지속 가능한 문화다양성 사회로 성장하며 나아갈 수 있게 한다. 다양성이 넘치고 번영하는 사회는 공동체의 각 부문에서 창의성과 역동성이 중단 없이 작동되는 사회이다.

　이민정책은 번영을 누려온 국가들이 이미 먼 옛날, 초기 국가의 틀을 만들고 국민국가를 지향할 때부터 변함없이 유지 · 발전시킨 타문화 인정 및 포용정책이다. 국민국가는 민족과 인종의 역사, 문화 간 교류, 경쟁과 협력의 결과로 형성된 공동체이다.

　앞선 선진 국가인 미국, 캐나다와 영국, 프랑스, 독일 등의 성장 원동력도 역사 속에서 다민족 · 다문화의 갈등과 고통을 보듬고 가꾸어온 덕분에 만들어졌다. 중세 이탈리아 베네치아의 경제 · 문화적 성장도 유태인을 적극 수용하고 받아들인 다양성 존중과 관용의 정신에서 비롯되었다.

　지구촌의 인구이동과 이주는 코로나의 팬데믹 상황 속에서 잠시 주춤거리고 있지만 인구학자들은 이주민의 한국사회 유입과 증가추세는 앞으로도 계속될 것이라고 예측한다. 이주민은 지역에서, 이웃에서, 일터에서 우리와 몸을 부대끼며 함께 살고 있다. 현실의 삶에서 이들은 이미 공동체의 구성원이다.

　한국이 다문화사회를 준비하고 이민정책을 체계화하며 국민의 개념을 재해석해야 하는 이유가 여기에 있다. 국민은 국가 정체성, 한국인다움과 한국문화 정체성이 갖는 특정한 가치와 행동 양식을 생활 속에서 따르는 사람들이다. 그런데 국민이 되기를 희망하는 이주민도 국가 정체성, 한국인다움의 행동양식을 이해하고 수용하면서 귀화하면 국민 구성원이 된다. 국민은 이렇게 만들어지기도 한다.

한국이 오늘날 지구촌 민주주의와 문화다양성 가치의 씨앗에 꽃을 피울 수 있었던 이유는 경제성장에 힘입은 바 크지만, 역사 속에서 국민들이 민족에 대한 자긍심과 함께 이웃 국가와 타민족의 문화를 대승적으로 인정하고 포용하는 관용적 태도도 큰 몫을 하였다.

이제 한국은 지구촌을 선도하는 G20 국가들 중에서도 중추적 리더국이 되었다. 이민정책 전담조직 구축, 지방정부 주도의 이민행정, 다문화사회 전문가 육성, 일선 학교의 문화다양성 교육 등이 체계화되고 내실화될 때 한국은 국격을 말할 수 있는 이민정책 선도국, G10 문화 강국이 되어 있을 것이다.

2022년 1월

김 태 환

들어가며 >>>

지난 20년 가까이 지속적으로 증가해 온 이주노동자와 여성 결혼이민자의 한국으로의 이주는 한국이 단일민족이나 단일문화의 강조를 통한 국가성장의 의식이나 사고로부터 일대 전환이 필요하다는 계기를 주는 상징적인 사건이다. 따라서 한국사회가 이들 이민자들을 앞으로 어떠한 관점에서 바라보고 또 이들을 공동체의 구성원으로 어떻게 받아들이는지를 예의 주시하면 한국사회의 개방성과 성숙한 포용성 등의 수준을 평가할 수 있는 지표들을 발견할 수 있다. 이 글은 다문화사회와 이민정책의 규범적 기초가 되는 개념과 의미를 살펴보고 현재까지 지속되고 있는 이주노동자와 결혼여성이민자들의 한국으로의 대규모 이주로 인해 대응하고 작동하는 한국 이민정책의 이중성 현상을 살펴본다. 이것은 두 가지 큰 맥락, 즉 사회의 의식구조와 정부

정책시스템의 틀 속에서 다루어진다.

　이주노동자와 여성결혼이민자의 한국으로의 대규모 이주현상을 한국과 송출국과의 관계에만 한정하여 보거나 경제적 필요 혹은 사회적 필요에 의한 편익의 관점에서만 보는 시각은 매우 부적절하다. 무엇보다도 이민자들이 왜 이주해 오는가에 대한 동기와 관련하여 이주노동자와 여성결혼이민자의 다른 성격과 정체성 그리고 공동체로의 적응 방식의 차이, 국제적 이민추이의 변화와 한국의 위상 등에 대한 진지한 이해가 동시에 고려되는 종합적 성찰과 접근 태도가 매우 필요하다. 물론 여기에는 정의 내리기 어려운 다양한 이주의 이유들도 있을 것이며 개인적 편차 또한 매우 클 것이 틀림없다. 그럼에도 불구하고 이민정책은 이민자가 주류 공동체에 합류한 초기부터 어느 누구나 그 사회에서 기본적으로 생존의 어려움을 경험하고 또 느낀다는 점을 전제로 해야 한다. 다시 말해 이민정책은 이주민들이 좀 더 나은 공간과 기회를 선택하려 하는 노력에 정책이 어떻게 부응해야 하느냐의 차원에서 출발해야 한다.

　국경을 넘는 이민자들의 한국으로의 이주는 이민자들에게는 '생존과 새로운 삶을 향한 도전'이고 그 도전은 중단 없이 계속될 것이다. 따라서 이민자들에게 더 나은 삶에 대한 희망을 주는 공동체의 포용과 관용적 정책 대응 등도 중단되어서는 안 된다. 이민자들이 낯선 환경에서 지속적으로 발생하는 제약요인과 불안한 사회 제도적 조건 등을 개선시키려는 노력을 하는 것에 대해 국가나 사회가 평등한 권리보장을 위해 이들을 돕는 것은 너무나도 당연하다. 오늘날 많은 국가에서 이민을 정책적으로 통제하고 있음에도 불구하고 상대적으로 비교적 잘 사는 국가들로 유입되는 이주민 인구가 점점 그 사회에 더 많이 늘어나게 되면서 이민자들은 필연적으로 그 사회에 경제적·정치적으로 중요한 위치를 차지하게 되었다. 그러나 현재 이민 유입국들의 일반적인 이민정책은 그 역사적 경험과 정치적 해결 노력에도 불구하고 아직도 주로 노동력의 이동과 국가와 국가 간 인구이동의 관점에서만 바라보는 성향이 있다. 이 같은 성향은 후발이민유입국인 아시아권의 한국이나 싱가포르, 일본 등도 다르지 않다. 그러나 한 국가의 이민정책은 인류 보편의 이주문제를 다루는 국제사회와의 연대의 차원 그리고 공동체 내 소수자로서의 정체성과 인권의 현주소를 함께 묻는 맥락에서 이해해야 한다.

왜냐하면 우리가 지향하는 미래의 이민정책은 과거에 많은 국가들이 경험했던 것처럼 당면한 문제해결 과제인 국가의 과잉노동력의 송출 또는 부족한 노동력의 보충 등과 같은 단순한 노동력의 조달이나 배급차원으로만 볼 수 있는 사안이 아니기 때문이다.

지구촌의 이주현상은 세계 경제 불평등의 증대, 최상위 부국들의 노령화, 기후 변화, 전쟁, 인권·안보·자유부문 등에서 나타나는 단층선의 영향으로 향후 수십 년간 더 강화될 것이다 (Victor, 2008). 세계 이민의 증가추이와 이동현상은 앞으로도 더 늘어나거나 확장될 것이다. 따라서 각 개별 국가나 국제사회의 이민정책은 이러한 이민 추세의 국제적 성격과 인구이동의 변화

등을 고려하면서 협력과 상생의 정신으로 추진되어야 한다.

이민자들은 최종정착지를 어느 특정한 한 국가나 공동체로 한정하지 않고 동아시아를 넘어 전 세계를 대상으로 이주한다. 그런데도 이주노동자와 결혼여성이민자가 다른 국가를 선택하지 않고 한국을 이주의 대상으로 선택하고 있는 이유는 단지 경제적인 관점을 넘어서 더 심층적인 이해와 설명을 필요로 한다. 따라서 한국이 이들 이민자를 대하는 정책은 이주민의 대한민국 선택의 구체적 이유, 국가들 사이의 다른 이주의 역사, 이주민 개인의 서로 다른 현실과 심리적 선호 등을 종합적으로 고려하는 상황인식과 대처를 요구하고 있다. 이민자를 대하는 정책은 한국으로 이주해온 이민자 개인의 단순한 결정사항이라는 항목에 대한 처방으로만 한정할 수 없다. 그가 누구든, 어디에서 왔든 모든 국가들이 함께 관심을 가져야 할 복잡하고도 다차원적인 사인이다. 이는 국제적 인구이동, 노동 이주, 결혼이주, 유학, 미등록 이주, 난민 등의 다면적인 현상들을 함께 고려하고 해결하려는 과제와 어쩔 수 없이 연결된다.

한국의 이민정책은 경제적 관리와 통제의 측면에서 주로 외국 인력의 유입정책 등에만 많은 관심을 갖고 이민정책을 수행하여 왔다고 볼 수 있다. 그러나 앞으로는 중·장기적인 관점에서 이민자의 권익신장, 국제사회와의 연계와 협력 그리고 외국 숙련노동력의 한국 노동시장으로의 적극적인 유입과 확대 등으로 변화를 이끌어내야 한다. 즉 이민정책을 국가 대 국가를 보는 관점, 국제사회 노동력의 유입과 유출이 적절히 균형을 이루는 관점, 인권과 평등의 관점 등에서 개방하고 상호 수용적 태도로 접근시켜야 한다. 이미 한국에서도 이민자의 상당수가 결국 한국사회에 정착하려는 경향을 보이고 있고 이에 따라 일시적 노동이주와 장기체류, 단기거주와 영구거주의 이민자 분류체계의 경계를 가르기가 매우 어려워지고 있다. 상황이 이런데도 한국의 이민정책과 이민자를 대하는 정책의 현실은 아직도 분절적이고 행정 편의적인 부분이 너무 많다.

한국에서 다문화사회는 어느덧 우리에게 매우 친숙하고도 익숙한 담론이 되었다. 그러나 과연 다문화사회를 맞는 우리의 이념적 · 규범적 기초는 튼튼한가? 또 이민자를 대하는 자유, 평등 그리고 인정의 정치는 제 길을 가고 있는가? 이러한 물음에 조금이나마 답을 하기 위해 이 글이 검증한 한국 이민정책의 현장은 매우 위태롭다. '다문화'로 예쁘게 포장된 담론과 이민정책은 상당히 포용적이고 사회통합에 충실하며 관용적으로 보인다. 그러나 현실에서는 단일문화 가치의 유지과 경제 편익의 논리 그리고 가부장적 사회의 전통적 이념들을 중시하는 내용이 정책 저변의 바탕에 깊게 깔려 있다. 정책기조의 이 바탕은 또한 매우 견고하다. 그러나 만일 이와 같은 정책이 조만간 반성되어 새롭게 전환되지 않고, 지금처럼 계속 이어진다면 중 · 장기적으로 동아시아 공동체의 상호발전과 이해의 증진을 위한 협력에도 커다란 장애요인이 될 것이다.

이 책이 세상에 나올 수 있었던 것은 여러 고마운 분들의 지원과 사랑에 힘입었기에 가능하였다. 먼저 강원대학교의 임의영 교수님에게 마음으로부터의 감사를 이 지면을 빌려 다시 한번 드린다. 임의영 교수님은 처음부터 끝까지 이 글의 문제의식을 지지해 주셨고, 한편으로는 중단 없는 채찍과 비판으로 글의 문제의식과 논의의 방향이 상호 잘 조우할 수 있도록 해 주셨다. 또한 글을 쓰는 과정에서 더 많이 숙고하게 하고 관심과 조언을 아끼지 않으셨던 강원대학교의 김대건 교수님, 격려를 주신 홍형득 교수님께도 감사드린다. 한중대학교의 이기식 교수님은 원고를 읽어주시고 책의 구도를 조정하는 데 필요한 많은 조언과 의견을 주셨다.

다음으로 평생의 스승이신 성균관대학교의 허 범 명예교수님께 감사드린다. 허 범 교수님은 1986년 대학원에서 공부를 시작했을 때부터 지금까지, 행정학 공부의 즐거움을 알게 해 주셨고 특히 정책학을 평생의 내가 해야 할 학문으로 가슴에 품을 수 있도록 인도해 주셨다.

그리고 사랑하는 아내 전미경에게 고마운 마음을 전한다. 돈을 벌어 가족을 부양하고 생활을 어렵지 않게 해야 하는 책무가 반려자인 나에게 있는 데도 불구하고 기회 있을 때마다 나는 이를 소홀히 하였다. 아내는 책을 읽고 글을 쓰는 일에 더 많은 시간과 에너지를 투입하는 남편인데도 이를 마다하지 않고 오히려 지지하고 성원해 주었다. 힘들 때마다 마음속으로부터 솟구치는 눈물이 얼마나 많았겠는가? 이를 감내하면서도 기문이와 기현이를 멋지게 키운 아내 미경이 있었기에 이 책이 세상에 나올 수 있었다.

마지막으로 어려운 출판환경에도 불구하고 기꺼이 이 책의 출판을 결정해 주신 도서출판 집사재의 유창언 사장님께 감사드린다.

2015년 1월

김태환

차례 >>>

제1장

다문화사회의
이해

>>>

　　다문화사회 담론은 최근 여러 국가들과 학자들에
게서 매우 활발하게 논의되고 있다. 다문화 담론을 주도하고 대
표한다고 할 수 있는 킴리카Kymlicka(1995)는 '한 국가가 만약 그
구성원들이 서로 다른 민족에 포함되는 다민족 국가에 소속되어
있거나 아니면 서로 다른 민족으로부터 국경을 넘어 온 다인종
문화 국가에 소속되어 있어서, 이러한 사실이 개인적 정체성과
정치적 생활의 중요한 부분이라면 다문화적이라고 할 수 있다'
고 하였다. 킴리카는 다문화사회를 다민족으로 구성된 국가 혹
은 다른 지역으로부터 이주해온 인종에 의해서 이루어진 다인종
이 모인 국가로 구분한다. 그리고 대부분의 국가나 집단이 이러
한 국가의 범주에 포함되어 있을 수밖에 없기 때문에 우리들 대
다수가 다문화사회에 살고 있다고 하였다.

실제 현실에서 사회나 문화들은 수많은 부분의 상호교환이 존재하며 따라서 공동체와 문화들은 서로 간에 많은 영향을 줄 수밖에 없다. 이제 사회와 문화는 서로 연계적일 수밖에 없어서 현실에서 고유하다거나 특별하다고 하는 문화는 거의 존재하지 않는다. 따라서 오늘날의 지구촌에서 다양한 삶을 공유하고 때론 교환하며 살아가는 사람들이 고유문화나 단일문화를 강조하는 것은 매우 부자연스럽고 비이성적이다. 사실 어떤 한 자긍심을 가진 문화가, 더 풍성하고도 다양한 문화적 삶을 바라면서 동시에 독특한 문화를 유지하려고 한다는 것은 매우 모순된 상황이다.

　　어느 특정 사회나 국가가 문화의 개별적 특징이나 고유성을 유난히 강조하는 것은 오히려 문화적 풍성함과 다양화의 과정을 막는 역할을 할 수도 있다. 이러한 견해를 뒷받침하듯 왈드론 (J.Waldron, 1992)은 민족문화나 사회의 고유문화를 독립적으로 또는 개별적으로 구분하는 것이 얼마나 타당하거나 혹은 의미를 가질 수 있을지에 대해 의문을 제기한 바 있다. 그는 어느 특정 공동체가 그들의 고유문화를 강조하고 또 이를 개별적으로 구분하는 작업은 그 문화가 어떻든 간에 다른 문화와 고립되어 있고 또 외부의 영향으로부터도 침투를 받지 않는다고 미리 상정하는 것이라고 하였다. 이러한 견해나 주장들에서도 알 수 있듯이 현대사회에서 대부분의 사람들은 서로 영향을 주고받는 다문화사회에 살고 있지만 그렇다고 해서 다문화사회를 한마디로 해석하거나 정의하기도 쉽지 않다.

한국 법무부의 정책 자료에 의하면 다문화사회란 '언어, 종교, 관습, 국적, 인종, 민족 등 다양한 문화적 배경을 가진 이민자 등이 사회구성원으로 참여하여 이루어진 사회'를 뜻하는 것으로 규정하고 있다.[1] 그런데 이렇게 광범위한 범주를 갖는 다문화사회는 이를 이론적·철학적으로 뒷받침하는 다문화주의와 관련 용어들의 의미와 개념 정의를 필요로 한다. 이들 개념들에 대해 생각하고 검토하는 것은 다문화사회와 한국 이민정책의 현재를 보다 정확하게 인식하게 하고 미래 한국의 이민·다문화정책의 기초를 다지는 전제조건이다. 따라서 제1장에서는 이민 및 다문화사회의 담론이 내포하고 있는 다문화주의 그리고 인권과 이민자, 이민자의 사회적 소수자로서의 지위, 민족, 인종, 국가에 대한 개념과 의미를 살펴본다.

---

1) 법무부, 출입국·외국인정책본부 (2008). 외국인정책기본계획.

1. 다문화주의

　이민정책을 논의하기 위해서는 먼저 다문화사회를 정의해야
하고 다문화사회를 정의하기 위해서는 다문화주의의 개념을 파
악하고 이해해야 한다. 다문화주의가 함의하는 철학적ㆍ문화
적ㆍ정치적 의미는 민주주의만큼이나 매우 폭넓고 다양하다. 이
렇게 폭넓고 매우 다양한 다른 관점과 해석 때문에 한국사회는
아직도 이 개념을 정의하고 표현하는 이론적ㆍ사회적 합의를 갖
지 못하고 있다. 사실 한국의 이민정책이 제자리 찾기를 못하는
이유 중의 하나는 바로 다문화사회와 다문화주의에 대한 사회적
합의의 결핍 때문이기도 하다.

　킴리카(2002)는 '다문화주의multicuturalism'라는 용어가 내재적
으로 혼동을 불러일으킨다고 하였다. 왜냐하면 캐나다나 호주
등과 같은 국가에서는 이 용어를 그들 국가로 이주한 이민자들
을 언급할 때만 사용하기 때문이다. 다문화주의는 사실상 토착
민들과 같은 그 외의 인종 집단에는 사용하지 않는다. 반면에 미
국과 같은 국가에서 '다문화주의'는 인종 집단만을 포함하는 것
이 아니라 토착민, 종교, 장애인, 여성, 성적 소수자 등을 아우
르는 '정체성 정치'의 모든 형태를 포함하는 의미로 사용한다. 이
는 다문화주의라는 용어에 국가들마다 서로 다른 의미를 부여하
는 것에서 알 수 있다. 즉 캐나다에서 다문화주의는 편견이나 차
별의 두려움 없이 이민자들이 자신의 인종문화적 정체성을 표현
할 수 있는 권리로 지칭되고 있으며, 유럽에서는 종종 민족적 공

동체들 간에 권력을 공유하는 것을 지칭하며, 미국에서는 그것은 종종 소외된 사회집단들의 요구를 수용해 주는 것으로 이해된다.

다문화주의 개념의 사전적 정의는 '다양한 문화와 유형의 서로 다른 주변문화를 모두 제도권 안으로 수용하자는 입장' 또는 '서로 다른 문화를 세계주의나 다원주의 입장에서 유용하게 수용하자는 입장'을 말한다. 이러한 의미의 다문화주의는 선진 이민국에서 다양화되고 있는 담론 차원에서 거론할 때 주로 소수집단의 이해를 사회적, 정치적 영역에서 보다 중요하게 부각시키는 차이의 정치를 펴는 연장선상에서 나타난 개념이라고 이해하기도 한다. 윤인진(2008)은 다문화주의를 '한 사회 내의 다양한 인종집단들의 문화를 단일한 문화로 동화시키지 않고 서로를 인정하고 존중하면서 공존하게 하는 데 목적이 있는 이념체계'라고 하였다. 또 원숙연(2008)은 다문화주의를 '차이의 철학과 정치학을 근간으로 하며, 차이에서 오는 차별을 시정하기 위한 제도적이고 집합적인 노력을 포함하는 것'이라고 하였다.

한편 킴리카는 다문화정책의 기반이 되는 개념인 다문화주의를 논의하면서 문화적 다양성과 차이에 충분한 관심을 가져야 한다고 하였다. 그는 또 다문화주의가 '자유민주주의에 의한 광범위한 합의와 지지가 전제된 조건에서 다양한 문화적 주체들의 특수한 삶의 권리를 제도적으로 보장하는 것을 의미한다'고 하였다. 또한 그는 다문화주의에 근거한 다문화정책을 '주류 또는 다수집단과 다른 비주류 또는 소수자 집단의 차이에 대한 제도적 보장'이라고 하였다.

킴리카는 다문화주의를 캐나다 정부가 1960년대 이전에 '다문화적'이라는 용어의 혼선과 '다인종문화적'이라는 용어의 애매성, 이민정책의 여러 비판들에 직면하여 이민자들의 동화보다 다인종문화성을 증진시키고자 하는 1970년대 이후의 변화된 정부정책에 대해 사용하는 용어라고 하였다. 그러나 일부 프랑스계 캐나다인들은 이러한 의미의 캐나다 정부 다문화정책도 캐나다 공동체에서 민족성의 주장들을 무시하고, 주의를 다른 곳으로 돌리려는 의도로 고안한 것이라며 이러한 다문화정책을 반대한다.

한편 오늘날 유럽의 다문화주의는 인종문제에 대한 해결책으로서의 의미를 가졌던 미국의 다문화주의와는 달리 문화와 정체성을 인정해 준다는 의미이다(Joppke, 1998). 이와 관련하여 특히 영국정부는 2000년대에 들어서면서부터 영국을 다인종 · 다문화 사회로 간주하며 이를 영국의 성격으로 수용해야 한다는 주장을 강하게 제기하여 왔다. 영국은 최근 이슬람 문화와의 갈등, 영국 내 이슬람노동자들의 테러사태 등을 겪으면서 오히려 영국이 타문화와의 공존을 위해 더 많은 노력을 해야 한다는 공감대를 형성하였다. 영국은 보다 유연하게 이슬람문화와 타문화들을 수용하려는 의지를 보이며 이러한 문화적 다양성이 영국의 새로운 국가정체성으로 자리매김하기를 희망하며 새로운 다문화주의를 말하기 시작하였다. 이러한 사례들을 통해서도 잘 알 수 있듯이 실제에서 우리가 사용하고 있는 '다문화주의'는 그 용어를 사용하는 국가·사회의 배경이나 성격에 따라 다르게 해석되기도 하고 또 오해와 의심을 사기도 하는 개념이기도 하다.

그럼에도 불구하고 이혜경(2008)은 다문화주의를 기반으로 한 전 세계의 이민정책이 각 국가에 따라서 정도의 차이는 있지만 그 방향에 있어서는 확대와 통합의 방향으로 수렴되는 경향을 보여준다고 하였다. 한편 구견서(2005)는 다문화정책을 특정의 인종집단이 무시되거나 차별받는 것을 방지하고 차이에 근거한 사회·정치·경제적 갈등을 해소하며, 인간으로서의 보편적 권리를 향유하도록 함을 목적으로 하는 제도적 개입으로 규정할 수 있다고 하였다. 따라서 이러한 다문화사회와 다문화주의를 기반으로 이민자를 보는 일반적 정서와 관용적 흐름 등은 최근 세계 각국의 이민정책이 무엇보다 이들 개념을 열린 개념으로 정의하고 자리매김하는데 초점을 두고 있다고 평가할 수 있다.

2. 인권과 이민자

이민자의 자유권과 인권에 대한 개념과 정의는 이민정책을 논의하는데 반드시 필요한 담론이다. 이민정책은 국경을 넘는 이주민이 개인의 인권과 인간으로서의 존엄성을 보장받을 수 있어야 한다는 전제에서부터 이의가 없어야 그 정책의 의의가 살아날 수 있다. 인권이란 한 개인이 인간으로서 갖는 일련의 권리를 의미한다. 여기에서 인간으로서 갖는 권리란, 한 국가의 국민으로서, 즉 국적을 갖는 시민으로서 갖는 권리와는 구분되는 더 넓은 의미의 권리이다. 이는 국가나 국적의 한계를 넘어서는 자유로운 행위의 주체자로서의 보편적 권리를 포함하는 의미를 말한다. 이러한 의미에서 이민정책 개념이 주목하는 인권 개념은 지구촌의 모든 사람들에게 평등하게 주어져야 하는 당연하고도 보편적인 권리라고 말할 수 있다.

유엔UN의 세계인권선언은 전문에서 '모든 인류 구성원의 천부의 존엄성과 동등하고 양도할 수 없는 권리를 인정하는 것이 세계의 자유, 정의 및 평화의 기초'라고 하였다. 즉 지구촌의 모든 사람들은 모두가 차별 없이 인간으로서의 동등한 권리를 갖고 있으며 이는 지구촌의 어느 지역 혹은 국가에서도 인정하고 보장되어야 하며, 이러한 개인인권의 보장이 지구촌의 자유와 정의를 위한 기반이 된다고 하였다.

이 선언은 또 제2조에서 '모든 사람은 인종, 피부색, 성, 언어, 종교, 정치적 또는 기타의 견해, 민족적 또는 사회적 출신,

재산, 출생 그리고 신분과 같은 어떠한 종류의 차별도 받지 않고, 이 선언에 규정된 모든 권리와 자유를 누릴 자격이 있다'고 하였다. 이 규정은 그 자체로 사람들 간의 차이와 이로 인한 차별의 배경적 요소가 되는 개념이나 조건들을 되도록 조목조목 규정 속에 넣고 있다. 그리고 궁극적으로 개인의 천부적인 권리가 삶을 영위하는 지역이나 환경 또는 시간적 영역의 어디에서도 침해받아서는 안 된다는 것을 강조하였다. 이 선언 제13조 제2항은 '모든 사람은 자신의 국가를 포함하여 어떠한 국가를 떠날 권리가 있고 또 자신의 국가로 돌아갈 권리를 가진다'고 하였고, 제22조는 '모든 사람은 사회의 일원으로서 사회보장을 받을 권리를 가진다. 국가적 노력과 국제적 협력을 통하여, 그리고 각 국가의 조직과 자원에 따라서 자신의 존엄과 인격의 자유로운 발전에 불가결한 경제적, 사회적, 문화적 권리들을 실현할 권리를 갖는다'고 하였다. 이들 규정이 오늘날의 우리에게 이민자의 인권개념을 다시금 정의하고 해석하는데 주는 의미는 거주 이전의 자유와 직업 선택의 자유 그리고 국경을 넘는 이동의 자유 모두가 사람에게 매우 중요하며 따라서 이는 국가나 국제사회 모두가 보장하고 보호해야 한다는 사실이다.

이민자의 인권보호는 대부분의 국가들에서 이주노동자의 인권보호와 가장 먼저 연계되어 있다. 이주노동자들에 대한 국제적 차원에서의 보호를 위한 노력은 대부분 국제노동기구ILO의 활동에 의해 이루어져왔다. 국제노동기구는 1919년 제1회 총회에서 내국인과 이주노동자가 평등한 대우를 받아야 한다는 것을 목적으로 한 규정을 채택하였다. 이후 국제노동기구는 이주노동자의 인권을 보장하고 보호하기 위해 여러 번의 협약과 권고를 개정하고 새로운 협약을 채택하였다. 1949년 이주노동자 협약의 개정과 1975년 차별금지 협약의 개정 그리고 1990년 새롭게 채택한 '모든 이주노동자와 그 가족의 권리보호에 관한 국제협약'의 채택 등이 그것이다. 1949년 개정한 이주노동자 협약은, 모든 국가는 이주노동자가 출입국에 따른 법과 정책 그리고 생활조건에 관한 규정 등에 대한 정확한 정보를 제공해야 하며 임금, 사회보장, 노동조합 활동 보장 등의 노동조건이 내국인과 동등해야 한다는 것을 규정하였다. 1975년의 차별금지 협약은 기존의 '인종, 피부색, 성별, 민족에 의해 행해지는 모든 차별 배제 또는 우대 그리고 고용 및 직업선택의 기회, 평등의 균형을 무너뜨리거나 해치는 데 영향을 주는 것을 차별로 정의한다'는 규정에서 진일보하여 '합법적인 이주노동자뿐만 아니라 불법이주노동자들도 내국인과 동등하게 그 권리와 자녀교육 등에 관한 권리가 인정되어져야 한다'는 내용이 보강되었다.

이렇게 인권이 기본적으로 보장받아야 하는 중요하면서도 빠뜨려서는 안 되는 권리들은 모두에게 평등한 권리, 차별 없는 기회를 주는 권리, 나이나 성별을 구분하지 않는 권리라고 할 수 있다. 모든 개인은 다른 사람과 동등한 정도의 권리를 보장받아야 하며 이 권리는 개인의 차이나 집단의 차이 등에 따라 다르게 보장할 수 있는 개념이 아니다. 전통이나 문화 또는 습속과의 차이 등과 관계없이 모두에게 보편적으로 주어져야 한다. 이민정책은 이렇게 개인과 집단의 인권 그리고 인간존엄성의 본질을 생각하며 개념화하고 탐색하고 이를 적용하는 정책이다.

이민정책은 다문화주의를 그 이념으로 받아들이면서 한국뿐만 아니라 대부분의 국가들에게도 규범적 의미로 이해되고 있다. 또한 이민정책의 이념적 바탕인 인권과 다문화주의는 많은 국가들에게 국제적 규범으로 인정되고 있다. 이민자들은 인권이 보장되지 않을 때 그들에게 가해지는 가혹한 경제적·정치적 현실에 맞서서 용기 있게 싸우기도 한다. 이들의 민주주의에 기반한 자신들의 권리와 경제적 평등을 위한 항의는 필연적으로 그들의 인종이나 국적에 기초한 정체성과 문화 차이의 공감대 의식을 키운다.

다른 방향으로 말하면 자유주의적 이상은 자유롭고 평등한 개인들의 사회이다(Kymlicka, 2010). 그러나 무엇이 적정한 자유로운 '사회'인가? 대부분의 사람들에게 그들이 가장 가치 있게 여기고 누릴 수 있는 종류의 자유와 평등은 그들 자신의 사회고유문화 내에서의 자유와 평등일 것이다. 따라서 사람들은 필요하다면 그들의 민족이나 국가공동체의 존속과 번영을 위해서 기꺼이 더 큰 자유를 포기하기도 한다. 대부분의 이론들은 묵시적으로 이에 동의해 왔다며 킴리카는 그 증거로 국경의 개방을 지지하거나 심각하게 고민해본 주류 자유주의 이론가가 거의 없음을 지적한다. 또한 그는 이러한 자유와 평등의 의미가 갖는 소수자에 대한 암묵적 무시 혹은 무관심을 간과하지 않았다.

먼저 개인적 권리들은 광범위한 영역의 사회적 관계를 유지시키는데 사용될 수 있는 권리들을 말하는데 이는 본질적으로 사회적 활동들을 보호해 주기 때문에 우선적으로 가치가 있다. 개인적 권리옹호는 집단적 구성원 지위와 관계없이 모든 개인들에게 기본적인 시민적 및 정치적 권리를 보장한다면 문화적 소수자집단들이 또한 보호될 수 있을 것이라는 믿음에 근거한다. 이것은 개인의 인권이 갖는 가치와 맥락을 같이한다. 그러나 킴리카는 이것이 실질적으로 구체적인 어떤 해답을 제시해 주지는 못한다고 하였다. 언론자유의 권리도 적절한 소수자를 위한 정책이 무엇인지를 제시해 주지 않는다. 투표의 권리도 어디까지 소수자에게 부여하고 그 경계를 확정해야 하는지를 제시해 주지 않는다. 이동의 자유the right to mobility도 또한 적절한 이주민거주 정책이 무엇인지를 우리에게 구체적으로 제시해 주지 못한다.

이러한 개인적 자유와 관련한 권리들은 다문화사회의 공통적 시민권을 넘어서 특별한 법적 또는 헌법적 조치들을 통해서만 가능할 수 있다. 개인의 자유권은 어떻게 보면 이러한 '차별적 시민권' 등의 형태를 갖추어야만 보장받을 수 있거나 수용될 수 있다(Iris Young, 1989:258). 따라서 킴리카는 우리가 전통적인 개인권리의 원칙들을 견지하면서도 동시에 이를 소수자 집단권리 이론으로 보완할 필요가 있다고 보았다.

그는 개인의 인권과 자유를 위해 인간이 좋은 삶을 이끌어 가기 위해서는 두 가지 선결조건을 갖는다고 하였다. 첫째 조건은 개인들은 차별이나 처벌에 대한 두려움 없이 가치에 대한 자신의 믿음에 따라 자신의 삶을 주도하는 데 필요한 자원과 자유를 갖고 있다는 것이다. 둘째 조건은 공동체에서 우리가 이러한 믿음들에 자유롭게 의문을 제기할 수 있어야 한다는 것이다. 킴리카의 주장이 함의하는 의미는 이민자 개인의 권리와 자유의 보편성이 그 자체로 본질적인 가치를 갖고 있다고 하더라도 한 국가나 사회공동체는 이를 끊임없이 의심하며 본래의 목표를 추구해야 한다는 사실이다. 이민자인 이주노동자나 국제결혼이민자, 난민 등은 국경을 넘어 다른 국가에서 살기 시작하면서 개인의 권리를 자신의 모국에서처럼 보호받지 못하거나 혹은 그들의 모국에서보다 더 많이 침해받을 수 있는 개연성과 위험이 있기 때문이다.

3. 사회적 소수자

국경을 넘은 이민자가 마주한 주류사회 속의 다른 정체성, 즉 사회적 소수자의 지위를 갖는 이민자는 한 사회에서 다른 사회로 이동하게 되는 운명을 가진 사람들이다. 그들이 새롭게 진입한 사회 속에서 이민자는 모두 정체성의 혼란과 문화 차이를 경험한다. 이민자들은 주류사회에 들어가면서 동시에 그 사회의 소수자가 된다.

일반적으로 주류사회에서 유형화된 행동방식은 공동체의 구성원이 함께 사는 데 매우 큰 의미를 가진다. 유형화되고 습관화된 문화는 사람들에게 익숙한 경험과 질서 그리고 의미를 부여하며, 다른 사람이 특정 환경에서 어떻게 행동할 것인지를 예측 가능하게 한다.

문화적으로 결정된 규범은 우리의 언어, 행동, 감정, 사고에 영향을 준다. 그 주류문화의 규범은 사람들이 문화 안에서 적절한 행동의 준수사항과 금지사항 등을 지키게 한다. 사람들은 같은 문화를 공유하는 사람과는 그들의 말과 행동의 의미를 알기 때문에 편안함을 느끼지만, 다른 문화권에서 온 사람들의 문화적 상징에 대해서는 잘 모르거나 혹은 많은 부분 오해를 한다 (Donna M. Gollnic, 2009). 서로의 문화차이에 대한 이러한 지식의 부족함 때문에 개인적인 또는 집단적인 무례함과 불손함을 경험하기도 한다. 그런데 사람들이 문화적 규범과 행동들을 하나의 접근방식으로서가 아니라, 서로 다른 문화보다 우월한 것으로 보기 시작할 때 차이점들은 정치화된다. 이렇게 정치화된 불평등하고 차별적인 권력관계는 개인과 집단이 사회 속에서 자신의 목표를 정의하고 그것을 달성하는 능력에 큰 영향을 미치게 된다.

이러한 점에 주목한 킴리카(2010)는 평등과 소수자집단권리 group minority lights의 정확한 연관은 좀처럼 해명되지 않았지만 다음과 같은 점은 명확하다고 하였다. 즉 보편적 개인권리를 집단적 귀속성에 관계없이 모든 시민들에게 부여하는 다민족 국가는 다양한 민족 집단들 사이에서 중립적으로 보일 수 있다. 그러나 사실 그것은 체계적으로 주류 민족에게 태생적인 방법으로 어떤 특권을 줄 수 있다. 학교와 법원, 병원 및 행정의 언어사용 등과 관련한 많은 결정들을 소수민족이나 인종의 정치적 권력과 문화적 생명력을 극적으로 감소시킬 수 있다. 따라서 그는 교육, 지역자치, 언어 등을 고려하는 집단특수적 권리가 소수집단들에게 이러한 결정에서 불이익을 받지 않게 하고 그렇게 함으로써 소수자 집단들이 다수 주류집단처럼 자신만의 삶a life of its own을 유지할 수 있도록 도와줄 수 있다고 주장한다. 킴리카는 소수집단이 주류집단과 동등한 수준의 평등한 삶을 영위하기 위해서는 이렇게 집단특수적 권리의 인정이 반드시 필요하다고 하였다.

그는 또 다문화주의가 갖는 논쟁에 중요한 가정이 있는데 그것은 다문화주의의 목표가 소수자들 주장의 정의justice를 가능하고 평가하는 것이다. 그의 관심이 집중하는 정의는, 주류사회가 인종문화적 차이를 무시하고 일반적으로 다수자 집단의 편의를 도모하기 위해서 채택된 방식들을 확인하는 것이다. 이를 통해서 다문화주의가 차이를 불문하는 규칙들로부터 이탈하는 것이 본질적으로 더 정의에 가깝다고 하는 것을 검증하는 것이다.

국가와 같은 큰 공동체에서 이주노동자와 여성결혼이민자를 포함한 소수자의 위치에 있는 사람들과 주류민의 관계를 보자. 소수자와 주류민의 집단 간 차이는 오해와 불신을 키우고 갈등을 배가시킨다. 따라서 집단은 때로 지배할 것인지 혹은 복종할 것인지에 대한 결정을 위해 정치적 결속을 하기도 한다. 이러한 정치적 결속의 결과는 종종 애국심이나 집단연대의 강력한 투쟁으로 나타나기도 해서 집단 간 큰 희생의 상황을 맞기도 한다.

일반적으로 주류 공동체에서 소수자를 억압하는 많은 관행적 태도나 행위들은 과거로부터 이어져온 성적 차별, 인종적 차별, 빈부의 차별 등과 함께 비롯되었다. 이러한 부정적 행위나 차별적 인식들은 그것들의 부당한 관행적 억압기제들 때문에 점점 더 나쁜 상황을 초래하게 된다. 따라서 공동체에서 소수자에 대한 차별이나 이민자들에 대한 차별 등은 공동체가 장차 점진적으로 개선해도 되는 여유 있는 사안이 아니다. 이것은 매우 시급한 해결과제이다.

주류사회에서 이민자들에 대한 차별적 관행이나 태도들은 그것들이 개인적인 차원으로 발생해서 개인적인 차원으로 끝나는 것이 아니라 점차 사회적 편견과 정책적 편견으로 확대될 수 있다. 따라서 이러한 주류사회와 이민자 사이의 차별의 간극은 처음부터 근본적으로 벌어지지 않도록 하는 것이 가장 좋다고 할 수 있다. 차별과 편견은 한번 뿌리내리면 이를 바꾸기가 너무 어렵고 또 그 개선을 위한 심리적·사회적 비용은 너무 크다. 따라서 처음부터 강고하게 이를 허용하지 않는 사회시스템을 갖추는 것이 매우 중요하다. 방심의 대가는 너무나도 클 것이 분명하기 때문이다.

한편 주류사회에서 소수자인 이민자는 사회통합의 대상으로 인식된다. 울리(Wooley, 1998)에 의하면 사회통합은 소수자에 대한 사회적 배제exclusion와 사회적 포용inclusion을 동시에 포괄하는 개념이다. 그는 사회통합정책이 소수자와 주류민 사이의 불평등이나 차이 그리고 사회적 배제의 격차를 감소시키고 개인이나 집단 간의 사회적 관계와 네트워크를 강화하여 사회자본의 크기를 증대하는 방향으로 만들어 가는 역할을 해야 한다고 주장한다. 이렇게 소수자를 포용하는 의미를 내포하고 있는 것이 사회통합의 개념이기 때문에 그는 사회통합을 불평등과 차이를 공동체 내의 사람들이 인식한 상태에서의 역동적인 관계, 즉 공유된 가치와 상징, 사회의 정체성과 결속감 그리고 구성원들이 서로 신뢰를 만들어 가는 사회적 노력으로 정의하였다. 오늘날 지구촌의 대부분 국가들은 이민정책에서 소수자의 사회통합 개념을 중요하고도 핵심적인 개념으로 주목하며, 이민정책의 최종 목표를 의심 없이 이러한 사회통합 개념과 목표의 정당성에 맞추어 설정하고 있다.

소수자와 주류사회의 공동체가 상호 도와주며 공존하는 사회통합의 수준이 높은 사회는 개인·집단 등의 사회적 관계와 연계를 강화하는 노력이 지속적으로 이루어지는 사회다. 또 구성원들 간의 신뢰와 유대가 돈독하여 공동의 가치를 나누며, 사회적 도전 등에도 공동대처하는 사회이다. 이러한 공동체는 모두에게 동등한 기회를 보장하는 시스템을 만들기 위해 노력하는 사회이다. 이민자는 어느 국가에서나 대부분 소수자이다. 따라서 이들은 주류사회에서 스스로의 정체성에 대해 일정부분 선택을 요구 받는다. 주류사회의 정체성에 자신을 위치시키려고 하는가 아니면 이민자인 소수자로서의 정체성에 자신을 위치시키려고 하는가의 문제이다. 그러나 이 문제는 개인 그리고 공동체 모두가 함께 고민하고 풀어야 할 과제이다.

4. 민족

자신이 어떤 민족에 속한다는 의미의 정체성은 관습이나 규범과 같은 공유된 가치를 공유한다는 의미와 맥을 같이한다. 사람들에게 민족이나 민족문화를 같이한다는 동질감은 개인적 갈등이나 공동체가 미래에 대한 의문에 직면할 때 의지할 수 있는 선택의 수단과 안전한 경계 그리고 소속감 등의 혜택을 준다. 이러한 의미에서 민족정체성은 공유된 가치를 강제로 요구하기도 하지만 때로는 공동체의 가치관에 대한 불일치와 반대의견 등도 수용할 수 있게 하는 상호 인정과 신뢰의 근원을 제공한다.

버트란트 러셀(Russell, 1951)은 사회의 단위에서 종족집단을 언급하며 "사회진화의 여러 단계에 중요한 사회단위는 여러 가지가 발생하였지만 그것이 어떠한 것이든지 거기에는 두 가지 상반되는 행동규범이 있었다. 하나는 같은 종족 내에 있는 사람에 대한 행동이고, 또 하나는 다른 종족 내에 있는 사람에 대한 행동이다. 동일종족에 대해서는 서로가 협동하는 것이 원칙적으로 요구되며, 우의와 호혜가 기대되고 또 대체로 실행되었다. 다른 종족과는 경쟁과 싸움이 요구되고 때로는 다툼이 불가피했다. 종족 사이에 싸움이 불가피한 원인이 발생하면 양보하지 않았다. 식량이나 좋은 땅을 얻기 위한 종족 간의 싸움이 일어나면 대체로 보다 더 많은 수를 가진 종족이 승리하였다. 이것이 종족의 수가 끊임없이 확대된 원인이다"라고 하였다.

오늘날 국가단위로 집단이나 공동체가 커지도록 확대되고 진화하고 또 그 이후에도 국가가 애국주의나 민족국가를 강조하는 것도 이러한 종족·민족 간 경쟁의 감정에 기인하는 것이라고 평가할 수 있다. 국가에 대한 충성심이나 애국심은 종종 민족주의에 의해 흔들리거나 시험 당한다. 민족과 국가가 국민 의식 속에서 크게 다르지 않거나 일치한다고 생각하는 경우에는 크게 문제가 되지는 않는다. 그렇지만 중국의 티벳, 캐나다의 퀘벡 주 등의 경우와 같이 하나의 국가가 다양한 민족 집단을 아우르며 공존하고 있을 때는 커다란 분쟁의 화약고가 되기도 한다. 국가들의 이러한 성향을 지적하며 러셀Russell은 "현대의 사회적 결합을 국제적으로 확장하는 데는 애국심이 가장 큰 장애물이 되고 있다"고 갈파했다. 그는 다른 나라의 애국심은 불합리한 것이고 자기 나라의 애국심은 숭고하고 빛나는 것이라고 생각하는 시대에 우리는 살고 있으며, 그리하여 사회에서 애국심을 불러일으키지 않는 사람은 누구나 비겁하다고 하면서 국가경쟁의 감정을 부추기는 세태에 우려를 금치 않았다.

민족의 개념이 국가의 개념과 함께 중요하게 정의되고 논의되어야 하는 이유는 많은 국가들에게서 종종 민족개념이, 민족정책과 그 반대편에 이민정책이 있는 것으로 이분화하여 사용하는 기제로 오용되었던 사례들이 있어 왔기 때문이다. 예를 들어 과거 러시아의 지배 엘리트가 고려인을 비롯한 소수민족들을 러시아 민족과 이민족으로 구분하여 비인간적인 이주정책을 사용하였던 역사도 이 범주에서 벗어나지 않는다. 현재 일본의 이민정책도 이 범주 속에 있다. 일본은 아직도 이민자를 받아들이거나 사회

구성원으로 인정하는데 그 어느 국가들보다 인색하다고 평가되는 국가다. 일본은 자국의 문화 또는 경제적 성취가 일본민족 혹은 인종만의 우수함 때문에 이룩할 수 있었다는 자민족 우월주의를 강조하며 국가 지도층이 이를 공공연하게 주장하고 당연시한 바 있다.

민족개념은 인종개념과 함께 그 집단적 차별성을 상대적으로 드러내기도 하며 국가의 힘이 커진 상황에서는 타국가를 대상으로 우월성을 강조하기도 한다.

민족은 지역, 언어, 혈연, 정치, 경제, 역사, 문화, 그리고 민족의식을 공유하는 역사적 범주의 인간 공동체이다(박경태, 2007). 민족은 오랜 시간 동안 역사적 경험을 함께하고 같은 언어를 사용하며 같은 지역에서 공동의 가치와 신념체계 등을 쌓아온 집단으로 대부분의 경우 국가와 겹치지만 그 정의는 그리 간단치 않다. 민족주의를 정의할 때 필요한 관찰의 대상이 되는 공동체의 문화변이 현상에 대해 자세한 해석이 필요할 때가 있는 데도 불구하고, 사실상 민족주의가 대체로 모호하고 추상적인 것으로 특징되어지고 있어서 이를 정의하는 좋은 개념이나 포커스를 찾기가 쉽지 않다. 인종주의도 민족주의도 모두 그 이름으로 만들어진 담론과 논의가 매우 다양하기 때문에 이를 정의한다는 것은 어려운 것이다. 다만 일반적으로 학자들이 사용하고 있는 정의에 따라 민족과 인종을 말할 때 공동체의 신념과 가치를 확립하고 수호하는데 일정한 역할을 하는 문화의 일부가 민족이나 인종이라고 말할 수 있다.

특히 민족주의는 공동체가 충성심 등과 같은 신념체계를 바탕으로 결정을 내리는 근거를 제공하기도 하며 그 결정들을 서열화시키는 역할을 하기도 한다. 이러한 관점에서 볼 때 민족주의는 단일집단만의 따로 떨어진 존재로는 의미가 약하다. 민족주의는 다른 민족과 경쟁한다는 전제로부터 더 큰 존재감과 의미를 갖는다. 민족주의의 이러한 경향은 어느 한 민족이 갖고 있는 가치나 문화가 다른 문화로부터 빼앗길 수 있다는 두려움 등으로부터도 자양분을 공급받는다. 따라서 이렇게 다른 민족이나 국가에 대한 두려움은 때때로 자신들만의 고유한 공동체의 역사, 종교, 민속, 언어, 영토 등을 더욱 소중하고 가치 있게 생각하도록 하는 강력한 동인을 주기도 한다.

민족주의에 관한 많은 연구들은 민족정체성의 이념적 쏠림현상에 대한 치우침 없는 지식을 제공하는데 큰 기여를 하지는 못하였다. 민족주의는 비록 특정한 의도에 기반한 판단이나 해석에 의해 때로는 비난을 받기도 하지만 그것은 민족주의가 역사적·정치적으로 매우 역동적인 개념이기 때문에 나타난 현상이기도 하다.

그럼에도 불구하고 민족주의는 지구촌에서 실체적 영향력이 있는 이념으로서 계속해서 살아남을 것이다. 민족주의가 이렇게 장구한 영속성의 의미를 갖고 있는 이유는 자기 공동체의 고유한 역사와 미덕을 손상받고 싶어 하지 않으려는 속성을 갖고 있기 때문이다. 민족주의의 이러한 역사성의 강조는 시간이 지남에 따라 그 역할 범주를 민족국가에서 그 지역 공동체의 이방인, 즉 이민자들에게 초점을 맞춘다. 그런데 이러한 성향은 일반적으로 공동체에서 부정적인 타민족·타인종 혐오증의 태도로 나타나고 확산되도록 기능한다.

민족과 인종을 통해 오늘날 국가들은 크게 두 부류로 나눌 수 있다. 하나는 문화적 다양성이 전통적으로 응집된 문화들을 보다 광범위한 전체 국가로 흡수하면서 발생하였던 '다민족 국가'이고, 다른 하나는 문화적 다양성이 개인과 가족이민을 통하여 발생한 '다인종문화 국가'이다(Kymlicka, 2010;장동진). 전문가들에 의하면 대부분의 국가들이 정도의 차이는 있더라도 이 분류에서 벗어나지 않지만 한국과 아이슬란드는 아주 예외적으로 민족문화가 상대적으로 매우 동질적이라고 평가되고 있기도 하다.

5. 인종

인종은 민족개념과 함께 그 의미와 정의의 모호함에도 불구하고 지구촌의 사람들이 서로를 다른 존재로 구분하는 데 매우 유용한 개념으로 사용된다. 인종의 구분은 크게는 백인, 흑인, 황인으로 범주화되고 대륙별 구분으로는 유럽인, 아프리카인, 아시아인으로 분류된다. 이 구분은 인종의 식별을 위한 필요에 따라 일정 국가들에서 지역과 민족의 역사와 함께 조금 더 세분화하며 분류된다. 인종은 분류하는 국가들마다 조금씩 그 견해가 다르지만 일반적으로 앵글로색슨인, 게르만인, 유대인, 아메리카인 ,중국인, 몽골인, 동남아시아인, 인도인, 아프리카인 등으로 구분된다. 이 구분은 오늘날 점점 더 세분화하여 인종은 이제 대체로 살고 있는 국가를 중심으로 아프리카계, 라틴계, 스페인계, 중동계, 쿠바계, 중국계, 인도계 등으로 더 세분화하며 나누어진다. 그런데 인류의 장구한 역사에서 이러한 인종 구분이 과연 얼마나 의미 있으며 또 그 과학적 타당성이나 인류학적 당위성이 있을까 하는 의문은 수없이 제기되어 왔다.

그럼에도 불구하고 지금까지 인류의 역사에서 인종의 구분처럼 사람들을 쉽게 나누고 차별하는 기제도 드물었다. 인종을 구분하며 이 구분을 통해서 서로 반목하거나 차별하며 싸우는 인류의 피로 얼룩진 역사는 종족이나 민족의 싸움과 함께 그 뿌리가 매우 깊다. 사람들은 고대로부터 근대 그리고 현대에 이르는 역사의 과정 속에서 점차 자신이 어느 인종과 민족의 범주에 속해 있는지 그리고 어느 국가에 소속해 있는지에 따라 개인적 위치와 집단적 위치가 결정된다고 생각하게 되었으며, 때문에 누구도 이로부터 자유로울 수 없었다.

매우 어처구니없게도 근대역사에서 한 인종이나 종족 그룹이 다른 인종이나 종족집단보다 우수하다거나 혹은 상대적으로 열등하다거나 하는 주장들은 계속 있어 왔다. 한때 일명 과학적 인종주의가 크게 맹위를 떨치며 사람들이 서로를 혐오하고 차별하며 싸우는 가장 큰 원인이 되기도 한 것도 바로 이런 이유 때문이다. 사람이 사람을 인종으로 나누고 차별하는 것이 얼마나 어리석고 무가치한 일인가는 지금까지 수많은 저명한 과학자들의 과학적 논거와 철학, 사회학과 같은 인간 평등의 이론적 논거들로 주장되고 설명되었다. 따라서 이렇게 어리석은 인종차별과 인종갈등의 사회적 행태가 지구촌에서 사라지거나 거의 포기되어 우리의 현실과 기억들 모두에서 없어지는 것이 지극히 당연하다. 그러나 불행하게도 우리 지구촌의 현실은 그렇지 않다. 인종을 구분하며 차별해온 오랜 역사, 그 심각한 폐해의 결과들로 말미암아 사람들을 반성하게 하고 깊이 참회하게 하기도 하였지만 이후 많은 시간이 흐른 오늘날에도 지구촌 곳곳에서는 아직도 공공연하게 인종 간 갈등과 투쟁의 현실이 현재 진행형이다.

그런데 이렇게 인종을 나누고 차별하며 서로를 혐오하는 백해무익한 인류의 인종차별 행태는 왜 이렇게 수그러들지 않고 계속해서 진행되고 또 자행되고 있는 것일까?

이와 관련하여 앤더슨(Anderson, 1983)은 인종주의가 근대국가의 지배 엘리트정치로부터 비롯하는 구시대의 계급적 이데올로기에서 그 기원을 갖는다고 주장하였다. 그는 인종주의를 유럽의 식민지 시대 이주민과 이주정책에서부터 기인한 오랜 역사를 갖는 인종과 지배 남성중심의 이중적이고 중첩된 구조로 보았으며 또 근대 지배 엘리트정치를 뒷받침하는 환상의 산물이라고 하였다. 즉, 지난 세월 동안 인종주의가 식민제국들의 의도된 연출로부터 강화되어 왔고 따라서 이러한 의미의 인종주의는 기득권의 권력과 특권을 보장하기 위해서 만들어진 상상의 산물과 다름이 없다고 한 것이다.

실제로 인종주의는 '국민' 또는 '민족'과 마찬가지로 공동체에게 상상력을 부여하며, 인종적 혹은 민족적 열망의 이념적 기반을 만들어주기도 한다. 인종의 동류적 경험과 역사적 전통의 공유가 집단을 자발적으로 협력하고 뭉치게 하는 역할을 하기도 하는 것이다.

민족주의와 민족·국가에 대한 고전적인 비판이론을 계승하고 있는 스미스(Smith, 1999)도 인종이나 민족을 집단이나 공동체의 상징이나 상상적 존재로 파악하고 이해해야 한다고 하였다. 따라서 인종이나 민족이 이와 같이 상상의 산물임을 인정한다면 우리는 현실에서 인종이나 민족이 어떤 방식으로 사회에서 역할하는지를 이제는 더 면밀히 그리고 세심히 살펴야 한다.

인종 개념은 고정된 것이 아니다. 따라서 스미스는 인종개념을 인격적 주체로 보고 이를 단지 정지되어 있는 개념이 아닌 일종의 사회적 효과effect로 인식한다.

인종 개념은 지금까지 살펴본 것처럼 그 정의나 의미가 매우 여러 가지로 해석되고 정의될 수 있지만 무엇보다 중요한 것은 그것이 지구촌 공동체의 현실에서 실제적으로 매우 위력적인 역할과 기능을 하고 있는 존재라는 것이다. 인종 개념을 변화할 수 있는 유기체로 또 그러면서도 실체가 분명한 것으로 인정하고 받아들이는 것이 선행되어야 이를 기초로 인종문제로부터 비롯되는 공동체에서의 대응과 차별에 대한 문제해결의 실타래를 풀 수 있도록 하는 그 다음의 행보를 기대할 수 있다.

6. 국가

오늘날 지구촌의 사람들은 이제 더 이상 국가가 없는 공동체
나 사회는 상상할 수 없다. 지구촌의 국가들은 이제 200개가 넘
게 되었다. 거대한 영토를 소유하고 있는 중국이나 러시아, 미
국, 캐나다 같은 국가들도 있지만 작은 영토의 모나코, 벨기에,
한국 같은 국가들도 있다. 인도와 같이 많은 인구를 가진 국가들
도 있지만 반대로 아주 적은 인구를 가진 국가들도 있다. 물론
아직도 전 세계의 일부 지역에서 몇몇 국가들이 서로의 영토권
을 주장하며 싸우고 있는 곳도 있지만 이제 대부분의 국가들은
그 영토와 배타적 정치적 권리를 확정지었다. 유럽에서 국가의
경계를 허무는 유럽공동체가 반세기의 역사적 산고를 통해 정치
적, 경제적 통합의 성과를 만들어가고 있는데 힘입어, 이제 더
이상 지구촌에서 국가의 위상이 강화되지는 않을 것이라는 예측
을 하는 사람들도 있지만 아직까지 이러한 의견에 동의하는 사
람들은 매우 드물다. 오히려 국가가 지금까지 강력하게 그 지위
와 영향력을 강화해왔던 것처럼 앞으로도 변함없이 그 배타적이
고도 강력한 힘을 다른 국가나 국민에게 행사하고 유지하려고
한다는 사실에 동의하는 사람들이 더 많다. 세계를 살아가는 대
부분의 일반적인 사람들에게 국가는 개인의 삶과 공동체의 삶
을 구분하지 않고 사람들의 삶의 거의 모든 부분에 영향을 미치
고 있고, 그 영향력이 갖는 힘 또한 절대적이다. 개인은 이제 국
가 없는 삶, 국적 없는 삶을 상상하기 힘들다. 개인이 갖는 정체

성과 소속의 가장 앞자리에는 그가 원하든 원하지 않든 항상 국가가 존재한다. 국가는 이제 더 이상 개인이나 종족 또는 민족이 그들의 소속을 위해 고려하거나 혹은 거부하는 양자택일할 수 있는 존재가 아니다.

'국가 혹은 국적 없는 개인'이 할 수 있는 일은 이제 지구촌에 거의 없다. 스트레이어(J. R. Strayer, 2001)는 우리는 국가로부터 도피하거나 벗어날 수 없지만 이러한 절대적 존재인 국가를 정작 명확하게 정의하는 것은 매우 어렵고 또 그 시도는 대부분 만족할 만한 성과를 내지 못하고 있다고 하였다. 그렇기 때문에 그는 국가에 대한 정의를 무리하게 내리려고 하기 보다는 국가형성의 몇몇 표식들을 살펴보고 국가의 기원을 탐구하는 것이 더 유용할 것이라고 하며 다음과 같은 표식들을 제시하였다. 첫째, 공동체가 국가로 성장하기 위해서는 반드시 공간적으로나 시간적으로 지속성을 유지해야 한다. 특정지역 내에서 수 세대 이상 함께 살 수 있어야만 그 집단의 사람들이 국가건설에 필수적인 다양한 조직을 발전시킬 수 있다. 국가는 항구적인 제도를 필요로 하기 때문에 그 제도가 적용될 지역이 수시로 바뀌거나 집단 간의 결속력이 시기마다 편차를 보인다면 이러한 제도는 형성되기 어렵다. 둘째, 비인격적이며 비교적 항구적인 정치제도의 형성이다. 셋째, 국가는 국민들의 기본적인 충성을 필요로 하며 이를 가능하게 하는 국가권위의 필요성에 대한 국민적 동의가 필요하다. 스트레이어는 그의 연구를 통해 국가의 기원을 추적하면서 언제부터인가 국가는 사람들이 가족, 어머니나 아버지 또는 종교단체 등에 대한 충성심을 국가에 대한 충성심으로 바꾸어 놓았다고 하였다.

국가의 시초단계로부터 많은 시간이 흐른 오늘에 이르러서 국가는 자체의 제도적 장치와 법의 이론적 우월성, 민주주의 이데올로기 등을 뒷받침으로 하여 관료적 권위와 공익적 권위를 확보함으로써 지속성을 가능하게 하였다. 다만 세계 곳곳에서 국가에 대한 충성심이나 애국심이 민족주의나 종족주의와 서로 상충되기도 하여 아직도 여러 지역에서 분쟁이 그치지 않는 등 역작용을 부르는 역할을 하기도 하지만 국가가 우선되는 것이 현실이다. 국가는 국가의 구성원을 민족과 종족의 이름으로 또는 시민의 이름으로 관리하며 유지해 왔다. 국가의 지역적, 정치적인 경계는 국가구성원이 아닌 다른 국가, 다른 민족, 다른 인종의 사람들을 외국인으로 분류한다. 국가는 기본적으로 같은 문화, 언어, 전통을 공유하는 것을 전제로 하며 이를 국가의 기반으로 삼는다. 오늘날 국가는 사람들에게 실존적, 신화적 두 축에서 절대적 힘을 갖게 되었으며 외부의 어떠한 힘도 국가의 배타적 권한을 침범하지 못하는 수준에 이르렀다. 이러한 국가가 갖는 성격이나 특징은 결국 다른 국가로부터 이주해 오거나 또는 이주해 가려는 사람들에게 강력한 배타적 타자화의 태도로 작용하였고, 사람들의 국가 간 이동은 국제적인 협의와 허용을 위한 별도의 제도적 장치나 절차를 반드시 거쳐야만 하는 일이 되었다. 사람들의 국가 간 이동과 이주의 장벽은 일부 미래를 낙관적으로 보는 학자들의 견해처럼 이전보다 점점 낮아지고 있거나 철폐되고 있기는커녕 오히려 지금 이렇게 굳건하며, 시간이 지날수록 그 장벽과 방어기제는 더 강력해지고 있다.

국가를 부정적인 시각으로 보았던 찰스 틸리(Charles Tilly, 1975)는 국가는 독점적 폭력수단을 보유하고 행사하는 존재이며, 국가의 성장은 강압적 수단의 축적에서 시작하여 강압적 수단의 집중을 통해서 가능해진다고 하였다. 틸리는 또한 관료제의 확산은 합법적 폭력을 통한 국가의 강압적 기능을 강화하는 과정이라고 하였다. 막스 웨버(Max Weber, 1968)도 국가의 어두운 면을 지적하면서 근대국가의 성격을 결정짓는 가장 중요한 요소를 폭력이라고 하였다. 국가를 정의하고 국가를 해석하는 많은 이견들이 존재하고 또 새로운 견해들이 계속해서 제기되고 있지만 그렇다고 오늘날 국가가 가지는 강력한 위세가 축소되거나 줄어들고 있는 것은 아니다. 아마도 개인의 삶에서 차지하는 국가의 엄청난 영향력은 스트레이어가 '국가의 탄생'에서 말한 "오늘날 한 개인에게 일어날 수 있는 최악의 불행은 바로 무국적자가 되는 것이다"라는 구절과 일맥상통한다. 과연 이 말을 아니라고 부정하거나 틀렸다고 할 수 있는 사람이 있을까? 그 어떤 정교한 이론과 도덕적인 근거를 배경으로 한 국가에 대한 비판적 해석도 이 구절 앞에서 무력해지는 것은 어쩔 수 없다. 다만 우리는 선택해야 한다. 우리가 할 수 있는 것은 국가 속에서 국가의 미래를 위한 선택의 순간마다 보다 바람직한 공동체를 위해서 현명한 선택을 하기 위해 노력하는 것이다. 그런데 문제는 국가가 이렇게 개인에게 절대적인 만큼, 그 절대적인 힘 때문에 미치는 반대급부이다. 이민을 위해 국가의 경계를 넘어 이동하는 순간 개인은 누구나 새로운 국가와 이전 국가 사이의 커다란 장벽에 부딪치게 된다.

마이클 테일러(M. Taylor, 1982)는 국가가 탄생할 때, 특히 국가가 호혜성을 통해 작은 공동체에서 이루어지곤 하던 많은 지역적인 활동들을 중앙 집중화된 재분배, 복지, 사회보장 활동과 종교, 법체계, 무역의 증진, 교육 등이 포함된 다양한 제도들을 중앙의 중재로 대체시킴으로써, 이전의 작은 종족이나 공동체들이 결국 문화적으로 동화되었지만, 이로 인해 나타난 사회는 너무 커져 버렸다고 하였다. 국가가 커짐에 따라 공동체의 신념이나 유대감은 점차 더 약해져 갔기 때문에 국가는 보다 강력한 애국심이나 국가에의 충성심이 필요하게 되었다. 뿐만 아니라 국가공동체 내에서 국가는 자본과 시장과의 결합에 의해서 강화되는데 이러한 이유 때문에 국가는 점차 기득권을 더 강화하는 방향으로 진화하였다. 국가의 이러한 성향에 대해 베리(Berry, 1975)는 사실상 현실에서 흔히 발견되는 것이라며 "국가라는 큰 사회에서 분쟁이 있을 경우, 국가는 배제된 집단에 대항하는 특권집단, 기득권의 구성원을 항상 지지하고 그리고 배제된 집단들이 자신들을 보호하기 위한 기구 등을 구성하는 것을 방해하기까지 하는 역할도 기꺼이 수행한다"고 하였다. 이를테면 국가는 토착민에 대해서는 정착민의 이해를, 흑인에 대해서는 백인의 이해를, 혹은 노동자에 대해서는 자본가의 이해를 먼저 대변한다고 베리는 말한다. 산업화된 국가들에게서 소수독점은 가장 공통적인 시장형태이며, 준 독점의 시장이나 기업도 이들 국가들에게는 일반적인 형태이다. 이를 목격하고 있는 많은 학자들은 이러한 시장구조들이 앞으로도 더 많은 부문에서 국가의 도움으로 유지되거나 살아남을 것이라고 예측한다. 국가는 이런 식으로 국가를 더 강하고 영속력 있게 만들려고 의도하며 동시에 국가의 대안이 나타날 수 있는 조건을 부여하려고 하지 않는다. 이 글이 이민자에 주목하며 그 이론적 배경에서 국가의 개념과 정의를 매우 중요한 규범 항목으로 제시하는 것은, 이처럼 국가가 갖는 내용적·실체적 힘이 사람들에게, 특히 이민자에게 거부할 수 없는 거대한 영향력의 중심에 있는 존재이기 때문이다.

제2장

이민, 이민정책의
개념과 유형

〉〉〉

1. 이민이란

　　일반적으로 국가와 국가 간의 경계를 넘는 사람들의 이주를 '이민'이라고 정의한다. 이민이란 인구규모에 영향을 미치는 인구이동 가운데, '국가의 경계'를 넘는 인구이동을 의미하는 개념이다(김태헌 외, 2006). 여기에서 국가의 경계, 즉 국경은 대개의 경우 자유로운 왕래를 금지하는 표시나 혹은 장벽 등을 연상시키지만 현실은 국가마다 다르다. 실제로 국경은 어디에서는 대단히 넘기 어려운 경계나 장벽으로 가로막혀 있는 경우도 있지만 반대로 비교적 더 자유롭고 편안하게 왕래할 수 있는 국경도 많이 있다. 국경은 때로는 철조망이나 벽으로 획정하여 이를 표시하기도 하지만 어떤 국경은 산이나 바다 또는 하천과 연계되어 있어서 그 경계를 눈으로 확인하기가 쉽지 않거나 또 이 확인을 특별하게 필요로 하지 않기도 한다. 그럼에도 불구하고 오늘날 국가의 국경은 분명히 이민자의 이주 또는 여행자나 사업가의 이동과 물건의 수송 또는 국가 간의 자원 할당, 해상의 경계구분 등으로 인한 국가의 배타적 권리에서 가장 결정적인 역할을 한다. 물론 이 글이 가장 관심을 갖는 이민자의 이주와 이주를 막는 통제 등의 역할에도 국가의 국경개념이 갖는 의미는 각별하다.

　이민자가 자신이 살던 곳을 떠나서 국경을 넘어 다른 나라로 이주하는 것은 동시에 국가의 경계를 넘어 다른 국가로 이동하는 것이며, 이 의미는 자신의 신체가 단순히 다른 지역으로 이동하는 단기적 여행과는 달리 자신의 신분이나 정체성도 함께 이동하는 의미가 된다. 엘리아스(N. Elias, 1990)에 의하면 이민의 개념 정의에서 변경과 이동은 중심적인 역할을 한다. 사람이 장소를 이동하면 외면적으로는 단지 장소만을 바꾼 것으로 보이지만 실제로는 접촉하는 사회그룹을 바꾼 것이다. 즉 이민은 경계의 이동과 함께 문화, 종교, 가치체계, 역사가 다른 공동체로 개인이 그 소속을 달리하는 것이다.

　국경을 넘는 이민의 개념은 학자에 따라서 서로 조금씩 다르고, 그렇기 때문에 논의의 전개양식을 더 많이 확장시켜서 더 다양하게 정의할 수도 있다. 하지만 이 글에서는 이민을 '한 지역 또는 국가에서 다른 지역 또는 국가나 사회공동체로 이주하여 사는 것'이라고 간단하고도 명료하게 정의하고자 한다. 여기에서 '이주하여 산다'고 하는 의미는 단기적 여행이나 일시거주의 의미가 아니라 중·장기간의 거주 또는 영주, 귀화의 의사를 갖고 새로 이주한 지역에서 삶을 지속하고 영위하는 것을 말한다. 다시 말해 이민은 여행이나 단기이동과는 다른 개념이며 기간적 기준으로는 "1년 이상" 또는 "적어도 1년"을 체류하며 살아가는 것을 의미한다(UN, 1998).

<그림1> 이민 유출요인과 이민 유입요인

이민 유출의 요인	이민 유입의 요인
경제적 어려움 정치적 불안 자연/사회환경의 위험 식량, 생필품의 부족 전쟁, 내전 등 사회격변 개인의 가치와 철학	경제적 기회의 제공 정치적 안정 안전한 자연환경 생존권의 보장 사회적 안전, 치안 등 양호 민주주의, 교육체제 등

이민 유입국으로 이주

자료: 리비 바치 (Livi-Bacci, 2009)

2. 이민정책의 개념

이민정책은 국경을 넘어 자국으로 이주해온 외국인을 대상으로 시행하는 입국 이민정책과 반대로 국경을 넘어 외국으로 이주하는 내국인을 대상으로 시행하는 출국 이민정책으로 구분된다. '이민'은 이를 받아들이는 국가인 유입국의 입장에서는 입국과 입국 후의 사회적 적응·수용·관리 등 복잡하면서도 피할 수 없는 정책과제를 떠안는 상황이다. 반면 송출국의 입장에서는 자국민의 외국으로의 중·장기체류 혹은 이주가 유입국의 정책적 당면 과제들이 갖는 문제들보다는 크지 않다.

국가들이 이민자들에 대해서 갖는 이와 같은 상대적 중요한 비중과 특성 때문에 오늘날 대부분의 국가에서 이민정책은 일반적으로 입국자를 대상으로 시행되는 이민정책을 의미하는 개념으로 이해되고 있다. 이 글에서 말하는 한국의 '이민정책'도 한국으로 이주해오는 입국 이민자를 대상으로 시행하는 정책을 의미한다.

한국은 1980년대 이전까지는 내국인의 외국으로의 노동이주가 정부차원에서 장려되어 출국 이민정책이 더 중요하게 다루어졌지만 1990년대 이후 외국인 이주노동자의 한국으로의 유입이 많아지면서 이 시기 이후부터는 입국 이민정책을 더 중요하게 다루게 되었다. 한국의 이민정책은 법무부의 공식적인 호칭으로는 '외국인정책'이라는 용어로 사용하고 있고 중앙정부의 호칭으로는 '다문화정책' 또는 '다문화가족정책'이라는 용어로 사용하고 있다. 정부는 이민자를 대상별로 호칭할 때 노동을 목적으로 이주해온 이민자는 '외국인노동자'라는 용어를 사용하고, 결혼을 목적으로 이주해온 이민자는 '결혼이민자', 그중에서 여성은 '여성결혼이민자' 또는 '결혼여성이민자'라는 용어를 사용한다. 한국으로 이주해오는 외국인을 정부가 사용하는 용어대로 구분하여 보면 외국인노동자, 여성결혼이민자, 외국인유학생, 외국국적 동포, 북한이탈주민, 난민 등으로 대상을 나눌 수 있다. 이들은 모두 국경을 넘어서 한국으로 이주해온 '이민자'들이며 정부가 시행하는 공식적인 용어나 호칭에 의한 분류에 따르면 모두 '외국인정책'의 대상 당사자들이다. 국가와 국적을 달리하는 사람들이 한국으로 유입되었다는 의미에서 이들은 모두 예외 없이 국제법상 외국인이며, 외국에서 한국으로 이주한 '이민자'들인 것이다.

문제는 현재 한국이 '이민자'를 대상으로 하는 정책에서 이들을 각각 분리된 존재로 취급하거나 혹은 전혀 성격이 다른 대상으로 구분하여 취급하는 바람에 '이민정책' 혹은 '외국인정책'이 그 용어나 호칭의 사회적 합의도 이루어내고 있지 못하고 있으며 동시에 정책의 실체와 개념 · 목표 등도 국민들에게 명확하게 제시하지 못하고 있는 상황을 지속시키고 있다는 데 있다. 이민자를 대하는 한국의 정책에는 외국인노동자정책, 여성결혼이민자정책, 외국인유학생정책, 외국국적동포정책, 북한이탈주민정책 등은 각각 있어도 사실상 이들을 총괄하는 의미의 이민정책 혹은 통합 외국인정책은 없다.

한편 국제연합의 권고와 개념을 통해 이민정책을 정의하면, 이민정책은 '한 사회공동체 안에서 인종, 문화, 정체성 등이 서로 다른 이주민과 내국인이 차이를 인정하고 존중하며 살아갈 수 있도록 정부가 정책과정의 단계에서부터 이를 제도적으로 계획하고 실천할 수 있도록 개입하는 것'이다. 즉, 지금까지의 이민 개념들과 논의들을 고려하면서 '이민'을 한 국가의 경계를 넘어서 이주하는 것이라고 정의하고 '정책'을 공공의 이익을 위한 정부의 의사결정 과정과 내용이라고 말할 수 있다면, 일반적으로 우리가 공유할 수 있는 이민정책의 개념은 '국가의 경계를 넘는 이주민들을 대상으로 송출국가 또는 유입국가가 바람직한 공동체를 위해 선택하는 행정 과정의 수단과 전략을 포함하는 것'이라고 정의할 수 있다.

3. 이민정책의 유형

선진이민국이나 후발이민국 모두에서 이민자정책을 시행하는 방식과 유형은 크게 배제모형, 동화모형, 통합모형 또는 다문화주의모형 등으로 구분되어 설명할 수 있다. 한때 동화모형은 1900년대 초에 미국에서 시행한 용광로 이론과 맥을 같이하며 혼용되기도 하였다. 이 시기 미국은 앵글로 계통의 인종과 또 다른 다양한 인종이 이민으로 인해 급증하자 당시 주류였던 앵글로 계통의 사람들이 그들의 문화와 다른 문화를 용광로 속에 집어넣어 하나의 문화로 재탄생 시킨다는 의미로 이를 '용광로'이론으로 지칭하며 큰 사회적 관심을 받았다. 그러나 이 모형은 결국 앵글로 계통의 사람들이 타 문화 사람들을 동화시키기 위한 의도로 만들어진 이론이라는 의심으로 인해 폐기해야 할 대상으로 전락하였다. 그 결과 이 이론에 반발하는 소수 인종집단의 문화나 정체성은 주류공동체와 국가로부터 주변화되는 상황에 놓이는 결과를 낳기도 하였다.

그러나 때로는 새로운 이주민에 대한 동화를 지향하는 정부의 지원이나 관심이 동화정책에 순응하려는 집단의 기대와 능력에 순기능의 영향을 주는 것도 사실이다(Portes and Rumbaut, 2001). 국가에 의해 어느 특정한 집단은 적극적으로 이주가 독려되고 때로는 정책적으로 환영받기도 한다. 혈연이나 민족을 중시하는 국가에서 여성결혼이민자들이 그렇다고 볼 수 있다. 반면에 경제적 이익의 측면에서나 가족적 연대의 측면에서 이러한 주류사회와 특정한 연고가 없는 집단은 사회에서 소극적으로 수용되거나 통제되고, 일정한 차별을 경험한다. 많은 국가들에서 이주노동자가 이러한 처지에 있다. 이러한 공동체에서 이주노동자 집단은 가족이나 자녀와 격리되거나 사회적으로 배제되는 상황에 직면하고, 시간이 지나도 그들의 정치·경제적 지위를 향상시키는 것이 쉽지 않다. 지속적인 인종차별, 증가하는 이주노동자에 대한 계속되는 불평등 대우, 이에 따라 지역적으로 비주류집단들의 점차 더 강화되는 자생적 유대 등은 사회갈등의 촉매제가 될 수 있다. 이러한 요인들이 정책의 유형을 결정하는 변수가 된다.

국가의 이민정책의 유형을 구분하는 방식에는 캐슬Castles과 밀러(Miller, 2003)의 구분·배제모형, 고든(Gordon, 1978)의 동화모형·다문화모형, 킴리카(Kymlicka, 2005)의 동화·통합·배제·차이의 인정모형 그리고 베리(Berry, 2006)의 동화·통합·분리·주변화모형 등이 있다.

캐슬의 구분·배제모형은 공동체가 이민자를 가장 배타적인 태도로 대하는 것이며, 동화모형은 이보다는 더 우호적으로 이민자를 대하는 정책으로 구분된다. 고든의 다문화모형은 이민자를 대하는 정부의 정책이 가장 우호적이고 포용적인 정책으로 구분된다. 고든은 동화를 흡수 동화와 용광로 동화로 구분하였는데 흡수 동화는 이민자 또는 소수민족이 주류사회의 생활이나 문화에 적응하고 흡수되는 것을 말하고, 용광로 동화는 이민자나 소수집단이 주류사회의 생활이나 가치, 행동들을 받아들이며 문화적으로 함께 섞이는 것을 말한다.

한편 국제이주기구(International Organization for Migration, 2004)도 국가가 추구하는 정책의 유형을 동화, 쌍방적 통합, 다문화주의, 격리의 네 유형으로 제시하였는데 이러한 구분은 캐슬과 밀러 그리고 고든의 분류 모형을 결합하여 구분한 것이다(설동훈·김명아, 2008). 쌍방적 통합 모형은 주류사회가 이민자와 서로 소통하며 적응하려는 태도를 가진다. 이는 다른 이름으로 간문화주의(interculturalism) 또는 상호문화주의라고 부르기도 한다.

킴리카(Kymlicka, 2005)는 이민정책의 유형을 동화, 통합, 배제, 차이의 인정모형으로 구분하여 설명한다. 이와 같은 이민정책의 유형구분은 전통적인 이민국들인 미국, 캐나다, 호주 등의 역사적 경험과 학제적 연구, 정부정책의 평가 등을 토대로 만들어져 왔으며 최근에는 그 유형이 여러 가지 논란과 함께 관련 학자들에 의해 용광로모형, 동화모형, 통합모형, 배제모형 등으로 통합하여 설명되기도 한다.

그럼에도 일반적으로 이민자를 대하는 이민정책의 유형은 전통적으로 베리(Berry, 1990)의 모형을 따르고 있다. 베리는 이주민의 '문화적응 개념'으로부터 출발하여 이를 '사회정체성 이론'으로 발전시키며 이민정책의 유형을 동화모형, 통합모형, 분리모형, 주변화모형 등으로 나누어 설명하였다. 그는 경계를 넘어서 이주한 이민자들이 겪는 정체성의 변화와 대응상태를 두 가지 차원으로 보고 이를 다시 네 가지로 분류, 유형화하였다. 대응상태의 두 가지 차원은 첫째, 주류사회와의 관계를 유지할 것인가, 아닌가의 문제이고 둘째, 이민자가 주류사회에서 자신의 문화적 특성을 유지할 것인가, 아닌가의 문제이다.

그는 네 가지의 유형을, 모국의 문화는 유지하지 않고 새로운 사회의 문화만을 받아들이면 동화(Assimilation), 모국의 문화를 유지하면서 새로운 사회의 문화를 동시에 받아들이면 통합(Integration), 모국의 문화를 유지하면서 새로운 사회의 문화를 받아들이지 못하면 분리(Segregation), 모국의 문화도 유지하지 못하면서 새로운 문화를 받아들이지 못하면 주변화(Marginalization)된다고 하였다.[2] 베리가 제시한 이 네 가지 모형은 이민자가 이 입국에 적응하는 입장에서 선택하는 전략이다. 그는 2006년 이민자의 유형을 정주와 이주로, 이주의 경우도 영구적인 것과 일시적인 것으로 구분하고 공동체, 즉 주류사회가 이민자를 대하는 전략유형을 추가로 제시하였는데 이는 다문화주의모형, 용광로모형, 분리모형, 배제모형이다.

---

2) 임선일(2011), '한국사회 이주노동자의 문화변용'에서 재인용. p 73.

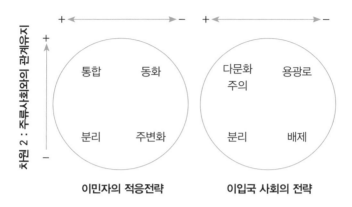

<그림2> 이민정책의 적응유형

차원 1 : 정체성과 문화유산의 유지

	통합	동화
	분리	주변화

	다문화주의	용광로
	분리	배제

차원 2 : 주류사회와의 관계유지

이민자의 적응전략　　　**이입국 사회의 전략**

자료: 베리(Berry, 2006); 임선일(2011: 78), 재인용

이러한 배경이론과 함께 정책의 유형을 이입국, 즉 정책의 운영주체의 입장에서 다시 한 번 더 정리해본다면, 주류사회가 이민자의 문화적·인종적·종교적 정체성을 인정하고 유지시키는데 적극적이기보다는 주류사회의 문화적·사회적 정체성을 더 많이 받아들이도록 유도하는 정책은 동화모형, 주류사회가 이민자 모국의 문화적·인종적·종교적 정체성을 인정하고 존중하며 동시에 주류사회의 문화도 순차적으로 적응하고 수용할 수 있도록 배려하는 정책은 통합 또는 다문화모형이다. 또 주류사회가 이주민의 정체성을 인정하거나 존중하지 않고 또 이민자가 쉽게 적응하지 못하는 사회적 시스템과 구조 하에 있는 정책은 분리와 주변화의 의미와 맥을 같이하는 배제모형이라고 할 수

있다.

　이 유형구분은 대부분 이민국가의 이민정책 작동현상에도 적용하여 해석할 수 있다. 이민자의 사회공동체에서의 문화적 적응성 수준을 통해서 분류되어 유형화된 이들 모형은 이민정책의 운영을 위한 정부나 사회의 접근방식에 유용한 시사점을 준다. 이민자의 문화적 수용의 유형적 분류는 국가나 사회가 이민자의 문화의 인정, 동화와 통합, 배제와 주변화의 문제를 어떻게 해석하고 이를 정책의 내용으로 선택할 것인지에 대한 배경적 근거를 제시해 주기 때문이다.

4. 선진 이민국의 이민정책

오늘날 세계 각국의 이민정책은 표면적으로는 거의 예외 없이 그들 국가로 이주해온 이민자들을 차별 없이 사회통합과 공존의 정책 대상으로 간주하고 있다. 이의 토대가 되는 배경이론이 다문화주의다. 다문화주의모형은 미국, 캐나다, 호주, 영국 등에서 시행하고 있는데 이들 사회는 이민자집단 및 소수자집단이 차지하는 인구비율이 매우 높다. 이들 국가들은 이민자들이 비교적 장기간 동안 모국의 문화를 유지하는 것을 지원하며, 한편으로는 정책적으로 이를 방관하기도 한다. 문화의 유지를 위한 지원의 사례는 캐나다와 호주를 들 수 있으며, 문화의 자유와 방임의 정책 사례는 미국과 영국을 들 수 있다.

다문화주의는 이와 같이 전통적으로 이민자집단이 많은 국가들이 일반적으로 취하는 이민정책인데 점차 많은 국가들에게 적용되고 있다. 이와 같은 현상은 특히 최근 유럽의 독일, 프랑스 그리고 아시아의 싱가포르, 일본의 이민자정책 현황에서도 확인할 수 있다.

미국의 이민정책은 국가 형성의 역사에서 다인종 · 다민족의 전통을 면면히 가지고 있었기에 현대 국가들에게 시사하는 면이 매우 많다. 국가형성 초기 토착 거주 민족들과의 갈등, 국가 형성기 유럽계 이주민들이 대거 이주하여 유럽이민자들이 주류가 되고 이후 세월이 흐르면서 아프리카계 이주민들의 대거 강제이주, 또 다음으로 동아시아 이주노동자들의 지속적인 이주와 멕

시코를 비롯한 라틴계 이주민들의 노동이주의 확산 등 미국은 전통 이민국이 갖추어야 할 모든 요건들을 다 갖추고 있다. 이러한 미국의 이민정책은 초기의 민족 동화정책, 이후 인종과 민족의 분리를 꾀하는 배제와 분리정책, 다시 이를 반성하며 제시된 용광로 정책, 그리고 이후 서로의 차이를 인정하는 다원주의 정책을 거치며 최근에는 사회통합의 다문화주의를 존중하는 정책으로 전환하는 모습을 보이는 긴 여정을 거쳐 왔다. 그 결과 미국은 2021년 현재 일정한 거주 요건을 가진 불법이민자들의 지나친 강제 추방 정책 등은 전향적으로 억제하는 자세를 보이고 있다.

독일의 이민정책은 크게 보아서는 이민자의 사회통합과 동화가 정책의 근간이 되고 있다. 독일은 전통적으로 단일문화사회의 가치를 중시하여 왔었다. 이에 따라 외국인 이민자에 대한 인식이 매우 보수적이거나 배타적인 사회성향이 있었으나 다문화사회로의 변화과정에서 이민자의 동화를 넘어서 사회통합이 궁극적인 목표가 되었다.

독일의 경우 이민자의 유입은 크게 단순노동자의 유입정책과 고급전문인력의 유입정책으로 나누어지는데 90년대 이전까지는 전통적으로 혈통을 중시하는 태도 때문에 이민자의 동화를 전제로 한 정책이 시행되었다. 그러나 90년대부터 이 정책에 변화가 나타나기 시작하였다. 독일은 2005년 새로운 이민법의 제정을 통해 국적과 이민 등의 문제를 재정비함으로써, 국가의 기준과 필요에 따라 이민자를 선별하고 이들이 독일문화와 가치에 수용적인 태도를 가지고 의식과 문화 등에서도 독일인과 같이 되기를 기대하는 동화정책과 함께 동시에 사회통합교육 등도 새롭게 시행하고 있다. 2007년 개정된 독일의 이민법은 기존에 독일에 5년 이상 거주하였지만 체류가 보류되어 있거나 비자상의 문제로 그 신분이 제한되어 있는 외국인의 경우에도 사회통합강좌에 참여할 수 있는 기회를 허용하는 등 이민자의 동화뿐만 아니라 차이를 인정하는 통합에도 많은 노력을 기울이고 있다.

프랑스의 이민정책은 전통적으로 이민자 개개인을 프랑스 사회에 동화시켜 국민으로 형성하는 것이다. 프랑스는 1980년대 이래 유럽국가들 중 비교적 적극적으로 대규모 이주노동자를 받아들이면서 2000년대 중반에는 독일, 스페인과 함께 인구대비 약 5.6% 수준의 많은 이주노동자를 받아들인 국가이다(Eurostat 2006).

프랑스는 1974년 '이주노동자 사무국'을 신설하고 1976년 이주노동자가 가족과 결합할 수 있도록 하였다. 2006년 프랑스는 외국인이민자를 총괄하고 이들을 통합 관리하기 위해 '외국인유입이민청'을 신설하였고 2007년에는 다시 '이민·통합·국가정체성 공동발전부'라는 이름의 부처를 새롭게 만들면서 그동안 서로 다른 부서에서 관리·운영하고 있던 업무를 이곳으로 통합하였다. 이와 더불어 프랑스는 2006년 일명 '외국인 이민동화법'이라고 불리는 이민통합법을 확정하였다(최종렬, 2008). 이 법의 주요 내용은 첫째, 사회통합차원에서 프랑스 사회에서 문제가 제기되었던 외국인이민자의 성공적인 동화를 돕는다는 것이고 둘째, 프랑스의 외국이민 수용능력 및 경제적 필요성을 평가하여 선택적으로 이민을 허용한다는 것이다.

프랑스 정부와 사회는 이미 유입된 이민자들에게는 프랑스어와 기술 등을 가르쳐주고 프랑스 문화를 습득시키는 교육에 중점을 둔다. 그러면서도 프랑스는 아직까지 이민자의 유입에는 매우 조심스러운 통제와 검증을 게을리 하지 않고 있다. 그러나 최근 들어서 프랑스 이민정책의 기조도 점차 이민자의 프랑스 사회로의 일방적 동화보다는 서로를 인정하는 통합의 기조로 바뀌고 있다.

싱가포르는 건국 이후 이주노동자를 개방적으로 받아들여서 싱가포르의 노동력 약 280만 명 중 90만 명이 이주노동자로 구성되어 있는 국가이다. 싱가포르는 기본적으로 저숙련노동자들에게는 임시적 체류만을 허용하고 있는 등 이민자의 사회통합 노력에 소극적인 기조를 보여 왔다. 그러나 최근 국제환경의 변화추이로 이민자의 사회통합을 위한 적극적인 노력이 매우 중요한 사회적 과제로 부상함에 따라 정책에 변화를 유도하고 있다. 이의 일환으로 2010년 이후 싱가포르는 향후 21세기 첨단산업의 육성에 저숙련노동자보다는 외국의 전문인력이 더 많이 필요할 것이라는 예측과 함께 유럽 국가들로부터의 고급인력 유치에 적극 나서고 있다. 고급인력의 보다 많은 증대와 유치가 미래 싱가포르 이민정책의 사회통합노력에 순기능을 할 것이라는 판단 때문이다.

일본은 외국인의 유입에 비교적 폐쇄적인 국가였지만 2005

년 '다문화공생'프로그램을 적극적으로 추진하면서 그동안의 소극적 외국인 유입정책의 자세에서 벗어나려고 노력하고 있다. 이 시기 이후 일본의 중앙정부는 특히 다문화공생을 '국적, 민족 등을 달리하는 사람들이 서로의 차이를 인정하고 동등한 관계를 구축하면서 지역사회의 구성원으로 공존하는 것'이라고 하였고, 지방자치단체가 정책의 현장에서 높은 관심과 실천적 태도를 보이는 것을 매우 긍정적으로 평가하였다(최종열 외, 2008). 그동안 비교적 중앙정부 주도의 폐쇄적인 이민자정책의 기조를 보여 온 일본의 경우에도 최근에는 지방자치단체 중심으로 사회통합의 가치가 더 중시되는 태도로 전환하고 있다.

다만 최근 미국이나 유럽 선진이민국들의 이민정책은 문화다양성의 인정·차이의 인정·이민자의 인권 보장·상호주의 등의 화려한 수사들에도 불구하고 매우 우려스럽다. 정책의 실제에서 이들 국가들은 이민자들의 유입이나 이동을 막거나 또는 이민을 적극적으로 통제하고 강화하는 방향으로 거의 약속이나 한 듯이 이행하고 있다. 이는 선진이민국들의 다음과 같은 이민정책 사례들에서 쉽게 확인할 수 있다. 2012년 유로화사용 17개국은 유로 존 붕괴의 위험성을 제기하였고, 때맞춰 유럽연합 회원국들은 불법이민을 막기 위해 국경통제를 강화하기로 합의하였다. 이후 EU 27개 회원국 내무 법무장관들은 2012년 6월 7일 룩셈부르크에 모여 불법이민이 증가할 경우 셍겐 조약Schengen agreement의 적용을 2년간 중단할 수 있는 개정안에 합의했다. EU는 남유럽과 동유럽의 경제난으로 불법이민자의 유입이 급증하고 있어서 사회적 혼란이 야기될 수 있다고 판단하여 이와 같이 결정한 것이다.

한편 미국도 근래에 멕시코와 맞닿아 있는 국경지대에 전례가 없는 막대한 불법이민자 유입의 방지를 위한 방어 설비를 추가하고 있고 전자감시 시스템과 순찰요원의 수도 대폭 늘렸다. 그러나 지구촌 대부분 국가들에게서 이민통제나 불법이민자 유입 방지를 위한 감시 시스템 등이 과연 목적한 바 실효성을 가질 수 있을까?

이민자들에 대한 과도한 강제적 통제는 오히려 이민을 희망하는 이들을 더욱 큰 위험에 노출되게 한다. 이는 불법이민자들을 상대하는 상업적 중개인들을 더욱 양산시킬 것이며 또한 국가 공동체의 갈등과 충돌 양상을 한층 더 가중시킬 것이다. 이러한 지적들과 우려에도 불구하고 지금까지 선진 이민국들은 불법이민자의 신분이 확인되면 즉시 이주민의 모든 권리를 인정하지 않은 상태에서 이들을 격리 수용하고 추방하는 조치를 취해 왔으며 한국도 여기에서 예외는 아닌 국가에 속한다. 사실상 선진 이민국에서도 사회통합과 다문화주의의 규범적 지향성을 따르려는 정책의지가 번번이 꺾이고 있다.

제3장

한국 이민정책의 이해

>>>

1. 문제의 인식

      이 글은 한국이 국경을 넘어오는 이민자를 대하는 정책에서 첫째, 용어나 의미상의 통합적 사용이 이루어지지 못하고 있는 점이다. 둘째, 이러한 상황에서 이들을 대상으로 하는 정책이 특히 이주노동자[3]와 여성결혼이민자 두 대상 집단에게만 주목하여 오며, 이들 두 대상 중 한쪽에는 경제적 통제와 사

---

[3]   한국정부의 이주노동자에 관한 공식적인 호칭은 '외국인 근로자'이다. 고용노동부의 외국인 근로자 고용 등에 관한 법률 제2조에서 외국인 근로자라 함은 '대한민국의 국적을 가지지 아니한 자로서 국내에 소재하고 있는 사업 또는 사업장에서 임금을 목적으로 근로를 제공하고 있거나 제공하고자 하는 자'로 규정한다. 본 저서에서는 '외국인 근로자'를 국제노동기구가 사용하는 'Migrant Workers'의 호칭을 받아들여 '이주노동자'로 사용한다.

회적 배제의 정책이 다른 한쪽에는 지나친 동화와 사회적 지원의 정책이 전개되고 있는 점이다. 셋째, 현재 이들에 대한 한국의 정책현상이 노정하는 이중성이 갖는 문제 등이 향후 국가 공동체의 미래에 매우 부정적인 영향을 미칠 수 있다는 인식에 기반하고 있다.

첫 번째 문제의 인식은 이민자를 대하는 정책 용어에 대한 문제인데, 현재 법무부가 사용하고 있는 '외국인정책'이라는 용어와 중앙정부가 사용하고 있는 '다문화정책' 등의 용어는 한국 이민자들의 실체적 대상과 정책목표를 모두 담아내고 표현하는 데 한계가 있다. 국경을 넘어서 한국으로 이주해오는 이민자는 국가와 인종을 달리하는 외국 국적의 이민자와 국적은 달리하지만 외국인은 아닌 외국국적동포·북한이탈주민 등을 모두 포함하는 개념이기 때문에 이들을 대상으로 하는 정책은 '이민정책'이라는 용어가 더 적절하다. '이민정책'의 용어는 한국사회로 이주해온 대상을 더 분명하게 포괄할 수 있게 하며 정책의 성격도 명확하게 설명할 수 있게 한다. 한국과는 다른 성격을 갖는 국가들의 경우에도 국경을 넘는 이민자들을 대하는 정책을 지칭하는 용어를 대부분 '외국인정책'이 아닌 '이민정책'으로 사용하고 있는 점도 고려해야 한다. 이민자는 처음에는 단순히 '외국인'으로 분류하고 지칭할 수 있지만 중·장기체류와 영주 또는 귀화를 통해 향후 국적취득 등의 잠재적 국민으로의 가능성을 갖는다. 이러한 의미에서도 정책의 이름이 '외국인정책'보다는 '이민자정책' 혹은 '이민정책'이 더 적절하고 사회 통합적 가치와 지향에도 맞는 용어라고 판단된다. 따라서 이 글에서는 이민자를 대하는 정책의 용어를 '이민정책'으로 사용한다.

두 번째 문제의 인식은 한국의 이민정책이 이주노동자와 여성결혼이민자들에게만 주목하여 왔기 때문에 이민자를 보는 시각이나 인식이 매우 단편적이거나 분절적인 측면이 많이 있다는 점이다. 한국은 이민정책을 단순히 '외국인정책'으로만 인식해온 성향을 보여 왔고 또 이러한 경향은 외국인의 인구구성이 한국사회에서 차지하는 비율에 따라서 순차적으로 대응하는 수준으로 작동하여 왔기 때문에 어떻게 보면 자연스러운 현상이라고 받아들일 수 있다. 한국의 이민정책은 1980년대 이후 지속적으로 늘어난 이주노동자들에 대한 정부의 경제적 관리와 통제지향의 정책과 2000년 이후 점차 증가한 여성결혼이민자에 대한 사회적 수용과 동화지향의 정책으로 대별되어 왔다. 그러나 이렇게 한국의 이민정책이 이주노동자들에게는 경제적 통제와 배제정책이 작동되고 여성결혼이민자들에게는 동화와 경제적 지원 정책이 작동되는 현실은 단편적이고도 일면적인 관점에서 한국의 주류 사회가 편견에서 벗어나지 못하고 자국의 사고방식과 정체성만을 강제하거나 혹은 이에 반한다고 생각하는 사람들은 배제하는 일종의 폭력적인 정책일 수 있다.

한국의 이민정책은 그 대상에 있어서도 이들 두 집단만이 존재하는 단순한 상황이 아니며 이민자들과 내국인과의 상호소통과 사회통합 그리고 국가와 국가 간의 연계, 인권의 보장을 위한 국제적 연대와 협력의 맥락과도 밀접한 관련이 있다. 따라서 한국에서 이민정책은 그동안 이들 두 대상 집단에 대해서만 지속적으로 정부 소관부처의 관심과 정책적 주목을 하여 왔던 것에서 한걸음 더 나아가 국가 간의 인적교류, 외국인유학생과 북한이탈주민 그리고 외국국적의 한국동포들에게까지 그 사회적 통합을 위한 노력이 가속화할 것으로 예상할 수 있다.

세 번째 문제인식은 한국의 이민정책이 인구구성에서 가장 많은 비중을 차지하고 있는 이주노동자와 여성결혼이민자를 대상으로 한 부처별 서로 다른 정책목표와 소관업무에 따라 전체 이민자를 포함하는 사회통합정책 차원에서는 정책의 충돌과 갈등을 야기하는 이중성을 노정하고 있다는 점이다.

여기에서 이민정책의 '이중성'이 갖는 의미와 개념적 정의를 살펴보면 다음과 같다. 이중성Duality은 인간의 사유와 인식의 확장 또는 구조화를 통해 개념을 해석하고 정의하려는 철학과 사회학에 의하면 첫째, 개인·집단 혹은 사물·사유 등을 둘러싼 하나의 체계범주에 두 가지의 상호 대립하는 양면적인 성격이 존재한다는 개념과 둘째, 이 하나의 체계범주에서 상호 대립하는 양면적인 두 성격은 그냥 존재하기만 하는 것이 아니라 서로 갈등·충돌하면서 서로에게 영향을 주는 것이라는 개념적 의미를 갖고 있다. 따라서 이러한 의미에서 '이중성'을 정의할 수 있으려면 먼저 이중성을 갖는 개인·집단 혹은 사물·사유 등에 단일한 범주가 있어야 하며, 이 하나의 구성범주를 의미하는 존재는 이중성을 배태할 수 있는 전제조건이 된다. 만일 이중성의 의미체계에서 이 단일 구성범주를 벗어나거나 분리되는 존재는 이분화 · 이원화 또는 다원화라는 개념으로 재정의할 수 있으며 그렇게 되면 이중성 개념은 더 이상 이중성의 의미를 갖지 않는다.

<표1> 외국인정책 실위원회 및 주관 부처

	외국인 정책위원회	다문화가족 정책위원회	외국인력 정책위원회	재외동포 정책위원회
소속	국무총리	국무총리	국무총리	국무총리
주관	법무부	여성가족부	고용노동부	국무총리실
설치 근거	재한외국인 처우기본법 제8조제1항 (2007.5.17)	다문화가족 지원법 제3조의 4 (2011.10.5.)	외국인근로자의 고용 등에 관한 법률 제4조 (2004.3.17)	재외동포정책 위원회 규정 (대통령훈령 제63호)
구성연도	2007	2009	2003	1996
목적	외국인정책의 기본계획에 관한 사항 심의	다문화가족의 삶의 질 향상과 사회통합에 관한 중요사항 심의 조정	외국인근로자의 고용관리 및 보호에 관한 주요 사항을 심의 · 의결	정부 재외동포 정책의 종합적 심의 · 조정, 범정부 차원의 의견 수렴 및 조율
위원 · 위원장	국무총리 · 총 26명: 당연(20), 위촉(6) 외	국무총리 · 총 20명: 당연(13), 위촉(7)	위원장 국무조정실장 (1명)을 포함한 20명 이내의 위원으로 구성	위원장(국무총리), 부위원장, 기획재정부장관, 통일원 장관, 외교부장관을 포함 하여 15인 이내
분과 위원회	외국인정책 실무위원회	다문화가족정책 실무위원회, 다문화가족정책 실무 협의체 3개 분과	외국인력정책 실무위원회	재외동포정책 실무위원회 (위원장 국무1차장)

자료: 행정기관위원회 현황(행정안전부, 2019)

이와 같은 개인·집단 혹은 사물·사유 등의 체계에 존재하는 이중성 개념을 한국 이민정책의 현황 혹은 정부의 정책체계[4] 등을 통해 나타나는 현상으로 이입하여 해석하면 다음과 같다. 만일 이주노동자정책이나 여성결혼이민자정책을 이민자 혹은 외국인의 사회통합을 위한 공동의 목표를 지향하는 정책범주가 아닌, 각각 다른 정책목표 혹은 범주로 분명하게 분리하거나 구분할 수 있으면 이민정책의 범주에서 이중성은 노정되지 않는다. 동시에 이러한 구분으로 이들 두 대상 중 어느 한 대상이 이민정책의 범주에서 분리되거나 이탈한다고 가정했을 때 그 정당성이 인정되거나 사회적으로 합치된 동의가 있다면 '이중성' 개념은 역시 의미를 가질 수 없다. 이때의 정책은 이민정책이 아니라 이름 그대로 이주노동자정책, 여성결혼이민자정책이며 이들 정책은 서로 관여되지 않거나 각각 분리 혹은 이원화된 다른 의미의 외국인 정책이다. 이러한 경우에 두 정책은 '이민정책'이라는 단일한 범주에 포함되지 않는 개념이다. 따라서 이렇게 분리된 정책개념은 '이중성'이라는 의미를 내포하지 않는다고 볼 수 있다. 그러나 이민정책은 본래 그 정책목표와 정책대상을 갖는 범주가 하나이다. 이민자를 대하는 정책목표는 사회통합의 대상이 되며, 그 대상이 되는 외국인인 이주노동자와 여성결혼이민자는 외국인과 이민자라는 하나의 정책범주 안에 들어 있다.

---

4)　한국의 이민정책에는 임시적 상위 기능의 국무총리를 위원장으로 하는 '외국인정책위원회', '다문화가족정책위원회' 등이 있지만, 이들은 중앙부처의 이민정책을 상시적으로 총괄 운영하고 조율하는 책임 있는 전담 업무를 수행하는 기구는 아니다.

이들은 각각 결혼이민자 혹은 이주노동자 등으로 입국하는 방법과 유형은 다르지만 한국사회로의 유입과 동시에 사회적 소수자, 국적을 달리하는 외국인, 인권침해의 피해를 입을 가능성이 상대적으로 더 많은 당사자로서 공동체의 구성원이 된다. 그러나 현재 한국에서 이민자를 대상으로 하는 정책은 대표적 외국인 이주민인 두 대상에 대해 서로 상충하는 정책으로 작동되고 있다. 따라서 이민정책의 이중성이 시현되고 있다고 할 수 있는데 이는 내부적으로 서로 충돌하는 정책을 의미한다. 문제는 정책의 이중성이 강고하게 작동되고 있기 때문에 정책과 관련한 행위자나 정책 대상도 갈등과 딜레마의 상황에 더 많이 노출될 수밖에 없는 현실에서 적절한 대응책을 마련하지 못하고 있는 상황이 지속되고 있다는 점이다.

일반적으로 모든 이민 집단에 대한 정부와 사회의 인식은 외국인이민자로 범주화되고 있고, 현행 법제도에서도 정부의 이민자와 내국인과의 사회통합을 위한 정책대상에 '외국인 정책'의 이름으로 이주노동자와 여성결혼이민자는 모두 포함되어 있다. 따라서 국가의 이민정책에서 이들 두 대상에 대한 정책은 완전히 분리하여 시행할 수 없고 또 그렇게 해서도 안 된다.

2. 여성결혼이민자만 주목해온 이민·다문화 담론

한국에서 이민정책에 대한 논의와 담론은 그리 많지 않다. 특히 행정이나 정책학에서 이 분야의 연구는 별로 없다고 볼 수 있다. 다만 2000년대 들어서 이민정책이 아닌 다문화와 담론과 관련한 연구들이 행정학과 정책학의 학술지에서 조금씩 보이고 있지만 이 역시 이민이나 이민정책에 관한 본격적인 논의나 탐구는 아니다. 한국에서 다문화 관련 담론이나 연구는 초기에는 사회학과 철학의 부문에서 생성되기 시작했는데 이후 2005년에 들어서야 사회학, 행정학, 경제학 등의 분야에서 일정 부분 조금씩 다루는 주제가 되었다. 지금까지의 논의는 주로 이주노동자에 한정하여 이들의 근로 실태, 근로 환경, 사회적 차별 등과 같은 주제와 여성결혼이민자를 대상으로 한정하여 다루는 것들이 많았다. 이는 이민자들의 이주동기와 이주 후 현황, 인권침해 사례, 이들을 보는 사회적 태도, 중앙정부와 지방정부의 정책 실태, 다문화주의 이론 고찰 등의 내용이 주류를 이루고 있다. 전체적으로 그동안의 논의나 담론들은 이민정책의 기본 개념이나 정책목표의 정당성 등과 같은 접근보다는 일부 이민자들 대상의 한국사회 적응이나 피해 사례 분석 등과 같은 부문에 집중하여 왔다. 관련 연구들도 대부분 학계 각 분야의 기존 연구자나 학자들에 의해 주도되었다. 다만 2005년 이후 다소 의미 있는 이민정책 관련 연구들이 나오면서 이민 관련 학회가 새로 생겨나기 시작하였다. 2007년에 주로 사회학과 인류학, 정치학 등 여러 학문 분야의 학자들이 주도하는 '한국 이민학회'가 출범하였다. 2008년에는 '한국다문화학회'가 설립되었고 이후 한국사회학회의 분과연구회, 2016년에는 한국이민정책학회가 관련 연구에 관심을 갖고 설립 · 출범하였다.

2014년까지 다문화를 주제로 한 관련 학계의 연구 논문들이 약 1400여 편 발표되었지만 이 글들은 대부분 여성결혼이민자나 다문화가정 또는 다문화가정 자녀들과 관련한 것들과 이들의 한국사회적응과 연계된 설문조사연구 혹은 한국어교육 관련 연구들이었다. [5] 한편 한국행정학회와 한국정책학회의 이민정책 관련연구도 관련 분과에서 2005년 이후 조금씩 있어 왔으나 그 수는 많지 않다. 한국행정학회는 2012년에 공식적으로 연구 분과에 이민행정연구회를 발족하고 연구 활동을 본격화하였다. 그러나 이민정책을 다루는 연구논문은 아직 잘 보이지 않고 있으며 대다수의 학술지나 정부 산하 연구원들의 논문들도 주로 '다문화'와 '여성결혼이민자'를 주제로 다룬 논문들이 많고 그 내용들도 이주여성의 지원과 이들을 동화지향의 대상으로만 취급하는 연구태도를 보이는 것이 많았다.

최근의 담론에서 가장 두드러지게 나타나는 경향은 이주노동자에 관한 글에서는 정책이나 인권 등에 관한 논의들이 많으며, 여성결혼이민자에 관한 논의들은 특히 다문화가정의 자녀와 자

---

5) 국회도서관 홈페이지, 검색일자 2012년 12월 5일

녀교육 등에 관한 글들이 많이 나오고 있다. 그러나 지금까지 나온 글들의 대부분은 그 주제가 여성결혼이민자나 이주노동자의 어느 한쪽에만 주목하고 있다. 따라서 이들은 스스로 한쪽만을 고려하고 주목하는 논의의 한계 때문에 이민정책의 장기적 목표와 총괄적 대안제시가 어려울 수밖에 없다.

이 글은 한국에서 이민정책이 동화지향과 배제지향의 두 모델로 설명될 수 있는 이중성 현상으로 기능하고 있음을 포착하여, 그 배경과 원인이 되는 요인을 찾아 이를 분석하고 사회적 역기능과 문제점을 고찰하여 중장기적으로 문제 해결을 위한 대안을 제시하는데 목적이 있다. 지금 한국의 이민정책이 방향을 잃고 표류하는 원인이 한두 가지만은 아니다. 일천한 이민자 유입경험, 이론적 기반의 부실과 미정립, 정책 첫 단추의 잘못끼움, 책임 있는 정책 상위기구의 부재와 가부장적 사회구조, 단일민족신화 아래에서의 인종차별적 의식, 부자와 자본가는 우대하고 가난한 자와 노동자는 경시하는 사회태도, 공동체 인권의식의 허약함 등이 모두 그 배경적 요인이 될 수 있다. 문제는 이렇게 잘못된 이민정책의 내용과 방향 그리고 정책의 집행으로 인해 미래에 가중될 사회적 부담과 중장기적으로 예견되는 사회갈등 그리고 예산의 비합리적 지출, 중복지출 등으로 인한 사회전체의 손실이다. 예견되는 미래의 사회적 손실을 최소화하기 위해 한국의 이민정책은 이제 다시 그 실태를 점검하고, 그 내용을 냉정하고도 균형적인 시각에서 총체적으로 살펴보아야 하는 시점에 와 있다. 외국인들의 한국으로의 이주현상은 21세기 지구촌의 세계화 상황과 한국의 경제발전 및 동아시아 전반의 지역적 이해관계와 변화가 함께 맞물리면서 나타나는 중·장기적 현상이다. 이는 한국이 다문화와 다변화의 상황 그리고 지리적 경계를 넘어서는 공동체의 다원화·다차원의 프레임을 성숙하게 리드하며 열린 공동체로 성장할 수 있느냐 없느냐의 질문에 답을 구하는 도정이기도 하다.

본서는 현재까지 한국의 이민정책이 보여 온 이중성이 이민자와 공동체 전체를 포괄하기보다는 대상 집단에 따라 서로 다른 모습을 보이며 이들 중 어느 한 집단만을 집중적으로 강조하여 지원하거나 또는 선택적으로 고려하는 경향을 포착하여 이를 비판적으로 고찰한다. 한국 이민정책의 이중성 현상은 단지 정책의 운영구조나 시스템의 문제만으로 파악하거나 설명하는 것으로는 충분하지 않다. 따라서 이 현상을 이해하기 위해서는 더 폭넓고 구조적인 한국사회 전반의 불평등 구조와 함께 연동하여 설명되어야 한다. 동화지향과 배제지향의 이중성 작동 현상은 정책을 운영하는 주관부처나 지방자치단체의 이민자에 대한 사회적 합의와 판단 그리고 조직 내부의 조정과 협의의 성격을 강하게 지니고 있지만, 동시에 사회 전체를 움직이고 있는 정치, 경제, 문화의 저변에 뿌리 깊이 흐르는 사회공동체의 신념과 가치체계 등의 차원으로부터도 크게 영향 받을 수밖에 없기 때문이다. 따라서 이민정책은 정부나 정책주관 부처가 이민자를 대하는 정책의 일방적 적용차원으로만 이해해서는 안 되며 또 이민자의 입장에서 정책의 수혜적 차원으로만 이해해서도 안 된다. 한국 이민정책의 현황을 보여주고 있는 중심구조에는 정부 운영시스템의 구조적 문제와 함께 한국사회 공동체가 배경적으로 갖고 있는 가부장적 혈연주의, 단일민족·단일문화의 자긍심을 갖는 인종편견의 의식구조, 자본가와 노동자 간의 계급의식, 취약한 시민사회의 인권기초 등이 뿌리 깊게 자리 잡고 있다. 이러한 다양한 배경적 요소들이 이민자들의 사회적 인정과 통합을 더 어렵게 하고 정책의 이중성을 견인하는 부정적 힘으로 기능하고 있다. 이 글이 포착한 한국사회의 중·장기 체류 이민자 전체의 사회통합을 외면하는 정부 이민정책의 이중성 현상은, 외국인 이주민의 대규모 유입 현실을 마주한 우리에게 폭넓은 사고의 전환을 요구한다.

또 이민정책의 제자리 찾기는 이민정책의 근간이 되는 이민 관련 법제도 등이 얼마나 잘 갖추어져 있느냐와도 관련이 있다. 한국의 헌법 제2조 제1항은 '대한민국의 국민이 되는 요건은 법률로 정한다'고 규정하고 있다. 이를 법률로 정하는 국적법은 제3조 제1항에서 외국인을 정의하고 있는데, 이 법에서 외국인은 '대한민국의 국민이 아닌 자'를 의미한다. 헌법 제6조 제2항은 '외국인은 국제법과 조약이 정하는 바에 의하여 그 지위가 보장된다'고 규정한다. 동조 제1항은 '헌법에 의하여 체결, 공포된 조약과 일반적으로 승인된 국제법규는 국내법과 같은 효력을 가진다'고 규정한다. 여기에서 헌법은 기본권의 주체를 '국민'으로만 표현하고 있다. 이를 다시 말하면, 한국은 국적에 의해 국민의 자격을 갖지 않는 외국인은 기본권의 보장 대상에서 제외할 수 있다는 의미가 그 속에 내재되어 있는 것이다. 또 한국의 헌법은 전문에 '민족의 단결을 공고히 하고'를, 헌법 제69조에는 '민족문화의 창달에 노력하며' 등 민족이나 단일문화를 표현하는 규정만을 두고 있어서, 이제는 이러한 법 규정이 과연 미래 한국사회와 국제사회의 개방화 추구 현실에 맞을 수 있는지를 고민하고 연구해야 할 때가 되었다는 지적도 있다(정정훈, 2010).

이민정책과 다문화주의를 보다 오랜 기간 경험해온 선진 이민국들과 한국은 정책대상이나 환경이 서로 다른 배경과 특징을 갖고 있다. 따라서 정책 시행의 내용도 다른 과정을 거치며 다문화사회로 이행할 수밖에 없다. 엄한진(2006)은 한국사회가 서구와는 다른 특성과 배경을 갖고 있는 데도 이에 대한 충분한 검토 없이 현실에 맞지 않는 주장들과 정책들이 제기되고 있다고 지적하였고, 오경석(2007)은 '현재 한국사회의 시급한 과제는 문화적 다양성을 강조하는 다문화사회 담론이 아니라 분배의 정의가 먼저 실현되어야 한다'고 비판하였다. 이러한 비판적인 시각들은 현재 한국에 체류하고 있는 이주노동자들의 노동권이나 인권이 제대로 보장되지 못하는 현실에서 이들의 생존과 안전이 위협받고 있는 상황을 먼저 진지하게 해결하려는 의지가 가장 우선되어야 한다는 메시지이다. 동시에 이는 한국이 선진 이민사회의 다문화 담론 등을 무비판적으로 받아들이거나 숙의 또는 사회적 합의 없이 이민정책을 차용해서는 바람직하지 않을 것이라는 의미이다. 한국사회는 이민정책의 올바른 시행을 위해, 다문화사회의 전개단계를 면밀하게 검토하고 국가들 간의 정책특징이나 성격의 엄격한 분석 작업을 통해 다문화주의를 깊이 있게 논의하고, 그 바탕에서 이민정책의 새로운 기틀을 만들어야 한다.

한국에서 그동안 여성결혼이민자들은 한국사회의 저출산과 인구감소, 농촌총각 문제를 해결할 수 있는 방법으로 부각되면서 다른 이민자들과는 매우 다르게 정책의 주요 관심대상이 되었다. 이를 비판하는 평가들에 의하면 정부나 언론이 지나칠 정도로 다문화주의 논의와 정책에 주목하는 이유가 진정한 의미의 외국인 결혼여성들의 권리나 지위문제 보다는, 다문화 담론의 확산을 통해 국제사회를 통해 우호적 평가를 유도하여 국가적인 집단이익을 창출하려고 한다. 또한 다문화 담론의 확산에 따른 정책을 실행하는 해당 부처가 더 큰 목소리를 내면 그 부처의 강력한 힘으로 더 큰 규모의 예산확보를 가능하게 한다. 만일 이러한 비판적인 지적들의 일부분이라도 정책의 추진과정에서 정말로 시현되거나 반영되고 있다면 이는 더욱 안타까운 일이 아닐 수 없다.

실제 한국의 이민정책은 많은 사람들에게 여성결혼이민자정책으로 인식되고 있거나 이해되고 있다. 여성결혼이민자를 제외한 이주노동자 및 기타 이민자들은 사회통합이나 지원의 대상에서 소외되어 왔으며 따라서 이들은 사회적, 정책적 담론이나 실천적 지원 내용에서도 그다지 주목받지 못하였다. 1990년대 이후 늘어난 이주노동자와 2000년대 이후 급격하게 증가한 여성결혼이민자를 동시에 마주한 한국사회가 이주노동자들에게는 경제적 필요에 의한 관리와 통제중심의 정책을, 여성결혼이민자들에게는 포용과 관용의 정책을 적용하여 왔다. 이러한 상황은 이민자를 둘러싼 정책 환경이나 사회 내부의 이해관계 망의 맥락에서 보면 일정 부분 정당성을 인정받을 수 있는 측면도 있다. 그러나 이중성의 간극이 시간이 지날수록 크게 벌어지는 상황은 더 이상 그대로 두기가 어렵다. 근래에 조금씩 재한 외국인 동포와 외국인 유학생 그리고 탈북자들에 대한 사회적 관심과 지원이 늘어나고는 있지만 아직도 이민자들 중 가장 큰 인구 구성비를 보이는 이주노동자들에 대해서는 정책적 배려나 사회적 형평성의 제고를 위한 관용의 정책보다는 냉담한 배제지향의 정책이 작동되고 있는 것이 사실이다.

이렇게 한국의 이민정책은 단순히 대상 집단에 따라 다르게 적용되는 국지적 대응의 차원이나 일부 개선항목의 차원으로만 파악하고 대응하였다. 그러나 한국의 이민정책이 궁극적으로 추구하는 사회적 목표는 다양한 이민자의 사회적 통합과 사회적 연대와 이해의 강화를 통한 내국인과 외국인 간 평등의 증진이어야 한다. 평등은 이민자들에게 동등한 기회를 제공하는 것으로 그치는 것이 아니다. 간과할 수 없는 이민정책의 목적은 바로 동등한 결과가 목표여야 하는 것이기 때문이다. 국제결혼의 배우자가 여성이든, 남성이든 동등한 제도적 보장과 대우, 이주노동자가 서양인이든 아시아인이든 동등한 태도, 내국인노동자이든 이주노동자이든 동등한 업무에 동일한 결과와 성취가 있어야 한다. 이러한 정책목표에 대한 재인식은 현재의 이민정책을 더

근본적이고 뿌리 깊은 한국사회 불평등구조의 맥락과 연계하며
바라볼 필요가 있다는 메시지를 준다.

3. 한국 이민정책의 형성

한국에서 이민정책은 2000년대에 들어서서 크게 주목받기 시작하였다. 과거 정부의 이민정책은 법무부, 외교부를 중심으로 시행되었고 한국인의 해외이주와 해외노동자 파견을 보조하고 지원하는 출국이민정책이 주요 내용이었다. 그러던 것이 1960년대와 1970년대를 거치면서 점차 바뀌어 1980년대에 들어서면서부터는 한국으로 들어오는 외국인이민자들에게 초점을 맞추는 유입이민자 관리와 통제 그리고 지원 등의 정책으로 전환되었다. 이러한 상황의 전환이 있기 전까지 한국의 이민정책은 송출업무가 주요업무였다. 이때까지 한국에서 '이민' 또는 '이민자'라는 말은 일반적으로 한국 사람의 해외이주나 이민을 의미하는 말이었다. 이 시기 한국에서 '이민'의 의미는 가족이나 한국과의 이별 그리고 돈을 벌기 위해 낯선 땅, 먼 다른 나라로 가서 일하는 것이라는 뜻이었다.

그런데 한국의 경제적 위상이 변화하고 세계화에 따른 노동의 대규모 국제이동, 자본의 국제이동 등이 활발해지면서 한국으로의 외국인의 이주가 크게 증가하기 시작하였다. 이에 한국은 이제 그 이전과는 반대로 이민자유출이 많은 나라에서 이민자의 유입이 더 많은 국가로 전환되었다. 그 결과 한국에서 '이민'과 '이민자'의 의미는 한국에서 외국으로 이주하는 송출이민의 의미가 아니라 자연스럽게 한국으로 이주해오는 유입외국인을 지칭하는 의미가 되었다.

<표2> 체류외국인 장 · 단기현황

(2020.01.31. 현재, 단위 : 명)

구분	총계	장기체류			단기체류
		소계	등록	거소신고	
2019년 1월	2,257,116	1,691,608	1,248,459	443,149	565,508
2020년 1월	2,426,433	1,740,947	1,279,412	461,535	685,486
전년대비 증감률	7.5%	2.9%	2.5%	4.1%	21.2%
구성비	100%	71.7%	52.7%	19.0%	28.3%

자료: 법무부(2020) 출입국 · 외국인정책본부 통계월보

<표3> 불법체류외국인 장 · 단기 현황

(2020.01.31. 현재, 단위 : 명)

구분	총계	등록	단기체류	거소신고
2019년 1월	357,008	89,968	266,082	958
2020년 1월	395,402	97,015	296,620	1,767
전년대비 증감률	10.8%	7.8%	11.5%	84.4%
구성비	100%	24.5%	75.0%	0.4%

자료: 법무부(2020) 출입국 · 외국인정책본부 통계월보

<表4> 체류외국인 연도별 현황

연도	총계	장기체류			단기체류
		소계	등록	거소신고	
2009년	1,168,477	920,887	870,636	50,251	247,590
2010년	1,261,415	1,002,742	918,917	83,825	258,673
2011년	1,395,077	1,117,481	982,461	135,020	277,596
2012년	1,445,103	1,120,599	932,983	187,616	324,504
2013년	1,576,034	1,219,192	985,923	233,269	356,842
2014년	1,797,618	1,377,945	1,091,531	286,414	419,673
2015년	1,899,519	1,467,873	1,143,087	324,786	431,646
2016년	2,049,441	1,530,539	1,161,677	368,862	518,902
2017년	2,180,498	1,583,099	1,171,762	411,337	597,399
2018년	2,367,607	1,687,733	1,246,626	441,107	679,874
2019년	2,524,656	1,731,803	1,271,807	459,996	792,853
2020년 1월	2,426,433	1,740,947	1,279,412	461,535	685,486

자료: 법무부(2020) 출입국 · 외국인정책본부 통계월보

　　한국이민정책의 전개현황은 한국사회에 현재 체류하고 있는 전체 체류 외국인의 인구 통계를 보면 어느 정도 알 수 있다. 2019년 현재 우리나라의 인구는 5천1백60만 명을 넘어섰다(행정안전부, 2021). 이중에서 유학생과 이주노동자, 국내거주 재외동포, 결혼이주자를 포함한 체류 외국인은 2019년 약 250만 명 수준으로 인구의 약 5% 수준에 이르렀다. 2000년 이후 이주노동

자와 여성결혼이민자 등의 외국인 체류자는 국내 인구증가율에 비해 계속해서 증가추세를 보이고 있다.

<그림3> 체류외국인 연령별 분포도

(2020.01.31. 현재, 단위 : 명)

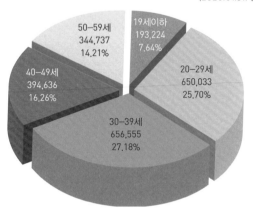

자료: 법무부(2020) 출입국 · 외국인정책본부 통계월보

한국 이민정책의 전개와 변화현상은 매우 극적이다. 또 향후 5년간의 변화는 과거 60년 보다 더 클 것이 분명해 보인다. 정부 수립 후 체류 외국인이 1백만 명으로 증가하는데 약 60년이 경과되었는데, 이후 145만 명이 될 때까지 불과 5년이 필요했다. 인구통계분석 전문가들은 한국이 2020년에는 외국인 체류자가 300만 명에 이를 것이라고 전망하였는데 실제 2019년에 250만 명에 이르렀다. 이와 같은 인구는 총인구의 약 5% 수준으로, 영국, 독일, 프랑스의 외국인 체류 비율 9%에 거의 다가가고 있는 수준이다.[6] 한국사회는 지금 저출산 · 고령화 사회로 이행하며

성장이 둔화되기 시작하였다. 생산가능 인구는 2017년에는 3천 7백만 명을 정점으로 감소하고, 2017년부터는 65세 이상의 고령인구가 유소년인구를 초과하는 등 한국의 인구구조가 크게 고령화될 것으로 보인다.

새로운 정부가 출범하는 2022년은 제3차 외국인정책 기본계획이 마무리되는 해이다. 정부가 지난 2008년부터 2012년까지의 제1차 외국인정책 기본계획기간 동안에 인권, 다문화주의, 외국인의 편의 등을 강조했다면 제2차 기본계획의 기간에는 정책의 균형을 추구하며 기본계획 중심 개념을 국가주권, 국가 정체성, 질서 등의 세 가지에 중점을 두었다. 그리고 개방, 통합, 인권, 안전, 협력의 다섯 가지 정책목표 및 중점과제를 제시하였다. 이에 이민정책의 비전은 '세계인과 더불어 성장하는 활기찬 대한민국'으로 하였다.

현재 정부의 외국인관련 위원회 설치 운영 현황을 보면 2007년 법무부 주관의 재한외국인 처우기본법에 근거한 '외국인정책위원회', 2004년 고용노동부 주관의 외국인근로자의 고용 등에 관한 법률에 근거한 '외국인력 정책위원회', 2009년 여성가족부 주관의 다문화가족지원법에 근거한 '다문화가족정책위원회'가 운영되고 있다. 그러나 이 위원회의 기능은 정책의 혼선과 방향의 부재로 인해 위원회 기능의 중복 또는 공백이라는 문제를

---

6) 이민관련 학자들은 주류사회에서 외국인이주민이 7%를 넘으면 사실상 다문화사회라고 말하고 있으며, 이러한 수준의 인구는 주류사회와 이민자의 갈등이 잠재적으로 언제든지 표출될 수 있는 수준에 있다고 평가하고 있다.

노정하고 있다. 이에 따른 각 부처 간 정책의 혼란상황은 한편으로는 더욱 과도한 정책 주도권을 가져오기 위한 부처 간 힘겨루기 양상을 초래하고 있다. 정부의 이민자 관련 예산은 2009년에 906억 원, 2010년에 1,260억 원, 2011년에 2,267억 원, 2012년에 2,402억 원, 2020년에 5,281억 원으로 해가 지날수록 그 규모가 크게 늘어났다. 이렇게 관련 예산이 대폭 증가해 온 배경에는 이민자에 주목하고 배려하는 정부의 의지도 있었지만, 한편으로는 각 부처가 체류외국인 관련 사업을 경쟁적으로 추진함으로써 예산의 중복지출로 인해 이와 같은 지속적인 비용증가를 부추겨 왔기 때문이기도 하다. 정부의 예산집행 내역에서 크게 주목할 것은 이들 예산의 75%가 이민자들 중에서도 여성결혼이민자들을 위한 예산으로 사용되었다는 점이다. 이는 일반국민들이나 이주민들에게 자칫 역차별과 반여성결혼이민자 정서를 잉태시킬 우려를 갖게 한다. 이민정책을 보는 상반되는 첨예한 관점이 있는 데도 불구하고 한국의 이민정책은 명확한 개념 규정 없이 '다문화정책'의 이름으로 다양하고 무비판적으로 사용되고 있다. 이러한 이유로 이민정책은 너무도 쉽게 '다문화정책'의 이름으로 각색되어 그때그때의 상황에 따른 사회적 요구에 맞춰 임기응변적으로 실행되어 왔다는 비판을 피하지 못하고 있다(이진영, 2007). 한국사회에서 이민정책은 학계나 정부로부터 이론적 개념이 정립되기도 전에 빠르게 증가한 외국인 인구의 대폭 유입과 증가에 따른 급박한 정책적 요구에 따라 사용되어 왔기 때문이라는 시각들이 그것이다.

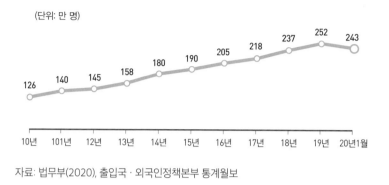

<그림4> 체류외국인 증감추이

(단위: 만 명)

126 140 145 158 180 190 205 218 237 252 243

10년 101년 12년 13년 14년 15년 16년 17년 18년 19년 20년1월

자료: 법무부(2020), 출입국 · 외국인정책본부 통계월보

　　2000년대 이후 한국의 이민정책에서 '사회통합'이라는 용어가 자주 등장하는 것을 볼 수 있다. 2011년 1월 정부는 국무총리 주재로 열린 제8회 외국인정책위원회에서 '2011년 외국인정책 시행계획'을 확정하였는데 이날 제시된 4대 정책분야는 적극적 개방, 질 높은 사회통합, 질서 있는 이민행정, 외국인 인권옹호였다. 외국인정책의 주요 분야에 구체적으로 '사회통합'이라는 용어를 사용하기 시작한 것이다. 그러나 실제 정책의 세부내용에 질 높은 사회통합을 위한 설득력 있는 정책이나 프로그램은 거의 보이지 않는다. 오히려 2012년 법무부의 정책계획을 보면, 구체적 정책 수단 중에서 불법체류자의 관리와 단속 등이 더욱 엄격하게 시행되어진다는 내용이 크게 강조되었고 이는 한국정부가 최근 미국을 비롯한 선진 이민국들의 이민자 관리의 엄격한 추세에 발맞추고 있음을 재삼 확인하게 한다. 사회통합이라는 용어는 매우 미래지향적 비전이 있는 단어로서 제시되고 사

용되고 있지만 그 내용적 빈약함과 실천항목의 부재로 인해 내실없는 구호성 개념에 그치고 있다.

이민정책은 그 단계별로 출입국정책, 외국인력 활용정책, 사회통합정책의 3단계로 나눌 수 있다(이혜경, 2011). 프리맨(Freeman, 1995)은 이민유입국의 유형을 미국, 캐나다, 호주, 뉴질랜드 등 이민으로 형성된 전통이민국, 제2차 대전 이후 초청노동자를 받아들였던 독일을 위시한 서유럽국가의 초청노동자 유입국 그리고 1980년대 이후 외국인노동자가 유입되기 시작한 이탈리아와 그리스 등 남유럽국가와 아시아의 신흥 유입국들을 후발이민국으로 분류하였다.[7] 이 분류에 의하면 한국은 후발이민국으로 분류된다.

한국은 전통이민국이나 유럽의 선진 이민국들에 비하면 그 역사가 매우 짧고 이민정책의 경험도 많지 않다. 한국의 이민정책은 다른 국가들과 비교하거나 평가하기에는 서로 다른 점도 너무 많고 또 그 이민자의 특징과 성격도 많이 다르다. 한국 이민정책의 역사가 비록 이렇게 전통 이민국들에 비해서는 매우 짧지만, 정부 수립 후부터 그 이민자의 유출과 유입 그리고 정책의 형성과 시기별 전환 포인트에 따라서 그 단계를 구분해 보면 다음의 3단계로 나눌 수 있다. 제1기는 초기 출국이민업무가 주를 이루던 1960-1987년 사이의 시기, 제2기는 이주노동자가 유입되는 1988-2003년 사이의 시기, 제3기는 이주노동자와 함께

---

7) 이혜경. 2011. '이민정책사'에서 재인용. P. 21

여성결혼이민자가 크게 증가한 2004부터 현재까지의 시기이다. 이에 정책의 시기별 내용과 특징을 살펴보면 다음과 같다.

1) 제1기: 초기 출국 이민정책(1960–1987)

한국이민정책의 제1기는 1960년부터 1987년까지 경제성장을 목표로 한국사회가 적극적으로 한국인의 해외이민과 노동이민을 장려하며 개인적, 국가적으로 달러를 획득하기 위해 매진하던 출국이주정책의 시기를 말한다. 실제로 한국의 이민정책은 정부의 정책 틀 속에서 1960년대 해외로의 이민자 송출정책 등을 시작하였고, 주로 법무부와 외교부의 주관으로 시행되어 왔다. 이민정책은 한국인이 국내에서 외국으로 이주하는 출국이민정책과 외국인이 한국으로 이주해오는 입국이민정책으로 구분된다. 지금은 상황이 크게 바뀌어 한국이 '입국이민정책'을 더 중요하게 다루는 이민 유입국이 되었지만, 불과 30년 전만 해도 한국은 해외로 이주하는 사람이 입국하는 이민자들보다도 더 많은 전형적인 이민유출 국가였다.

한국정부의 이민정책은 1948년 정부 수립 후 1950년대까지는 특별한 추진사항이나 정책의 전개 내용 등은 잘 드러나지 않았다. 한국정부의 이민정책이 가시적으로 나타나기 시작한 시기는 1960년대에 들어서면서부터였다. 1960년대 초기 한국의 이민정책은 경제성장과 경제개발의 사회적 조류와 같이해 외화를 벌기 위해 해외이주와 해외노동을 장려하는 출국이민정책이었다. 이 시기의 출국이민정책은 1962년 '해외 이주법'의 제정을 통해 적극적으로 전개되기 시작하였다. 이민정책의 목적은 정부가 주도하는 한국 노동력의 해외진출로부터 외화를 벌어들이고 이를 통해 직·간접적으로 정부는 경제개발을 위한 해외자금을 유치하는 데 있었다. 또한 한국인의 해외취업을 적극적으로 유도함으로써 국내의 일자리부족 현실을 해결하는 것도 매우 큰 이유 중의 하나였다.

이러한 목적을 달성하고자 정부는 송출이민정책을 구체적으로 시행하기 시작하였다. 1963년 정부는 산업역군 수출의 이름으로 서독과 특별고용계약을 통해 237명의 광부를 출국이주노동자로 파견하였다.[8] 이후 그 인원이 점차 크게 증가하는데 서독정부와의 계속적인 협의를 통해 1970년대 후반까지 약 8천명에 달하는 많은 수의 인력이 해외노동자로 출국하였다(라경수, 2011). 당시 파견된 한국의 광부들은 순환체류방식으로 계약하였기에 3년 계약 후에는 교체되었다.

1960년대 중반부터는 여성간호사들이 서독의 경제성장과 이로 인한 고된 노동의 대체인력 확보의 수단으로 출국이주노동자로 파견되기 시작하였다. 한국의 여성간호사들은 한편으로는 서독정부의 필요와 요구에 의하여 이후 1970년대까지 약 1만 명의

---

8) Federal Ministry of the Interior, Germany(2009). Labour Recruitment. 서독은 1960년대 제조업, 광업, 건설업 등의 인력부족을 해결하기위해 한국, 터키 등 8개국과 계약을 체결하고 이주노동자를 고용하였다.

수준까지 노동자의 신분으로 서독으로 이주하였다. 당시 광부들은 원래의 계약대로 3년이 지나면 대부분 교체되었으나 간호사들은 많은 경우 서독 병원들의 요청에 따라 다수가 현지에 장기간 정착하는 양태를 가졌다. 이에 간호사들은 계약이 만료되어도 한국에 돌아오지 않고 독일에 정주하거나 결혼하여 정착하는 사람들도 많았다. 당시 서독에서 일하는 한국의 광부들이 한국으로 보내는 송금액은 연간 5000만 달러의 규모였다.

이후 한국정부의 해외이주노동자의 송출 정책은 점차 더 적극적으로 다변화되었다. 1965년 베트남으로 한국 군인의 파병과 함께 해외이주와 이주노동자 파견도 적극 추진되었다. 베트남으로의 이주노동자는 1966년에는 약 1만 명, 1967년에는 약 5천4백 명, 1968년에는 약 6천 명, 1969년에는 약 2천 명의 규모로 이주하였다(박내영, 1988).

1970년대에는 이주노동자들이 중동의 산유국들을 중심으로 대거 파견되기 시작하였다. 이 시기 중동의 이란, 사우디아라비아와 같은 국가들은 막강한 석유자원을 통한 부자나라로 부상하며 상대적으로 값싼 노동력과 높은 기술력을 갖춘 한국의 노동력을 통해 도시건설과 기반시설을 새롭게 하였다. 한국은 수출주도형 경제구조를 더 튼튼히 하기 위해 기업들과 함께 1975년에 약 6천5백 명, 1976년에는 약 2만 명의 노동자를 중동지역으로 이주시켰다.

다음으로 주목되는 것은 1960년대부터 80년대 중반까지 지속적으로 전개된 외국선박으로의 취업이다. 외국의 배를 타는 선원으로의 취업은 1960년대 후반에는 매년 약 천 명 이상을 유지하였고 70년대에는 이천 명을 넘었으며, 1975년에는 1만 명 시대를 맞기도 하였다(박내영, 1988:40). 이 시기 외국선박에 취업하는 선원들은 전체 해외취업자의 과반수를 차지하였다.

이 시기 한국의 이민정책은 인력수출 혹은 인력송출을 의미하는 것이었다. 당시 정부는 국민 노동력의 해외취업을 적극 장려해서 국내의 노동인력 과잉문제와 실업자의 증가문제 등을 해결하고 동시에 한국경제의 발전에 사용할 외화도 획득하려는 의도도 가지고 있었다.

한국은 서독으로 광부를 파견할 때 이들의 3년간 급여를 담보로 서독으로부터 3천5백만 달러 규모의 차관을 도입하기도 하였다(동아일보, 2004. 6.10.). 당시의 송출이민정책은 정부가 해외취업자의 모집에서부터 송출 그리고 이주 이후의 관리까지도 책임지고 주관하는 정책이었다. 이는 매우 전문적이고도 계획적인 작업을 요구하였고 점차 그 업무 양 또한 크게 늘게 되었다. 이에 정부는 1965년에 이 업무를 책임지고 전문적으로 수행할 수 있는 기관인 재단법인 한국해외개발공사(Korea Overseas Development Corporation)를 설립하여 운영하기 시작하였다. 한국해외개발공사는 해외로 이주하는 이주노동자의 모집과 송출에 관한 업무 그리고 새로운 해외 사업의 개척, 해외취업 이주노동자의 교육 등의 업무까지 수행하며 적극적으로 업무를 추진하였고, 1976년에는 정부의 더욱 강력한 의지에 의해 특별법을 통해 정부투자기관으로 성장하였다.

그러나 한국 노동자의 해외이주는 이후 1980년대 후반부터 점차 줄어들기 시작하였으며, 1988년 서울올림픽 이후 한국의 경제성장과 국가적 위상 등이 높아지면서 해외로 이주하는 이주노동자의 수는 크게 축소되었다. 이에 해외취업관련 업무와 정부 내의 조직들도 크게 축소되었고 그 결과 한국해외개발공사도 1991년에 문을 닫게 되었다. 1991년에 정부주도 이주노동자 송출정책의 핵심역할을 담당하던 중심기관이 사라졌다는 것은 이미 1980년대 말부터 한국의 이민정책이 내국인의 이주노동과 송출관련 업무 등에서 벗어나 반대로 더 많이 증가하는 외국인 이민자의 유입상황을 관리하고 지원하는 입국 이민정책으로 전환하고 있었음을 실질적으로 반증하는 것이다.

2) 제2기: 이주노동자 입국 이민정책(1988-2003)

한국이민정책의 제2기는 한국의 경제적 성장으로 그 위상이 높아지면서 주변의 동남아시아 저개발 국가들의 노동력이 한국으로 유입되기 시작하는 1988년부터 2003년까지의 시기이다. 1960-70년대 경제적 빈곤 때문에 개인적, 국가적 요구로 인해 해외이주와 해외노동의 수출정책으로부터 시작한 국가 주도의 송출이민정책이 80년대를 거치면서 완전히 바뀌었다. 한국의 경제적 성장과 국가의 신뢰도가 높아짐에 따라 1980년대 후반부터 늘어나기 시작한 이주노동자가 1990년대 이후에도 계속해서 증가하였다. 이는 1988년 서울 올림픽의 개최로 한국이 주변국에 많이 알려지고 경제적 위상이 높아졌기 때문이다. 이때부터 서서히 코리안 드림을 꿈꾸는 아시아 저개발 국가들의 이주노동자들이 늘어나기 시작하였다.

1980년대는 국내경기가 호황국면이었으나 정치적으로는 많은 변화가 있었던 시기이다. 이러한 정치적 경제적 맥락과 함께 1987년 노동자의 대규모 투쟁이 있었고 이때를 전환기로 하여 국내 노동자의 노동시간 단축과 임금인상 등의 권익이 크게 확대되기 시작하였다. 한편 국내의 노동자들은 점차 힘들고 어려운 업종의 일은 기피하고 포기하는 현상이 나타났다. 1990년에는 한국과 중국이 역사적인 공식 외교관계를 수립하며 수교하였다. 이를 기회로 특히 재중 한국동포가 크게 한국으로 일자리를 찾아 이주하기 시작하였고 이들과 함께 동남아시아의 이주노동자들이 동시에 대거 유입되기 시작하였다.

한국정부는 1991년 제조업 부문의 인력난을 해소하기 위해 해외투자기업 산업연수생제도를 실시하면서 1만 명의 외국인노동자들을 받아들였다. 1991년 '산업연수생 제도'가 도입되기 이전에는 한국정부는 공식적인 이주노동자의 유입을 인정하지 않았다. 1993년 추가로 1만 명의 산업연수생이 유입되는 등 이주노동자의 수가 크게 증가하는 상황이었지만 이 제도는 문제가 많았다. 이 제도에 따르면 외국인 이주노동자들에 대한 산업재해나 의료보험 등이 적용되지 않아서 이에 대한 대책이 마련되어 있지 않았고, 또 임금의 수준이나 노동조건들도 매우 열악하여 노동계와 관련단체의 비판도 그치지 않았다. 실제로 1995년에 네팔 산업연수생들이 자신들을 '노동자라기보다는 노예에 가깝다'며 명동성당에서 열악한 노동환경과 저임금 등에 분노하는 시위를 하는 등 관련 시위나 이를 지지하는 시민단체와 노동 단체 등의 항의도 그치지 않았다. 정부는 이를 해결하기 위해 산업연수생에게도 최저임금제 적용, 산재적용, 폭행금지 등의 근로기준법을 적용할 것을 약속하는 등 노력을 하였지만 비난이 그치지 않자 결국 2003년 이 제도를 폐지하고 이를 '고용허가제'로 전환하였다.

한편 이 시기에도 미국이나 유럽 등에 거주하고 있는 동포들은 문제가 없었지만, 중국이나 구 소련지역에 살고 있는 동포들은 한국에 자유롭게 출입할 수 없어서 이것이 차별적 대우라고 지적되었다. 따라서 한국정부는 2007년 이를 시정하고 해외동포의 한국으로의 출입과 취업의 문을 개방하려고 외국국적의 한국인 동포 방문취업제도를 실시하였다. 그 이전까지 동포이주노동자는 사실상 비공식적인 경로를 통해서 한국에 취업하였고 본격적인 이주노동자 유입은 이때부터 시작되었다.

1991년까지 이주노동자는 10만 명이 넘게 유입되었고 2021년 현재 이주노동자는 41만여 명으로 집계되고 있다. 이러한 이주노동자의 한국사회로의 유입현상은 앞으로도 일정기간 계속 늘어날 것으로 예측되고 있다. 이주노동자의 지속적인 증가와 이로 인한 일부 이주노동자의 한국사회 정주화 현상은 한국의 이민정책에 변화가 필요하다는 것을 의미한다. 외국인의 대거 입국과 이로 인한 한국사회의 사회적 수용과 사회통합을 위한 국가적 고민은 이때부터 시작되었다.

3) 제3기: 여성결혼이민자의 증가에 발맞춘 이민정책(2004–현재)

이민정책의 제3기라고 말할 수 있는 시기는 한국사회에서 저출산, 고령화의 사회문제가 심각하게 제기되기 시작한 시기와 때를 맞춰 여성결혼이민자가 크게 증가하는 2004년부터 현재까지의 시기이다. 2000년대 초반부터 한국으로 유입되는 여성결혼이민자가 크게 증가한다. 정부는 농촌총각의 결혼이 한국사회의 저출산으로 인한 노동 생산성 인구 감소문제를 해결할 수 있다고 기대하는 사회적 요구에 의해 비교적 긍정적인 측면에서 이들을 받아들인다.

한국으로의 결혼이주민의 유입의 시작은 특이하게도 종교를 통한 유입이었다. 1980년대부터 한국의 통일교의 교세가 더욱 확산되면서 통일교의 국제결혼이 늘어나기 시작하였고, 1988년에는 650쌍이 올림픽공원에서 합동결혼식을 하였다. 통일교를 통해서 한국에 이주해온 일본의 여성결혼이민자는 2000년까지 특히 많았다. 이후 1990년대에 들어서면서 한중수교의 영향과 한국의 농촌총각 장가보내기의 영향으로 재중동포여성과의 결혼이 급격하게 늘어나기 시작하였다. 2003년 한국과 중국 사이의 국제협약에서 양국 간의 국제결혼은 어느 한쪽 국가에서 혼인신고를 하면 되는 것으로 제도를 변경한 후에 중국인 출신의 여성결혼이민자들이 더 크게 증가하였다. 한국으로의 여성결혼이민자의 이주는 점차 필리핀, 태국, 몽골, 베트남 등으로 확산된다. 여성결혼이민자가 증가하게 된 또 다른 배경에는 한국보다 훨씬 먼저 여성결혼이민자가 많이 유입되었던 대만이나 일본이 국제결혼의 강화정책을 실시하면서 대만을 비롯한 유입국들의 국제결혼이 크게 줄어들어, 동남아시아의 이주희망여성들이 한국으로 시선을 돌렸고 또 이에 발맞추어 국제결혼을 중개하는 중개업자들이 한국에서 활발하게 활동하기 시작하게 된 것도 계기가 되었다.

세계화의 국내외적 상황과 배경 속에 한국 정부는 국민과 재한 외국인이 서로를 존중하고 이해하는 사회를 만들기 위해 2006년 5월 26일 외국인정책회의에서 '외국인정책 기본방향 및 추진체계'를 수립하였다. 그 후속조치로 '재한 외국인 처우 기본법'이 만들어졌다. 이 법은 2007년 5월 17일 공포되어 같은 해 7월 18일 시행되었으며 이 법의 제정으로 그동안 각 부처에서 단편적으로 시행하던 외국인 관련 정책을 종합적으로 만들기 위한 추진체계가 갖추어졌다. 이 법의 제정 취지는 외국인의 인권 존중과 사회통합을 위해서 한국사회를 외국인과 더불어 살아가는 열린사회로 만든다는 것과 외국인도 자신의 능력을 충분히 발휘하고 국적과 인종을 떠나서 서로를 이해하고 존중하는 상생의 사회를 만든다는 것이었다.

재한 외국인 처우 기본법의 주요 내용은 첫째, 법무부가 5년마다 기본계획을 수립하고, 중앙행정기관 및 지방자치단체는 기본계획을 바탕으로 연도별 계획을 수립하도록 하며 둘째, 국무총리를 위원장으로 하는 '외국인 정책위원회'를 구성하여 외국인 정책에 관한 주요사항을 심의 조정한다는 것이며 셋째, 결혼이민자 및 그 자녀, 영주권자, 난민 지위를 인정받은 자 등 정주하는 외국인들의 사회적응을 지원하고, 이들에 대한 불합리한 사회차별 방지와 인권옹호를 위해서 정부가 교육과 홍보 등 필요한 노력을 하는 것을 포함하고 있다.

2009년 9월 11일 정부는 '다문화가족정책위원회 규정'[9]을 제정하고 더욱 가시적인 여성결혼이민자 지원과 동화정책을 추진한다. 위원장은 국무총리가 맡고 위원은 외국인 정책 중 주로 여성결혼이민자정책이 수립되고 운영되는 10개 정부부처의 장관이 포함되었다. 이때 당연직에 포함된 위원은 기획재정부, 교육과학기술부, 외교통상부, 법무부, 행정안전부, 문화체육관광부, 농림수산부, 보건복지부, 고용노동부, 여성가족부 그리고 국무총리실장의 11명이었다. 정책의 주요내용은 이민자 전체를 포괄하는 사회적 다문화과제를 다루기보다는 반복적이며 부처 간 중복되는 여성결혼이민자들을 위한 한국어 교육, 한국문화 이해교육 등의 제한적 부문에 대부분 할애되었다. 2018년 제3차 다문화가족정책 기본계획이 확정, 시행되었다.

---

9) 국무총리 훈령 제540호.

<표5> 한국 이민정책 법제도의 연혁

구분	주요 내용	정부의 프레임관점
1963년	출입국관리법 제정	주로 이주노동자를 통제하고 관리하며 경제적 편익에 따라 제한적으로만 유입하는 정책이 시행됨.
1993년	산업연수제 시행	
1999년	재외동포의 출입국과 법적 지위에 관한 법률 제정	
2003년	외국인근로자의 고용 등에 관한 법률 제정	
2004년	위 법 시행. 이법에 따라 고용허가제 시행	
2004년	국무조정실 주관, 국제결혼이주여성 대책마련을 위한 관계부처회의 개최	모든 정책과 법이 여성결혼이민자의 지원과 동화의 내용으로 제정 및 시행됨.
	보건복지부, 여성결혼이민자에 대한 전국적인 실태조사 실시	
2006년	여성가족부, '결혼이민자가족 실태조사 및 중장기 지원정책 방안연구' 시행	
2007년	법무부 출입국관리국이 '출입국외국인정책 본부'로 개편	
	법무부, 재한 외국인 처우 기본법 제정	
	국무총리실 주관, '여성결혼이민자 가족의 사회통합 지원 관계부처회의'개최	
2008년	외국인정책위원회 제1차 외국인정책 기본계획 확정	
	보건복지부, 다문화가족 지원법 제정. 시행	
2009년	'다문화가족정책위원회규정'(국무총리 훈령)제정. 보건복지부주관. 위원은 10개 부처의 장관.	
	여성가족부로 '여성결혼이민자정책' 이관	
	이민자사회통합프로그램 시행	
2010년	여성가족부 주관 '다문화가족정책위원회 관계부처회의' 개최	
2018년	제3차 다문화가족정책 기본계획 확정, 시행	

한국 이민정책의
작동배경

〉〉〉

1. 사회의 의식구조

1) 가부장적 혈연중심의 의식구조

한국사회의 가부장적 의식구조와 혈연 중심적 의식구조는 한국사회에 유입된 이민자들을 대상에 따라서 다르게 인식하게 하였다. 먼저 이민자들 중 이주노동자들을 바라보는 한국인들은 이주노동자들을 한국사회 공동체의 일원으로 받아들이지 않는다. 공동체를 이루는 유교적 가치관, 아버지를 중심으로 전개되는 전통적 가족의 뿌리관념과 가치체계는 외국에서 이주해오는 이주노동자들에게는 그 유대와 접근을 허용하기에는 너무 그 내재적 테두리가 강고하기 때문이다. '가부장적'이라는 용어는 '아버지의 규칙'을 의미한다. 이것은 남성에게 아버지의 권력과 사회의 권력을 대부분 다 부여하는 것으로 인류 역사에서 동서양을 막론하고 광범위한 현상이다. 아버지의 권력은 한국사회에서도 '부계사회 남성의 권력'으로 오래된 문화적 관습과 연결되어 있다.

한편 이황식(2002)은 한국의 가족주의를 한국사회를 저변에서 움직이는 독립변수로 지칭하며 한국에서 국가주의도 가족주의의 확대개념으로 해석되는 것을 경계한다. 그는 가족주의를 기능적으로 재정의하였는데 '가족주의는 한 개인의 행위가 가족의 유지와 확대라는 목표에 규제되고 또한 그것을 사회통합의 규범으로 발전시켜온 문화적 가치 체계이다'라고 하였다. 이민정책의 이중성의 원인에 한국사회의 가부장적 혈연중심의 의식구조를 요인으로 보는 것은 파슨즈(Parsons, 1953)의 사회구조를 보는 체제모형으로부터도 살펴볼 수 있다. 그는 '하나의 전체 사회체계 내에서 문화적 습속은 체제유지의 잠재성에 해당하는데 이는 체제 바깥의 기능적인 요구나 체제 내의 변화의 움직임에 의해서도 쉽게 변하지 않는 특성을 가지고 있다'고 하였다. 한 사회 안에서 개인들은 그 사회의 문화적 가치를 내면화시킬 때 비로소 성공적인 사회화 과정을 밟게 된다. 박영신(1986)은 한국사회의 변동과 가족주의를 말하면서 한국은 '가족 중심의 생활양식이 특히 조선시대의 유교에 의하여 중심적인 가치로 정형화되었고, 효의 가치는 모든 사회의 영역에 스며들었으며 1960년대와 70년대의 경제적 근대화와 산업화는 이러한 가부장적인 가족주의의 가치에 의해서 강화된 것'이라고 하였다.

한국사회의 미래를 걱정하는 학자들은 거의가 예외 없이 가부장적 가족주의를 한국사회가 간직한 중요한 폐단 중의 하나라고 지목한다(김태길, 1988). 배관용(1984)은 가부장적 가족주의와 관련하여 '모든 가치가 가족집단의 유지, 존속과 관련하여 결정되는 사회조직의 형태'라고 하였다. 손인수(1984)는 '개인보다 가족을 우위에 두고 사회적 행동을 결정하는 태도를 가리킨다'고 하였다. 이승환(2002)은 한국사회에서는 가족이 아닌 사회의 영역을 마치 가족처럼 간주하여 이를 가족 내에서 통용되는 원리에 적용시키는 '의제 가족주의'가 확대 적용되는 사례가 많다고 하면서 가족주의를, '집단으로서의 가족을 개개인의 가족성원보다 중시하고, 가족적 인간관계를 가족 이외의 사회관계에까지 의제적으로 확대하고 적용하려는 주의'라고 정의했다. 그는 한국의 가부장적 가족주의의 문제를 비판하면서 '국가 가족주의'를 예로 들며 '이러한 가부장적 체제에서는 한쪽 성역할에 부과되었던 굴레는 국민이 짊어져야 할 짐이 되고, 가족 내에서 가부장이 누렸던 특권적 지위는 정치적 지배자에게 헌상된다'고 하였다. 그는 '국가의 지배자는 가부장적 수장으로 군림하면서 특권과 이익을 가져가고, 국민에게는 희생과 헌신을 강조한다'고 하였다. 그런데 이러한 가부장적 혈연주의가 온전히 한국사회에만 유난히 존재하는 특징만은 아니다.

근대 이전의 세계는 서양이나 다른 국가들에게도 개인보다 가족을, 가족보다는 군주를 우위에 두는 사회라고 할 수 있었고,

이 시기 대부분 국가들의 사상이나 사회제도들도 거의 남성 중심적이고 가부장적이었던 것이 사실이다. 많은 국가들에서 지배자는 가부장적 수장으로 군림하면서 특권과 이익을 가져가고 국민들은 대부분 희생과 헌신을 강요당했다는 것이 이 시기에 대한 평가이다. 한국도 이러한 대부분의 전통적 가부장적 사회의 국가들로부터 예외가 아니며, 어떤 면에서는 지난 시기와 현재 시기의 평가에서 모두 강한 가부장적 사회 의식구조를 대표하는 국가들 중 하나로 아직도 남아 있다고 할 수 있다. 한국은 조선시대 이후 몇 년 전까지 오랫동안 남성이며 동시에 아버지를 가장 윗자리 또는 중심에 두고 가족은 아버지의 권위를 절대적으로 인정하며, 이를 공고히 하는 제도인 호주제[10]의 강고한 틀을 유지해 왔기 때문이다.

한국의 가부장적 사고방식은 여성결혼이민자를 바라보는 한국인들의 인식을 편향적으로 고착화한다. 이들은 혼인과 함께 가족으로 편입되어 남편에게로 종속된 여성 혹은 남편의 부모에게로 종속된 이미지로 각인된다. 이들은 혼인을 통해 한국으로 이주해오는 것과 동시에 시부모와 남편이 주도하는 가족이라는 범주에 즉각적으로 편입되는 것이다. 여성결혼이민자의 국적, 인종, 문화, 내면의 정체성, 개인의 개성 등의 특징은 혼인과 동

---

10) 헌법재판소는 2005년 한국의 가부장적 사회구조를 굳건히 받쳐왔던 호주제가 헌법과 일치하지 않는다는 판결을 내렸다. 그러나 아직도 여전히 한국 사람의 의식구조와 전통에 가부장적 권위주의의 대표적 제도로 기능해온 호주제의 남성·아버지의 권위를 우선적으로 인정하는 사회의 의식구조까지 이 판결과 같이 없어졌다고는 누구도 생각하지 않는다.

시에 가족의 영역으로 자연스럽게 수렴되며 더 이상 주류사회의 개인, 가족 그리고 국가들에게서 이들 사항들은 중요하게 고려되지 않는다. 또 가부장적 사고방식은 한국사회의 이주노동자를 가족으로는 편입되지 않는 외국인이며 동시에, 이들은 경제적 이유 때문에 잠시 한국에 머물렀다가 떠날 이방인으로만 인식하는 태도를 고치려 하지 않는다. 이와 같은 사고방식은 사회의 가장 중요하고도 안정적인 구성단위를 '혈연으로 맺어진 가족'으로만 생각하며, 이러한 가족 개념이 개인과 사회의 신념체계에서 가장 중요한 가치라고 생각하는 태도로부터 연유한다.

이주노동자를 대하는 한국사회의 태도에서 이들을 가족으로 수용하는 태도는 기업의 차원에서 종종 강조되는 '일터에서의 가족'개념인데 이는 순수한 정서적·공동체적 사회통합을 위한 의미에서 사용되는 개념이라기보다는 경제적 목표달성을 위한 조직의 가치공유의 수단적 활용의 의미로서의 성격이 더 크다고 평가할 수 있다. 따라서 이주노동자를 대하는 기업의 가족개념은 개인이나 사회 그리고 정부차원의 담론으로 확산되지는 않으며 따라서 사회 네트워크의 여러 부문으로 계속해서 확장하거나 정부부문의 조직이나 목표설정 등을 위한 동인으로서의 추진기능도 수행하지 못한다.

이렇게 사회적 인식이나 태도는 개인이나 일부 집단 등에만 한정하여 영향을 미치는 것이 아니라 사회 네트워크를 구성하는 문화, 정치, 경제 등의 모든 영역에 영향을 주며 정책의 구체적인 조직구축과 법제도의 추진 등에도 실제적인 영향을 주는 역할을 한다. 국가의 정책은 개인과 조직의 상호관계와 대상을 보는 관점, 즉 프레임으로부터 자유로울 수 없기 때문에 사회를 움직이는 보이지 않는 전통적 규범이나 관념, 가치체계 등이 정책에 미치는 영향은 지대할 수밖에 없다.

이러한 한국사회의 가부장적 가족주의 사고방식은 혈연중심의 사고에서부터 비롯된다. 한국에서 한국여성이 외국국적의 남성 이주노동자와 혼인하는 경우에는 국제결혼으로 인한 사회적 혜택과 보장의 지원내용들이 그리 많지 않다. 이는 여성결혼이민자와는 비교될 수밖에 없는 상대적 제도의 또 다른 차별이다. 또 이주노동자의 한국사회로의 가족초청의 금지는 법제화하면서 여성결혼이민자 가족의 초청은 가능하게 하는 제도도 형평성의 항목에서 지적할 수밖에 없는 차별의 증거이다. 정부의 이민정책이 이렇게 작동하는 것은 사회의 의식구조로부터 배태되는 차별이 국가 정책차원의 제도적 차별로 고스란히 확대되어 기능하기 때문이다. 이에 한국사회에서 이민자와 내국인과의 근본적인 차별구조를 해결하고 통합을 위한 대진환의 기틀을 만들기 위해서는 단순히 이민자를 둘러싼 경제적, 정책 체계적 문제들에만 주목하기보다는 한국사회에 자리 잡고 변화를 어렵게 하는 뿌리 깊은 가부장적 혈통중심의 사회적 가치체계 등에도 깊은 관심을 갖고 이를 면밀하게 들여다보아야만 해결의 근본적인 실마리를 찾을 수 있다.

2) 단일민족 · 단일문화를 미화하는 의식구조

한국에서 그동안 일반적으로 당연시되어 왔던 단일민족, 단일문화 자긍심 고취의 사회구조와 태도는 국민정체성 개념과 맥락을 같이하며 이어져 오고 있다. 이와 관련하여 국민정체성이란 한 사회체제 내에서 공동체 혹은 국민 구성원들이 함께 공유하고 있는 신념과 감정을 말한다고 할 수 있다. 단일문화나 단일민족의 강조를 통한 국민정체성의 확인과 공동체의 결속은 국가나 사회가 외부 공동체나 국가들과 경쟁을 하거나 상대적 우위를 확보하기 위해서 때로는 반드시 필요한 것이기도 하다.

역사적으로 어느 민족이나 국가들도 정도의 차이나 강조의 초점이 조금씩 다르기는 하였지만, 종족 혹은 민족이나 국가의 결속과 협력적 발전을 위한 과정에서 공동체 공통의 가치와 자신들만의 인종적 · 문화적 우수성을 강조하였다. 즉, 어느 정도의 집단적 자부심과 민족이나 국가의 정체성과 관련한 자긍심은 거의 모든 지구촌의 민족이나 국가에게도 존재하였고 또 필요에 따라서는 대부분 그 의식을 더 강화하였다. 그러나 어느 한 국가나 공동체가 그 국가만의 단일민족이나 단일문화를 유독 강조한다는 것은 반면에 이에 속하지 않는 다른 공동체나 국가들은 그리 중요하게 생각하지 않거나 무시되어도 좋은 집단으로 폄하할 수도 있다는 가정을 가능하게 한다.

인류의 역사에서 뼈아픈 상흔을 남기고 돌이키기 힘든 고통을 주었던 경험들은 바로 이러한 지나친 민족의 자부심이나 국가의 자긍심으로부터 배태되었다. 단일민족의 강조와 단일문화의 자부심 그리고 이를 바탕으로 한 대한민국의 국가정체성의 차별적 우수성의 강조는 다른 민족이나 문화, 다른 국가들은 상대적으로 열등하며 따라서 언제든 깎아 내리거나 무시해도 좋은 존재로 인식하게 하는 기제가 될 수 있다.

이러한 이유 때문에 오늘날 대부분의 민족 공동체나 국가들은 지나친 자국중심의 민족적 혈통적 우수성이나 국가적 우수성 등의 강조는 더 이상 국가들 간의 협력과 공존에 도움이 되지 않는다고 판단하여 국가 간 문화다양성의 인정과 존중의 태도로 전환하고 있다. 지구촌 전체의 이주민이 약 2억 명에 이를 정도로 전 세계적 인구이동과 문화교류의 문호가 넓어진 지금, 민족주의나 문화적 우월성의 강조는 시대에 뒤떨어진 사고나 인식의 일환으로 간주되기도 한다.

전 유엔 사무총장 부트로스 부트로스갈리는 1992년 '평화를 위한 어젠다'[11]에서 다음과 같이 말했다.

"국가들의 지역적 · 대륙적 협의체에 의해 오늘날 국가 간의 협력이 증대되고 있지만 한편으로는 민족주의와 주권에 대한 새롭고 격렬한 요구가 분출하고 있다. 이에 국가의 응집력은 종족과

---

11) UN(1992.6). 'An Agenda For Peace'. 유엔 사무총장(Boutros Butros-Ghali)의 이 보고서는 1992년 1월31일 유엔 안보리 정상회담에서 채택한 성명에 근거해 발표되었다.

종교, 사회, 문화, 언어 등의 차원에서 야만적인 투쟁과 분쟁으로 위협받고 있다."

역사 이래 지금까지 세계에서는 식민주의와 패권주의 팽창의 일환으로 많은 강대국들이 인종적·민족적 우월주의를 내세우며 야만적인 행위를 저질렀으며 다른 민족이나 국가의 사람들을 배타적으로 대하고 차별하였다. 한편 이에 대한 반성과 새로운 시대를 향한 도전으로 유럽은 '유럽연합'의 출범과 새로운 공동체의 구현에 장족의 성과를 이루기도 하였다.

그러나 민족이나 국가들의 자민족 우월주의는 오늘날에도 면면히 이어져 오고 있다. 최근 일부 유럽 국가들에서는 또다시 새로운 인종주의나 민족주의적 차별적 태도가 발현하고 있고, 이에 따라 일부 국가들에게서 외국인 혐오증과 추방운동 등이 노골화하고 있다.

그런데 이러한 국민정체성의 기반을 형성하는 신념체계와 함께 한국이 단일민족이라는 신화를 공유하고 이를 다른 민족보다 우수하다는 의미로 사용하며 지금도 사회나 국가가 여전히 지속적으로 이를 매우 강조하는 이유는 왜일까? 순혈의 의미에서 대한민국이라는 국가와 한국 사람은 과연 단일민족 또는 단일 종족개념에 이의를 제기하지 않아도 될 만큼 순혈인가? 사실을 말하면 고대 이래로 한국 역사의 형성과정도 두말할 것도 없이 북쪽으로는 중국의 한족과 만주족, 여진족, 러시아인, 몽골의 몽골족과 같은 여러 대륙민족들과 남쪽으로는 일본인과 원주민인 아이누인 등을 포함한 여러 민족의 교류와 결합의 과정이었다. 역사에서 민족은 그 태생적 모습에서 완전히 단일 혈통이나 단일민족으로 구성되어질 수는 없다. 더구나 유구한 세월의 흐름과 그 과정에서의 종족과 민족들의 교류 그리고 작은 집단에서 더 큰 집단으로의 성장과정에서 많은 혈통과 민족의 혼합은 필연적이다. 따라서 세계의 어느 국가도 순혈주의나 민족을 주장할 수 없다는 것이 진실에 더 가깝다.

최근의 이웃국가 일본을 보면, 일본은 경제선진국으로의 성장 동력이 일본인의 우수성으로부터 비롯된 일본인의 문화적 승리라고 확대하고 또 그것은 일본에 '단일민족국가관'이 있었기 때문에 이룩할 수 있었다고 2012년 공개적으로 현직 총리가 스스럼없이 말했다. 일본의 경우 '국적'을 구실로 하는 차별사례가 사회에서 끊임없이 발생하고 있는데 그 가장 큰 원인은 일본국적을 가지지 않은 사람은 일본사회의 구성원으로 인정하지 않는 정부의 태도에 있다.

본래 국민이나 시민은 국가에 앞서는 개념이고, 국가권력을 형성하기 위해서 국민이 생존하고 있는 것이 아니다(서용달, 2012)는 언명도 이러한 국가의 차별적 태도 앞에서는 무기력하다. 일본은 국내적으로 정치적 신뢰가 무너져왔고 또 부의 불공정한 분배 등으로 대부분의 일본 국민이 불황과 생활고로 힘들어하고 있어서 상위계층에 대한 불만의 고조가 높은 데도 아직까지도 편협한 인종주의에 바탕을 둔 대국의식으로만 공동체를 유지하려 하고 있다. 이러한 일본의 독선적, 배타적 국가주의는

2012년 현재 연간 1500만 명 이상의 일본인이 해외로 나가는 새로운 국제화시대의 정서와 사고에는 맞지 않다는 지적이 더 많다. 그렇다면 한국의 단일민족의 우수성 강조와 단일문화의 자긍심 고취의 사회태도는 이웃 국가 일본과는 그 맥락이 다른 것일까?

근대적 의미의 국민개념이 생겨나기 전에 국가는 종족공동체ethnic communities단위의 집단이었다. 이후 근대국가가 출현하면서 종족-혈통적 요인들뿐만 아니라 시민-영토적 요인들도 국민정체성 형성에 중요한 요소가 되었다(Smith, 1999). 이때 종족-혈통적 요인은 종족문화 공동체에 기반이 되는 동일조상의 후손, 전통과 문화적 유산의 소유, 공동의 정치적 운명에 대한 공유된 기억 등을 포함한다. 민족 집단에 대한 정의는 사실 그렇게 명확하지 않다. 일부 학자들은 민족의 정체성을 국적, 종교, 인종으로 규정한다. 또 어떤 학자는 민족 집단에 대한 정의를 확대하여 여기에 언어, 신화, 생활방식, 이념까지 포함한다. 그럼에도 가장 일반적인 의미의 정의는 개인의 국적이다. 국가는 역사적으로 공통언어, 영토, 문화, 경제적 생활에 기초하여 형성된 사람들의 안정적인 공동 사회로 구성된다. 국가는 전쟁과 정치적 재편을 통해서 변화하고, 경계선은 정치적 타협의 결과로 이동되거나 제거된다. 그러나 새로운 경계선이 항상 새로운 국가적 정체성으로 해석되지는 않는다(Gollnick, 2009).

한국에서 한국인, 한국민족을 이야기할 때 현재의 대한민국의 국경선을 기준으로 사는 사람들만 한국민족이라고 제한하지는 않는 것과 같다. 이런 변화와 정체성은 여러 세대와 역사를 통해서 이루어진다. 민족 정체성은 조상들이 건설하고 만들어 놓은 국가로 결정되지만, 여기에서 모든 한국 사람은 하나 이상의 민족 집단에 속한다. 대한민국에서 태어난 모든 사람의 민족 집단은 한국 사람이다. 민족 집단 공통의 유대관계는 같은 특성을 공유하는 가족, 친구, 이웃을 통해서 발전한다. 이들은 서로가 가장 편안하게 느끼는 사람들이고 같은 언어와 전통 그리고 관습을 공유한다. 동족끼리의 결혼, 국가 경계 안에서의 생활, 오랜 세월 동안의 문화적 동화가 집단의 단일민족, 단일문화의 동질성을 지속시킨다. 민족 집단은 계속해서 집단의 안정과 다른 집단으로부터의 위해나 공격으로부터 공동체를 지키고 이기기 위해서 집단의 단합이 유지되도록 노력하면서 사람들의 민족 정체성을 유지하고 고양한다. 이것은 국제사회에서 민족이나 집단의 지위를 극대화하는데 중요한 연계적 역할을 수행한다.

만일 한국에서 모든 사람들이 단일민족 · 단일문화의 결속을 유지하기 위해서 더 강하고 충성스러운 민족문화의 정체성과 자긍심이 필요하다고 믿으면, 공동체의 사람들에게 이 사회적 압력은 심리적 · 물리적 영역에서 국가 공동체를 벗어나기 힘들게 한다. 물론 이러한 상태는 공동체의 사람에게 국가 소속의 안전감과 스스로가 누구인지를 알게 하는 정체성의 자긍심 부여 역할을 하기도 한다. 어쩌면 단일민족의 정체성과 자긍심은 공동체에서 자기존재와 신분의 일차적 근원이 될 수도 있다.

물론 단일민족 · 단일문화의 국가정체성과 민족정체성은 현대국가의 어느 나라 어느 민족에게도 조금씩은 형성되어 있다. 다만 그 동질성과 집단 결속의 강조가 너무 지나쳐서 이것이 사람들을 조직하고 구별하는 유형의 범주를 대신하여, 주류민과 이주민 간에 차이가 존재하고 또 그 차이가 중요하다고 생각하는 사회적·종속적 인식을 갖게 하는 것은 분명 큰 문제이다.

민족 또는 혈연, 국가 등으로 구분되는 출신의 차이는 현실에서 계급의 차이로 종종 나타나며, 차별과 불평등을 조장하는데 사용되기도 하는 기제로 작동하기도 한다. 한국도 이민자들을 대하는 태도에서 보다 더 반성적이어야 한다. 이주노동자는 이전의 국가를 떠나서 새로운 국가로 갑자기 넘어와서 새로운 사회에 적응하기 위해 편재된다. 이주노동자는 주류사회와는 다른 언어를 사용하며 전통과 역사적 관습, 규범 등도 매우 다른 한국사회로 넘어온 것이다. 따라서 이들은 기존의 한국 주류사회가 가지고 있는 한국민족, 한국문화의 신념과 가치체계를 공유하지 못한다.

즉 한국의 사고방식과 정체성에의 적응에는 많은 시간과 경험이 필요한 것이다. 이러한 적응개념은 공동체의 사람들이 갖고 있는 '태도'라는 측면에서도 설명할 수 있다. '태도'는 어떤 대상에 대해서 사람들이 갖고 있는 호의적 또는 비호의적으로 반응하려는 양태이다. '태도'는 자신의 신념과 가치관을 표현하고 외부집단에 대해 자신의 정체성을 재확인하기도 한다. 또 이를 통해서 공동체에서의 서로 연계되는 연대감을 강화하는 표현의 기능도 담당할 수 있다. 이러한 의미의 '태도'와 관련하여 한국에서 단일민족·단일문화의 자긍심을 더욱 강조하고 이를 중요시하였던 이유는 특히 역사적으로 중국 등 주변국과의 경쟁, 특히 일본과의 전쟁, 일본의 한국 병합으로 인한 식민지 경험 등이 국가적 정치적으로 더욱 강한 민족 단결과 결속의 방향으로 강조하고 기능하게 하였기 때문이다. 그러나 단일민족이나 단일문화를 유독 강조한다는 것은 반면에 이에 속하지 않는다거나 외부의 다른 집단 등은 그리 중요하게 생각하지 않거나 무시되어도 좋은 집단으로 폄하하기도 한다는 위험요소를 내포하고 있다.

3) 자본우위-노동하위의 의식구조

한국사회를 지배하고 있는 의식구조에 자본우위-노동하위의 계급적 의식구조는 이미 모든 경제구조와 사회의 운영구조에 깊이 스며들어 있다. 사회정체성 개념과 연계하여 설명할 때 이 요인은 시민으로서 또 국가 구성원으로서의 동등한 권리, 의무의 부담과 같은 정치적 그리고 경제적 이해를 포함한다. 사회에서 계급은 경제, 정치, 문화, 사회적 자원에 대한 힘과 능력이 집단마다 다르게 작용하는 것으로부터 비롯된다.

계급은 사람들이 다니는 학교, 식당, 쇼핑하는 장소, 거주지역과 장소, 직장 등을 결정하는데 이는 곧 경제적으로 부자와 가난한 사람의 관계가 구분되면서 필연적으로 나타난다. 주로 공동체에서 노동을 통해 생계를 이어가는 사람들은 사회에서 대부분 중류 계급 이하를 구성한다. 사회에서 통상 이들보다 더 낮은 계급을 형성하는 사람들은 임시직으로 일하는 사람들이거나 외국에서 이주해온 단순기능직 이주노동자다. 이들 중 일부는 계급이동을 할 수도 있지만 대부분 사회적 계층이동의 기회는 제한되어 있다. 한번 결정되어진 계층은 사람들을 그 구조에 갇히게 하고 경제적·사회적 제도는 사람들을 현재의 계층에 그대로 머물게 한다. 사회계층의 하위를 이루고 있는 이주노동자 계층을 정의하는데 가장 중요한 요인은 이들이 노동조건과 환경 그리고 임금구조의 개선 등을 요구하거나 건의하기 어려운 구조와 복종의 구조이다.

이주노동자들은 그들의 일과 직장을 내국인들과 같은 수준으로 통제하지 못한다. 이주노동자들은 대부분 일을 할 때 자율적이거나 주도적이지 못하고 주로 다른 사람에게 지시를 받는다. 이들의 일자리는 대부분 제조업 중심의 단순노동이다. 이러한 직장의 특징은 저임금에 열악한 노동환경이다. 이들과 달리 한국사회에서 국가의 경제성장과 자본우위의 정책으로 많은 혜택을 받고 있는 것으로 보이는 상위 계급집단은 생산력을 가진 기업가와 대기업의 고위 또는 중간관리자, 중소기업의 고위관리자, 공무원 등의 행정가, 전문직 종사자 등이다. 이주노동자와 비교하면 이들의 급여나 직장에서의 부가 혜택들은 현저하게 차이가 난다. 자본과 부를 가지는 상위계층은 더 많은 부를 창출할 기회를 가진다.

일반적으로 국가공동체는 불균형한 사회질서보다는 균형 잡힌 사회질서나 위험이 덜한 안전한 사회를 더 선호한다. 이러한 경향은 국가공동체에서 기득권이 더 많은 사람들을 더 옹호하고 강화하는 형태로 발전해 왔다(Taylor, 1987). 국가공동체는 점차 더 거대해지고 복잡해짐에 따라 개인의 경제활동에서도 직접적 참여의 의사결정구조보다는 상급자와 의사결정의 상위계층에 있는 사람에게 결정을 위임하는 계층구조로 발전하여 왔다. 이는 한국사회도 예외가 아니다. 현대의 자본주의 체제는 과거의 전통적인 공동체의 인간적 유대와 친밀함이 갖는 이타성의 미덕을 상실한 지 오래다. 사람들은 개인적 친밀함보다 '사회적 성공' 또는 '경제적 성공'이라는 목표를 삶의 가장 앞에다 배치한다. 사람들은 점점 더 많은 권력이나 명예, 재산의 증식을 우선적으로 쟁취하려고 한다. 문제는 한국을 포함해 자본주의를 사는 사람들의 대부분이 같은 목표에 집중되어 있다는 점이다.

전 세계 지구촌의 경제를 이끌어 가는 대부분의 자본주의를 근간으로 하는 국가에서 신자유주의의 물결이 거세게 개인을 압박하고 있는 오늘날, 어떠한 힘과 사상도 사람들이 사적 이익을 포기하고 상호 이타성을 우선적으로 실천하라고 강요할 수는 없다. 세계화는 자본주의가 고도로 집중되어 가는 기업현상과 그 자본의 축적이 심화되어 가는 과정으로 평가할 수 있으며 이는 개인과 사회를 자본과 부의 소유와 크기에 따른 계급관계로 규정해 간다.

정성진(2000)은 현대 자본주의 체제에서 지구촌의 세계화는 '국가들 사이의 위계와 서열을 강요하고, 국가단위 내에서는 내적 양극화를 조장하는 성향이 작동한다'고 하였다. 이 과정에서 초국적 자본과 국내자본의 국내직접투자 또는 국외직접투자, 외국으로의 기업 이전, 외국노동력의 현지고용 또는 이주노동자의 유입 등의 현상으로 인해 자본끼리의 경쟁은 더욱 격화된다. 이들 자본의 이익추구 성향은 노동자, 특히 통제와 이익 착취가 더 쉬운 이주노동자에게 더 많은 희생을 강요한다. 현실에서 우리가 사는 자본주의의 사회구조는 모든 삶의 부문에서 사적이익의 추구가 정당화된다. 사적이익의 추구와 부의 축적을 위해 모두가 경쟁하는 사회는 상호 호혜성이 발휘되지 않는 상황이나 또는 상호 수탈 등의 과도한 경제적 수단동원 등의 상황에서도 불법적인 행위만 아니라면 얼마든지 삶의 질과는 상관없이 사회가 지속될 수 있다.

자본주의의 이러한 성향은 사실상 자본주의를 채택하고 있는 국가공동체의 대부분의 나라에서 자본우위-노동하위의 의식구조를 공고히 하는데 일조하고 있다. 이와 관련하여 김병조(2009)는 오늘날 현대 자본주의에서 이주노동의 문제는 세계적 자본축적 구조에서 노동력 가치의 불균등대우, 불균등구조로부터 기인한다고 지적하였다. 그는 '자본은 이윤을 목적으로 국제적 이동과 배치들을 자유롭게 하면서 다른 한편으로는 노동을 통제하고 관리한다. 노동은 자본을 쫓아서 이동하는 연쇄고리와 같은 관계로 역할하며 이주를 선택하게 하고, 자본은 신자유주의를 이데올로기로 활용하며 노동을 지배한다'고 하였다. 자본이 노동을 지배하고 통제하는 메커니즘이 분명하게 존재한다는 의미이다.

한국에서 이주민이나 이주노동자의 유입현상은 단순히 외국의 노동력이 한국의 필요에 의해서 유입되는 일시적 혹은 일면적 차원의 현상만은 아니다. 이는 세계 자본주의의 기업구조에서 자본과 노동의 역학관계로부터 나오는 국제이주의 성격을 갖는다. 따라서 이주노동자의 유입은 한국의 노동과 자본이 한국 사회로 이주하는 이민자의 미래를 예측하는 중요한 현상으로 기능하고 있다는 차원에서 파악해야 한다. 이주노동자는 국내노동자와의 대우에 있어서도 자본의 논리에 의해 차별받고 있다. 동일한 노동인데도 국내노동자 급여의 70-80% 수준, 수당이나 상여금 · 퇴직금의 차별, 장시간의 노동, 사업장 이동의 자유 제한, 노조가입의 제한, 가족동반의 불허 등의 현실이 그것이다. 이주노동자들은 한국사회에서 이를 견디거나 수용해야만 하며 만일 그렇지 않거나 이를 위반하면 한국을 떠나야 하거나 혹은 불법체류자로 전락한다.

이주노동자들은 한국사회에서 소수자의 위치에 있으며 그 경제적 층위는 한국 자본주의 사회에서 노동자의 지위를 차지하고 있다. 한국의 이주노동자들은 국내의 자본과 기업으로부터 필요에 의해 유입되었으면서도 소수자의 위치에 있고 또한 대부분이 노동계급의 가장 아래의 계층구조에 있음으로 인해 자본의 힘에 가장 취약한 위치에 있다.

한편 고용노동부는 매년 외국인고용사업장을 대상으로 지도 · 점검을 실시하여 임금체불, 수당 미지급 등 근로기준법 위반 여부 등을 점검하고, 위반사항이 있을 때 이를 시정조치하고 있다. 2009년도에는 4,146개 사업장을 대상으로 지도와 점검을 실시한 결과 무려 2,679건의 위반사항을 적발하였다. 위반사항 중에서 이주노동자의 건강보험 가입을 하지 않은 사업체가 특히 많았다. 가장 기본적인 항목이며 의무사항이 이주노동자의 건강보험 가입인데도 경제적인 이유 혹은 기타 이유로 고용주가 이를 꺼리고 미루는 경우가 많았기 때문이다.

최근 한국에서는 고용 없는 성장, 고학력화에 의한 3D업종의 기피현상, 지속적인 중소기업의 인력난, 국내기업의 임금 수준 향상과 상대적 노동시간의 단축 등 노동조건의 상승, 비정규직의 확산과 고착화 등이 지속되면서 노동계급 안에서도 그 지위와 계급이 다시 나누어지는 이중 구조화가 진행되고 있다. 이는 다시 자본의 영향으로부터 벗어나지 못하고 더욱 강력한 지배구조를 허용하는 양태를 보이고 있다. 한국의 자본주의 사회구조는 자본과 노동으로 양분된 계급구조와 노동계급은 노동계급대로 전문 인력을 갖춘 노동자와 비전문 인력의 양분구조로, 그리고 정규직과 비정규직 등 내부의 노동계층 구조가 양분화되는 과정이 진행 중이다. 그런데 문제는 이러한 양분화는 다시 그 가장 아래 계급에 있는 이주노동자의 희생과 착취 그리고 노동조건의 압박으로 연계되고 있다는 사실에 있다.

2. 정부의 정책구조

1) 통합전담 부처의 부재

한국 이민정책의 이중성을 견인하는 원인에 정부의 정책구조가 기능하고 있는 현상은 매우 당혹스럽고 곤혹스럽다고 아니할 수 없다. 물론 정부가 이민정책을 운영하고 집행할 때, 부처마다 서로 다른 정책의 운영기조를 갖고 있을 수는 있다. 또 그 정책의 대상에 따라서 일정한 부문별 목적 달성을 위한 선택적인 동화정책이나 혹은 배제, 방관정책을 의도적으로 유도하거나 선택할 수도 있다. 그러나 이는 어디까지나 이민정책에 대한 이해관계자와 정부 그리고 시민사회의 민주적 합의와 공유된 승인이 전제되고 있다는 가정에서다.

이민정책이 지금까지와는 달리 명실공히 그 상위목표의 추구와 설정에 합의의 틀을 갖고 시행할 수 있으려면 이를 실행할 수 있는 전담부처가 반드시 있어야 한다. 현재 한국의 이민정책은 누가, 어디서, 어떻게 주관하며 그 정책적 행정적 책임부서나 중심 기구가 어디에 있는지 일반 국민들은 잘 모른다. 이를 묻는 질문에 누구도 쉽게 답할 수 없는 현실을 우리 정부 부처의 이민정책 혹은 다문화정책이 초래하였다. 왜 이렇게 되었을까? 한국 사회와 정부는 그동안 심혈을 기울이며, 때로는 집중적으로 때로는 다양한 방면으로 이민정책의 많은 영역에서 노력해 왔다. 그러나 이민자와 내국인이 상호 배려하는 가운데, 공존의 공동체 구현을 위해 노력해야 한다는 사실은 분명해 보이는데 정작 그 정책운영의 중심 주체나 정책에 대한 사회적 합의의 내용물은 잘 보이지 않는다.

그 이유는 한국 이민정책의 특징이 다른 국가들과는 다르고 또 그 역사적 성격도 다르다는 데서도 찾을 수 있다. 이러한 시각으로부터 접근하여 보면 이민정책의 불안정한 상황이 그리 부자연스러운 것도 아닐 수 있다. 지금까지 한국 이민정책의 운영은 관련 전문가와 학계, 시민단체 등의 평가에 의하면, 중앙정부의 주도적·일방적인 역할을 통해서 이루어지고 있다. 한국의 이민정책이 강력한 중앙정부 드라이브의 정책임에도 불구하고 중앙정부에 분명한 이민정책의 전담부처가 없는 이유는 다소 의아하다.

한국의 중앙정부에 이주민 전체를 다루는 전담부처가 독립적으로 분명하게 설치되어 기능하고 있지 않는 이유를 찾아보면 다음과 같이 말할 수 있다. 첫째, 국가나 사회의 중심에 이민자와 한국사회가 함께 공존하는 사회를 만들기 위한 진정성이 없기 때문이다. 이는 시민사회의 다문화사회에 대한 이론적·철학적 숙의의 부재 그리고 정부의 근시안적 태도에서 기인하는 것으로 보인다.

둘째, 이민정책의 운영에서 종합적 총괄기능의 운영은 그리 중요하게 고려하지 않고, 대상에 따라 다른 부처별 정책운영이 더 효율적일 수 있다는 생각들이 정책담당자들에게 각인되어 있기 때문이다. 이와 같은 태도는 주로 정책을 직접 운영하고 있는 부처에서 어렵지 않게 찾아 볼 수 있다. 현실에서 정책의 담당부처는 정책을 구현하고 집행할 때 무엇보다 그 대상이 명확해야 하고 집행대상에 대한 인구 통계학적 근거 그리고 정책집행을 위한 미래분석과 예산의 수립 등의 문제가 가장 긴요하고도 중요하게 고려되기 때문이다. 그런데 바로 이러한 각 부처들의 정책인식의 태도가 오히려 전담부처의 필요성을 요구하기보다는, 대상에 따라 구분되는 정책을 선호하게 하는 역할을 하게 한다.

현재 한국의 이민정책은 여성가족부, 고용노동부, 법무부, 행정안전부, 문화체육관광부, 교육과학기술부, 보건복지부, 농림수산식품부, 지식경제부, 국방부, 외교통상부 등의 부처에서 각각 수행하고 있다. 여성가족부의 정책대상은 여성결혼이민자와 그 가족 그리고 자녀이고, 고용노동부의 주요정책 대상은 외국인근로자와 동포, 여성결혼이민자이며 법무부의 주요 정책대상은 재한외국인, 귀화자와 그 자녀 및 국민이고, 교육과학기술부의 주요정책대상은 다문화가정 학생이다. 보건복지부의 주요정책대상은 결혼여성이민자와 다문화가정 자녀이고, 농림수산식품부의 주요정책 대상은 여성결혼이민자와 그 가족이며, 지식경제부의 주요정책대상은, 이주노동자 중 전문인력 그리고 외국인 유학생이며, 국방부의 정책대상은 다문화가정 자녀 중 군 입대가 가능한 남성이다. 한국의 이민정책은 이렇게 그 대상이나 상황 그리고 내용에 따라 거의 모든 부처에 따로 떨어져 산재해 있다.

2) 부처별 서로 다른 대상과 목표

정책운영구조의 문제는 이민정책에서 특히 첨예하게 드러나고 있다. 이민정책을 담당하는 부처들 각각은 부처 간의 이해관계와 정책에 대한 서로 다른 영향력을 강화하기 위해 내부적으로는 경쟁관계에 있다. 다만 각 부처들은 이렇게 서로 치열하게 경쟁하면서도 한편으로는 상위기관의 조정이나 합의된 지시가 있다면 언제든지 부처 간의 업무협의나 영향력의 일방적 주장을 철회하고 이를 조정할 수 있다고 생각한다. 그러나 이와 같은 생각은 현장에서 정책의 실무를 담당하는 입장에서는 받아들이기가 매우 어려운 것이 현실이다. 정부 조직의 이해관계나 역학관계도 달리 보면 기업조직의 경쟁관계처럼 매우 복잡하고 치열하기 때문이다.

행정의 일선에 있는 부처와 또 다른 부처와의 관계, 부처 내부의 계층관계, 부처 간 우선순위와 예산배정 크기의 문제, 부처와 연계된 서로 다른 이해관계 집단의 존재와 영향력은 그 간극을 좁히기가 매우 어렵다. 예를 들어 행정부와 입법부가 문제를 보는 서로 다른 시각과 인식을 갖고 있는 것과 마찬가지로 이러한 차이는 정부 조직에서도 풀기 어려운 과제임이 분명하다. 한국의 이민정책은 이 글이 지적하고 있는 것처럼 너무 많은 부처가 중복하여 다루고 있다. 이에 일부 부처는 고유한 이민관련 소관업무를 하고 있다고 생각하지만 또 다른 일부 부처들은 상호 중복되는 이민관련 업무들을 상호 협의하거나 조정하며 다루지 못하고 계속해서 비효율적으로 진행하고 있기도 하다.

따라서 이를 보는 관련 학계나 정부, 시민단체, 언론 등의 시각은 물론 곱지 않다. 그러나 이를 시정하고 바로잡을 수 있는 방안 마련도 쉽게 나오지 않는다. 문제는 이민정책이 갖는 다양하고도 폭넓은 사안들을 보다 거시적이며 장기적 관점에서 살펴보면 통합적 접근방법을 모색할 수 있는 대안을 만들어 갈 수 있는 데도 불구하고, 현재의 관련된 각 부처는 여전히 부처별로 대상을 달리하며 단기적 목표관리 차원의 이민정책만을 수행하는 방식에서 벗어나지 못하고 있다.

3) 주—종의 역할에 머무르는 지방의 이민정책

한국 이민정책의 이중성 현상이 중앙과 지방에서 그 모양을 비슷하게 드러내는 양상은 이민정책이 강력한 중앙정부 주도의 정책으로 기능하고 있다는 또 다른 증명이기도 하다. 한국 이민정책에서 중앙정부와 지방정부의 정책내용은 거의 다르지 않으며 지방정부의 이민정책은 사실상 대부분 중앙정부의 정책과 동일하다. 한국의 이민정책에서 중앙과 지방은 주—종적 역할에 천착해 있다. 일반적으로 실제로 이민정책이 시행되는 현장은 직접적으로 이주민과 접촉하는 지방자치단체이다. 잘 계획되고 잘 구성된 정책프로그램이나 계획들도 정작 이것이 시행되고 실천되는 곳은 이주민이 주소를 갖고 살고 있는 각각의 지방자치단체이기 때문이다.

사실 이민자의 인구통계학적 성격과 거주지의 현실상황은 지역에 따라서 또 거주지에 따라서 매우 달라지며 세분화된다. 어떤 지역은 도시지역이며 또 어떤 지역은 농촌지역이다. 어떤 지역은 이주노동자가 많이 밀집되어 있고 또 어떤 지역은 여성결혼이민자가 많이 살고 있다. 또 이러한 이민자의 거주방식이나 형태와 그들이 살고 있는 자치단체만의 고유한 문화적 특징이나 거주민의 정체성, 자치단체의 목표 등은 지방마다 도시마다 다를 수 있다. 그런데 한국의 이민정책에서 중앙정부와 지방정부의 그동안의 실행내용과 추진상황을 살펴보면 그 대상과 세부추진항목에서 이러한 다름에 따른 정책의 차이를 발견하기는 쉽지 않다. 한국 지방정부의 이민정책은 중앙정부와 분리해서는 따로 존재하지 않는 것처럼 보인다.

예를 들어 경기도를 비롯한 지방정부의 이민정책들을 살펴보았을 때 세부적인 현장 중심적 내용들에서는 일부 정책의 차이가 중앙정부와 있는 것으로 나타났지만, 전반적인 운영계획과 방향에서는 거의 차이가 없었다. 경기도는 이민정책의 세부 운영과 방법 등에서 충분히 중앙정부와 차별화되는 다른 정책들을 구현하고 실행할 수 방법을 가질 수 있었는데도 실제 정책에서는 그렇게 하지 못하였다. 그 이유는 첫째, 이민자를 공동체의 중요한 구성원으로 인정하지 않고 있는 내재적 태도 또는 차별적 인식의 경향과 둘째, 지방정부 고유의 이민자 사회통합의 진정성과 이민자를 대하는 정책 철학의 부재 셋째, 독자적인 정책을 실행하기 위한 예산 배정의 부족 등을 지적할 수 있다. 중앙 정부와 지방정부의 이민정책에 있어서 주-종적 관계를 보다 구체적으로 살펴보기 위해 지방자치단체 중에서 정책의 추진과 시행에 비교적 적극적이라고 평가받고 있는 경기도의 사례를 보다 상세히 살펴보면 다음과 같다.

경기도는 2011년 제1차 외국인정책 기본계획을 발표하였다. 이후 경기도는 정책의 목표를 적극적인 개방을 통한 국가경쟁력 강화, 질 높은 사회 통합, 질서 있는 이민행정 구현, 외국인 인권보호로 정하였다. 경기도의 이민정책의 목표도 중앙정부의 목표제시와 거의 다르지 않다. 문제는 실제 구체적인 추진계획과 내용이다.

경기도는 국가경쟁력 강화부문에서 구체적 시행내용에는 외국인근로자 등 소외계층 의료서비스의 강화와 다문화이해 교육 및 홍보를 강화하였고 또 결혼이민자의 사회적응지원을 강화하였는데, 이의 구체적 시행계획과 지원내용에서는 이주노동자보다 여성결혼이민자에게 더 많은 세부적 추진사항이 명시되었다. 질 높은 사회통합 부문에서는 먼저, 이민자 사회통합교육, 결혼이민자 통번역서비스, 다문화가족 방문교육 사업, 다문화가족지원센터 운영 지원, 글로벌다문화센터 건립 추진, 국제결혼 행복 프로그램 등을 시행추진하였다. 이 부분에서도 역시 여성결혼이민자들에 대한 지원부분이 압도적으로 많다. 뿐만 아니라 경기도는 이민자 자녀의 건강한 성장환경 조성을 위해 자녀를 위한 학교 및 학습활동지원을 하기로 하였다.

또한 외국인 차별방지 및 권익보호를 위한 내용에는 결혼이민자를 위한 보호시설의 운영을 시작하기로 하였다. 이주노동자를 위한 계획에는 지역별 직종별 수요를 고려한 숙련인력의 확보방안 마련이 있었을 뿐이었다.

외국인에게 편리한 생활환경조성의 시행계획에는 외국인체류지원 강화를 위해서, 경기도 다국어 가능자 네트워크 구축과 외국인주민 한국어교실, 외국인 근로자 자녀교육지원 평택시 다문화도서관 운영, 화성시외국인복지센터 운영, 외국인주민 생활체육교실 운영 등을 계획하고 시행하였다. 다문화사회의 이해증진부문에는 다문화가족 한마당 축제, 다문화행복가정 만들기, 다문화가정 가족캠프 등을 계획하고 시행하였다. 질서 있는 이민행정의 구현부문에는 불법체류자 감소를 위한 기반구축을 위해 외국인 주민 현황조사의 실시와 외국인지원 관련단체의 구성과 운영을 시행하였다. 경기도는 외국인의 인권보호를 위해서 외국인에 대한 차별 등 인권침해의 방지를 위해 노력하기로 하였다.

그런데 이러한 경기도의 이민정책을 보면 나름대로 목표와 전체적인 방향의 측면에서는 중앙정부의 정책보다는 조정과 균형의 시행계획으로 이루어져 있으나, 세부적인 시행내용과 추진계획을 자세히 살펴보면 내용적으로는 중앙정부의 정책과 크게 다르지 않다. 즉 이주노동자나 혹은 이민자집단의 전체를 고려하기보다는 전반적으로 여성결혼이민자의 지원과 배려를 위한 계획에 더 많은 세부계획과 시행계획이 집중되어 있는 것이다.

경기도의 이민정책은 중앙정부의 편향된 이민정책과 너무나 많은 부분에서 맥을 같이하고 있는 것이다.

현재 지방자치단체의 다문화관련 사업은 약 250개에 달하는 여성가족부 주관의 다문화가족지원센터를 중심으로 추진되고 있다. 이는 지방자치단체의 사업내용이나 정책대상 등이 여전히 여성결혼이민자 중심의 지원과 한국사회로의 적응에 초점이 맞추어져 있기 때문이며 동시에 예산의 지원과 업무의 편의성 추구 행태와도 맥을 같이하고 있다. 2021년 지방자치단체가 제출한 외국인 주민 시책 현황을 보면, 지자체에서 추진된 다문화가족 및 외국인 주민지원사업은 총 3천여 개의 단위 사업으로 구성되어 있고 예산의 총 규모는 2천4백억 원이 넘는 수준으로 나타났다. 사업과제의 대부분은 결혼이민자를 주 대상으로 하는 가족교육 및 가족상담 관련 내용이 가장 많았고 다음으로 결혼이민자의 한국사회 적응훈련 사업과 한국어 교육지원사업이 많았다. 이러한 사례와 내용들을 종합해 보면 현행 지방자치단체 이민정책의 추진체계는 중앙부처와 지방자치단체 사이의 상호 역할이 분명하게 자리매김하지 못하고 있는 상황에서 지방정부가 중앙정부의 정책을 추종하며 따라 하는 수준에 머물러 있다고 평가할 수 있다.

제5장

한국 이민정책의 전개(Ⅰ):
배제 프레임 작동의
이주노동자

〉〉〉

　　　한국정부는 일반적으로 이주노동자들이 정부나 기업과 약속한 일정한 노동계약 기간이 끝나면 모두 그들의 모국으로 돌아갈 것이라고 생각한다. 이러한 이유 때문에 한국정부의 이주노동자에 대한 정책의 구체항목에 법무부의 '출입국관리 정책'과 고용노동부의 '노동활용 정책' 등은 있으나, 이들을 한국사회 공동체에 통합하려는 사회통합정책은 사실상 존재하지 않는다. 한국정부의 이주노동자를 대하는 정책의 기본적인 프레임은, 경제적 수요에 부응하는 이주노동 공급 체계의 효율화와 한국사회의 이주노동자 유입에 따른 비용을 최소화하고 국가와 기업의 경제적 편익을 확대하기 위한 제도적 통제와 관리이다.

　한국의 이민정책에서 이주노동자가 배제정책 프레임으로 인식되어 이주노동자 정책의 목적이 경제적 수용과 관리의 수준에서 나아가지 못하는 배경은 다음과 같다.

첫째, 1990년대 이후 한국사회에 중국을 비롯한 동남아시아의 이주노동자가 대거 유입됨에 따라 미등록 이주노동자가 크게 늘어나자, 정부가 이주노동자의 과도한 유입의 방지가 국가경제와 사회 안정을 위해 필요하다는 인식을 하게 되었기 때문이다. 한국은 90년대 초까지 이주노동자의 유입에 따른 정책에 정부 간 의견이 일치하지 않았다. 이 시기 이주노동자에 대한 정책안도 제대로 마련되지 않은 상태에서 이주노동자들의 유입은 계속해서 크게 늘어났고 1992년도에는 미등록체류자가 약 8만 명 수준을 넘어섰다(이혜경, 1994).

한국사회에서 1980년대 말과 90년대 초는 정치, 경제적으로 커다란 분기점을 이루는 변화의 시기였다. 먼저 경제적인 측면에서는 70년대 이후 계속해서 한국 경제를 이끌고 왔던 제조업 중심의 노동자 비율이 정점에 이르러 점차 감소 추세로 돌아섰고, 산업부문에서는 서비스부문이 확대되는 변환기였다(통계청, 1997). 또한 이 시기는 노동계의 강력한 노동 투쟁이 정점에 이르러 산업의 모든 부문에서 기업과 정부가 대체로 노동자의 요구를 대폭 인정하는 추세에 있었다. 이에 따라 90년대 초반부터 노동자의 노동시간이 점차 감소되면서 반면에 노동자의 평균 임금은 상승하는 시기를 맞았고 국내의 노동자들은 점차 힘들고 어려운 일들은 대부분 기피하였다. 정치적인 측면에서는 대통령 직선제가 실시되는 등 변화의 바람이 거셌고 한국의 위상이 국제사회에서 점점 높아지면서 재중동포를 시작으로 동남아시아의 이주노동자가 유입되면서 그 숫자는 90년대 초에 벌써 약 10만 명에 근접하였다. 이에 정부는 이주노동자의 불법적 유입을 막기 위한 제도 마련의 고민을 진지하게 시작하게 하는 계기가 되었다. 이러한 이유로 인해 정부는 한국의 이주노동자 정책을 통제와 관리를 통한 정책으로 이행하였고 이에 따라 이주노동자의 수용을 제한적으로만 허용하는 방침이 채택되었다.

둘째, 국내 기업들의 저임금, 미숙련노동인력의 수급이 점차 어려워짐에 따라 이를 이주노동자로 대체하여 국내의 기업들과 노동자를 보호하고 지원하려는 배경이다. 2000년대에 들어서면서 한국은 저출산 · 고령화 사회의 도래와 3D업종의 기피로 인한 청년 노동인력의 감소 등으로 특히 국내 제조업들의 저임금, 미숙련노동인력의 수급이 점차 더 어려워졌다. 한국에서 저출산의 원인은 미혼남성과 미혼여성의 늘어지는 결혼현상과 결혼 후에도 부부가 맞벌이를 하며 경제적 이유 등으로 인해 출산을 계속해서 미루는 가정이 많아진 것, 그리고 자녀의 출산도 2명 이내로 낮은 현황 등이 가장 큰 원인이다. 이미 한국사회는 저출산과 고령화 사회에 접어들었다. 고령화 사회는 65세 이상의 고령인구가 전체 인구의 10%를 넘는 수준에 이르는 사회를 말하는데 한국은 이미 2005년을 기점으로 고령화 사회로 진입했고 고령화의 비율은 시간이 지날수록 높아지고 있다. 이는 국내 기업의 노동력 부족을 예상하게 하고 있는데 특히 젊은 노동인력은 대기업에 비해 상대적으로 열악한 중소기업에 취업하기를 꺼리는 경우가 많아졌고 이에 따라 국내기업의 제조업현장에서의 노동력 부족현상이 심화되었다. 이에 정부는 국내 노동자가 기피하는 업종을 중심으로 이주노동자를 수급하고, 기타 업종의 경우에는 이주노동자의 유입을 최대한 통제하여 국내 노동자의 일자리는 보호하며 제조업 등의 기업들은 적정한 인력공급을 통해서 돕는 정책을 채택한다.

1. 정책의 목적은 경제적 통제

이주노동자를 배제의 프레임으로 대하는 정부 정책의 이러한 배경은 정책의 목표를 경제적 수용과 관리차원에만 머물게 하고 있다. 한국의 이주노동자정책은 인력 수급의 측면에서, 국내인력 보호와 노동인력 수급을 위한 단순한 수단적 적용방침의 범주에 머물러 있다. 운영을 총괄하는 관련법이나 그 내용 그리고 이를 기반으로 하여 정책을 운영하는 주무 부처의 업무내용 등도 매우 형식적이거나 제한적으로 되어 있다.

지난 1993년 이주노동자를 유입하는 산업연수제 이후 지금까지 한국 이민정책의 기본방향과 목표는 매년 대동소이하게 '외국인과 더불어 사는 열린사회'라는 비전을 제시하여 왔지만 이주노동자를 대하는 세부과제와 수단은 기저에서부터 차별적이었다. 2008년 제정된 '다문화가족지원법', 2007년 제정된 '재한외국인 처우 기본법', 2003년 제정된 '외국인근로자의 고용 등에 관한 법률' 등의 내용을 살펴보아도 이주노동자들을 보호하고 실질적으로 지원하기위한 구체적인 내용이나 계획들은 찾기 힘들다. [12]

이주노동자정책부문에서 법무부가 2020년 발표한 바에 의하면, 방문취업 동포인력의 제조업 등 국민 기피업종 유도를 통해

---

12) 재한 외국인 관련 법률에서 사실상 한국에 거주하는 외국인에 대한 구체적인 지원조항이 있는 법률은 '다문화가족지원법'에만 찾을 수 있다. 이 법 제6조, 제10조에는 생활정보 제공 및 교육지원, 아동보육 및 지원 등에 관한 내용들이 담겨 있지만 이주노동자관련 법에는 이러한 지원내용이 보이지 않는다.

국내 중소기업 등의 노동력 부족문제를 완화하였다고 하였다.

<표6> 방문취업자(H-2) 현황

(2020.01.31. 현재, 단위 : 명)

구분	계	연고방취 (H-2-1)	유학방취 (H-2-2)	자진방취 (H-2-3)	연수방취 (H-2-4)	추첨방취 (H-2-5)	변경방취 (H-2-6)	만기방취 (H-2-7)	기타방취 (H-2-99)
총계	229,300	615	2	246	12	20,079	35,817	171,872	657
중국	197,116	601	2	246	10	1,384	35,803	158,518	552
우즈베키스탄	7,923	0	0	0	1	6,414	5	1,480	23
카자흐스탄	20,713	10	0	0	1	9,811	7	10,811	73
키르기스스탄	1,556	0	0	0	0	1,223	0	328	5
기타	1,992	4	0	0	0	1,247	2	735	4

자료: 법무부(2020) 출입국 · 외국인정책본부 통계월보

<그림5> 방문취업자(H-2) 유형별 분포도

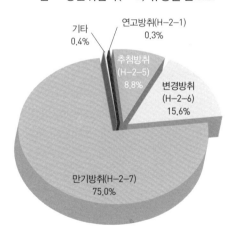

기타
0.4%

연고방취(H-2-1)
0.3%

추첨방취
(H-2-5)
8.8%

변경방취
(H-2-6)
15.6%

만기방취(H-2-7)
75.0%

자료: 법무부(2020) 출입국 · 외국인정책본부 통계월보

또 다른 한편으로는 단순 노무분야 종사 외국 국적 동포의 입국인원 조절을 통해 내국인 일자리 침해 문제의 최소화를 유도하고 있다고 하였다. 이는 이주노동자의 유입이 국가의 이익과 국내 일자리의 수급차원에서 철저하게 관리되고 통제되고 있음을 보여준다.

한편 이러한 일련의 이주노동자들에 대한 배제지향의 통제와 관리 수준의 정책이 계속되는 반면에 여성결혼이민자의 지원을 위해 2009년 국무총리를 위원장으로 하는 '다문화가족정책위원회 규정'의 제정과 2010년 '다문화가족지원정책 기본계획'의 수립과 같은 새로운 정책들이 속속 발표되었다. 그러나 정부의 이민정책 속에 이주노동자를 고려한 정책, 즉 이주노동자의 체류 및 정착지원, 인권보호 등과 관련된 진전된 조치나 규정들은 찾아볼 수 없다.

정정훈(2010)은 이와 관련하여 정부가 그동안 기본계획의 일정표에 따라 통합적 이민정책의 명분으로 추진하는 내용은 '두국민전략'에 기초한 국가주의 · 민족주의적 배제와 통합이라고 하였다. 실제로 정부는 재외동포와 결혼이민자는 민족과 국민으로서 통합 및 포섭하고, 외국인 전문 인력은 국익과 경제적 이익의 관점에서 적극적으로 수용하는 가운데, 단순노동인력과 미등록체류자들은 적극적인 통제와 관리의 대상으로 배제해나가는 기본정책을 지속적으로 수행하고 있다.

정부는 지금도 산업에 필요한 이주노동자를 단기적 예측에 따라서 받아들이고 매년 이들의 유입은 쿼터에 의해 일방적으로 결정하며, 이들의 계약기간 이후의 영주나 정주 등은 철저히 제한하고 있다. 고용노동부의 최근 이주노동자의 직장 이동을 위한 지침을 보면 정부의 이주노동자에 대한 이러한 배제의 태도를 더 명확하게 알 수 있다. 2012년 8월, 고용노동부는 '2012년 8월 1일부터 사업장을 변경하려는 외국인 근로자들에게 구인사업장 명단을 제공하지 않습니다'라는 공문을 배포했다(한겨레 21, 2012년 12월 31일). 이 지침은 또 '이주노동자는 구인업체로부터 연락이 오기를 기다려야 하며, 구인업체가 어느 지역에 있는지, 어떤 일을 하는지에 대한 정보는 제공하지 않는다'고 하면서, 조항 안에 '계약종료 후 3개월 안에 구직하지 못하면 추방 한다'는 내용도 빠지지 않게 공지했다. 사업장 이전의 자유를 정부의 정책 주체인 고용노동부가 사실상 보장하고 있지 않고 있는데 따른 조치이다.

이주노동자를 배제의 대상으로 보는 정부의 정책으로 이주노동자의 연간 입국 규모는 2008년에는 7만2천 명 수준이었으나 금융위기사태 이후 국내 노동자의 보호를 명분으로 특히 크게 통제되어 2009년에는 1만7천 명, 2010년에는 2만4천 명 수준으로 축소되었다. 한국정부의 강력한 이주노동자 쿼터 정책은 이주노동자의 유입을 실제로 감소시켰고 2009년 이래 외국인 인구의 증가도 1% 수준에 머물러 있다. 이주노동자는 2021년 현재 41만 명 규모에서 정체 상태에 있다.

<그림6> 정책대상에 따른 이민자의 차별화와 위계적 분할

투자 외국인 우수 외국인력	—	적극적 개방	—	이중국적 검토 영주권요건 완화
여성결혼이민자	—	국적에 의한 통합	—	사회통합 프로그램 이수제
재중동포	—	민족관점에 의한 포용	—	체류기간 연장
숙련생산기능인력	—	선별적 유입	—	거주요건 완화
이주노동자 (단순노무인력)	—	관리/통제	—	고용허가제
미등록이주노동자	—	배제	—	표적단속, 전자여권 노동부 지침 폐지자료

자료: 정정훈(2010: 27) 재구성

2. 정책의 수단은 법제도를 통한 통제와 배제

이주노동자정책을 시행하고 운영하는 근거가 되는 법률은 고용노동부 소관의 '외국인근로자 고용 등에 관한 법률'과 법무부 소관의 '출입국관리법' 그리고 '국가인권위원회법'이다.

이주노동자정책의 운영은 실무적으로 고용노동부가 중심이 되고 있다. 고용노동부는 중소기업의 인력난 해소를 위해 1993년에 산업연수생제도를 도입하였다. 산업연수생은 1년 연수 뒤 2년간의 취업을 허용하며 기업연수를 통한 기술전수를 한다는 취지로 2004년 시행하기 시작한 고용허가제와 함께 2007년까지 병행하여 시행하였다. 그러나 시행과정에서 중소기업의 저임금, 폭력 등 인권침해의 사례가 발생하고 불법체류자가 크게 늘어나는 등 문제가 많이 지적되어 2007년 이를 폐지하고 정부는 이를 고용허가제로 일원화하였다. 고용노동부 소관의 고용허가제는 외국인 이주노동자의 국내 취업을 3년간 허용하는 제도로 2004년에 도입하였다.

고용노동부는 2004년 8월부터 시행된 '외국인근로자의 고용 등에 관한 법률'을 제정 시행하면서 이 법에 의해 '고용허가제'가 시행되었다. 당시 고용노동부는 이 법에 따라서 '고용허가제'가 시행되면 이주노동자의 합법적 취업의 문호가 크게 넓어진다고 하였으나 실제 내용은 정부의 이주노동자에 대한 관리와 통제의 인력 수급정책이다.

<표7> 시기별 이주노동자 정책

시기	1991-2003	2003-2007	2007-현재
인력정책	산업연수제	산업연수제 고용허가제 병행	고용허가제로 일원화
주요정책	해외투자기업 연수제도 도입 산업연수제 도입	고용허가제법 제정 재외동포법 제정	방문취업제 시행 출입국관리법시행 재한외국인처우기본법 고용허가제 시행
내용	경제적 편익	인력수급	인력관리와 통제

　이 법률 제1조는 '외국인 근로자를 체계적으로 도입, 관리함으로써 원활한 인력 수급 및 국민 경제의 균형 있는 발전을 도모함을 목적으로 한다'고 하였다. 이 법의 구체적인 내용에는 '지정된 송출 국가의 외국인 구직자는 국내 취업 전 한국어 구사 능력이나 기능 수준 등 인력 수요에 부합되는 자격 요건을 갖추어야 한다'고 하였고 '외국인 근로자는 기본적으로 입국한 날로부터 3년의 범위에서 취업활동을 하게 되고 차후 1회에 한정하여 2년 미만의 범위에서 취업 활동 기간을 연장받을 수 있다'고 규정하였다. 또 '고용허가를 받은 고용주에게 고용되어 국내의 취업 연한을 채운 출국한 외국인은 출국한 날로부터 6개월이 지나야 재취업이 가능하다'고 규정하였다.

　이러한 내용들을 종합하여 평가하면 '고용허가제'는 이주노동자를 한국사회에서 함께 살아가는 사회통합과 공존의 구성원으로서가 아니라 경제적 필요에 의해서 언제든지 관리 또는 통제될 수 있는 노동자로서만 취급하고 있는 것이라고 볼 수밖에 없다. 이 법은 또 제25조에서 이주노동자의 사업장 변경사유를 '사용자에 의한 근로계약 해지 또는 근로계약의 만료', '사업장의 휴업·폐업으로 사업장이 외국인의 고용허가 취소 또는 고용제한의 조치를 받은 경우' 등으로 하고 이동의 횟수를 3회로 하였다. 여기에서도 이주노동자는 국내의 내국인 노동자가 기본적으로 갖고 있는 사업장 이전의 자유가 상대적으로 이주노동자에게는 처음부터 가질 수 없는 권리가 되고 있다. 따라서 이 규정도 이주노동자의 사업장 이동을 무리하게 제한하는 인권침해의 요소를 안고 있다는 지적을 피할 수 없다.

정부는 2009년 10월 개정 법률을 공포하여, 이주노동자의 사업장 이동과 변경 횟수 제한에 이주노동자의 책임이 아닌 경우는 제외시키고, 사업장 변경을 위한 구직기간도 2개월에서 3개월로 연장하는 조치를 하였다. 그러나 이러한 정도의 규정개정에 따른 다소 완화된 이주노동자의 사업장 변경 조건 등의 조치는 근본적인 차별적 대우의 개선과는 거리가 있으며, 개정된 규정도 근본적으로는 여전히 이주노동자의 기본권과 인권을 침해하고 있고 또 계약기간동안 가족동반이 금지되는 규정 등과 함께 이주노동자를 배제의 정책 대상으로 간주하고 있다.

법무부는 1963년 출입국관리법을 제정하였고, 1992년 난민의 지위에 관한 협약 및 난민의정서 가입을 하였으며 1999년에는 재외동포의 출입국과 법적지위에 관한 법률을 제정하였다. 또 2007년 출입국·외국인정책본부의 출범과 '재한 외국인 처우

기본법'의 제정, 2008년 제1차 외국인정책 기본계획의 확정 등
의 업무를 수행하였다.

1963년 제정되고 2008년 개정 및 시행되고 있는 '출입국관리
법'은 그 목적을 한국에 입국하거나 출국하는 국민 및 외국인의
출입국 관리와 국내에 체류하는 외국인의 체류 관리 및 난민의
인정 절차 등에 관한 사항을 규정하는 것으로 규정하였다.

출입국관리법은 외국인 체류자격, 등록 및 퇴거에 관한 심사,
외국인의 산업 연수, 외국인 유학생의 관리, 출입국 사범에 관한
고발 및 처리 등의 업무를 하고 있다. 이 법의 이주노동자관련
내용을 보면, '외국인이 취업하려면 취업활동을 할 수 있는 체
류자격을 받아야 하며 반드시 지정된 장소에서 근무해야 한다.
또한 고용주는 체류자격을 갖춘 외국인을 고용하더라도 외국인
의 해고, 퇴직, 고용계약의 변경 등의 사유가 발생하는 경우에는
관계기관에게 신고하여야 한다'고 규정하고 있다. 또 출입국관
리법은 외국인 체류자가 원래의 체류 자격에 해당하는 일과 함
께 추가적인 일을 하려고 하거나 근무처를 변경하고자 하면 이
에 대해서 반드시 신고를 하고 허가를 받아야 한다고 규정하고
있다. 다만 전문적인 기술 또는 전문적인 지식, 기능을 가진 사
람은 예외로 한다고 규정하였다. 그러나 출입국관리법의 이러한
예외조항은 대다수의 이주노동자들에게는 절대로 허용되지 않
는 것이어서 특별한 전문직의 사람들만 우대한다는 지적을 받고
있다. 또 출입국관리법은 불법체류자의 단속과 위반 발견 시 즉
시 추방을 규정하고 있는데 그 과정에서 지나치게 인권을 침해

하고 이주노동자를 신체적으로 구속하고 폭력적으로 법을 집행한다는 비판을 받고 있다.

2001년 제정하고 2009년 개정된 '국가인권위원회법'은 그 목적을 모든 개인이 가지는 불가침의 기본적인 인권을 보호하고 그 수준을 향상시킴으로써 인간으로서의 존엄과 가치를 구현하고 민주적 기본질서의 확립에 이바지한다고 규정하였다. 국가인권위원회법은 이러한 규정에 근거하여 출신지역, 출신국가, 출신 민족, 용모 등의 신체조건 또는 인종, 피부색, 사상 등을 이유로 평등권 침해의 차별행위를 금지하였다. 이 법 제2조는 차별행위를 규정하며, 고용이나 재화, 용역, 교통수단, 상업 시설, 토지, 주거 시설의 공급이나 이용 또는 직업 훈련 기관에서의 교육 및 훈련 시에 특정한 사람을 우대하거나 배제 및 차별하는 행위, 불리하게 대우하는 행위 등을 차별행위로 포함시켰다. 국가인권위원회는 2010년 이후 매년 이주노동자의 인권을 보호하고 이를 대변하는 인권위원회의 권고사항을 꾸준히 보고하면서 이의 개선을 위해 노력하고 있다. 이 법은 그러나 독자적인 사법적 기능이나 수사권 등은 갖고 있지 못하고 또 이를 운영하는 인력과 예산의 한정된 자원 때문에 실제로 현실적인 이주노동자의 인권을 보장하고 지켜줄 수 있는 역할을 기대하기는 힘들다.

3. 담당부처

1) 고용노동부

2021년 현재 이주노동자정책을 주관하는 중심부처는 고용노동부이다. 이주노동자정책은 고용노동부, 법무부가 가장 많은 소관업무를 갖고 정책을 조율하고 집행하고 있다.

정부조직법에 따른 고용노동부와 그 직제 제3조의 직무에 관한 규정[13]을 보면, '고용노동부는 고용정책의 총괄, 고용보험, 직업능력개발훈련, 고용평등과 일 · 가정 양립지원, 근로조건의 기준, 근로자 복지후생, 노사관계의 조정, 노사협력의 증진, 산업안전 보건, 산업재해보상 보험과 그 밖에 고용과 노동에 관한 사무를 관장한다'고 되어 있다. 이 법 제4조의 조직에 관한 규정 제1항은 '고용노동부에는 운영지원과, 고용정책실 및 노동정책실을 둔다'고 하였고, 제2항에는 '고용노동부의 정책 및 기획을 조정하고, 기획재정 · 행정관리 · 규제개혁업무 · 비상계획 · 국제협력 · 국제기구 및 정보화에 관한 업무를 관장하기 위해 기획조정관을 둔다'고 규정하였다.

고용노동부의 이민정책은 이 법의 제9조 기획조정실의 직무 규정에 의해 기반하고 있는데 기획조정실의 실장은 다음의 직무사항을 분장한다고 하였다. 그 내용은 '고용노동 분야 국제협력

---

13) 고용노동부와 그 소속기관의 직제(2012.9.11). 대통령령 제 23948호.

에 관한 주요업무계획의 수립추진, 국내고용상황에 대한 해외홍보 및 국제고용노동 동향정보의 수집분석, 국제노동기구(ILO)와 관련된 업무 및 경제협력개발기구(OECD), 국제연합(UN), 아시아태평양경제협력체(APEC) 등 국제기구의 고용노동 분야 업무, 민간노동외교의 지원 및 조정, 해외진출 기업의 노무관리 지원 및 해외진출 근로자의 보호' 등이다.

이러한 규정에 근거한 정부 이민정책의 주요업무는 현재 고용노동부 기획조정실의 국제협력담당관과 외국인력담당관이 맡고 있다. 국제협력담당관의 분장업무는 국제협력 업무의 총괄, 외국인력 도입에 따른 국가 간 협력, 송출국 현지점검 및 인력공단 현지사무소 관리감독, 귀국 근로자 현지 정착 지원업무이다. 외국인력담당관의 주요업무는 외국인력 도입계획 수립 등 고용허가제 관련사항의 총괄, 불법체류자 및 불법고용에 대한 대책 수립시행, 외국인 취업 교육기관 지정 및 관리감독, 외국인력 지원센터 및 상담센터 설립과 운영지원, 외국인 근로자 권익보호 협의회 운영, 귀국대상 근로자 자진귀국 촉진업무, 한국어능력시험 및 기능수준 등 자격요건 관련 업무 등이다.

고용노동부의 이민정책의 주요 대상은 이주노동자와 국내거주 외국인동포이다. 고용노동부의 이주노동자 정책은 기본적으로 이주노동자와 국내거주 외국인 동포를 대상으로 취업 및 안전을 지원하고 국내 이주노동자의 취업과 실태파악 그리고 고용주에 대한 지도와 노동실태 점검 등의 사항을 시행하는 것이다. 특히 2010년 이후부터 고용노동부는 외국인 고용사업장의 근로

기준법 위반여부를 매년 점검하고 이를 위반하는 사업체에게는 시정조치를 하는 등의 이주노동자 보호를 위한 조치를 강화하여 왔다.

고용노동부의 이주노동자에 대한 권리보호 및 보장과 관련한 업무는 외국인력담당관에서 하는데 만일 연장근무나 야간 근무수당 등을 받지 못한 이주노동자가 노동부 근로감독과에 이 사실을 진정·고소하면 노동부는 이를 내국인과 동일하게 적용하여 사실관계를 조사하고 시정조치를 한다. 또 고용노동부는 매년 외국인 고용 사업장을 대상으로 현장을 점검하여 임금체불 또는 의료보험이나 산업재해 보험의 가입여부 등도 조사하고 있다. 상시적으로는 고용노동부, 산업인력관리공단, 외국인근로자지원센터 등에서 노동관계법 위반 등에 대한 고충상담 서비스도 운영한다. 그러나 노동현장에 있는 이주노동자가 연장근무 혹은 야간 근무수당 등의 내용에 대해 불만이 있거나 부당한 대우가 있다고 하더라도 과연 얼마나 충실하게 이의 시정이나 개선을 위한 진정이나 고소를 노동부에 할 수 있을지는 의문이다.

고용노동부는 2004년 이후 고용허가제가 이주노동자의 사업장 변경이나 이동에 문제가 있음을 파악하여 이를 시정하기 위해 2009년 '외국인 근로자의 고용 등에 관한 법률'을 개정하여 2010년 10월부터는 외국인 근로자가 체류기간 3년 범위 내에서는 자율적으로 근로계약 기간을 정할 수 있도록 하였다. 또 사업장 변경 횟수를 3회로 제한하는 조항도 변경하여, 사업자의 휴폐업이나 그 밖에 외국인근로자의 책임이 아닌 경우에는 이 제한 횟수 산입에서 제외하도록 규정을 변경하는 등의 노력을 하였다.

　고용노동부의 최근 이주노동자 관련 정책의 주요 내용을 보면, 생산성향상 및 이주노동자의 고용 안정을 도모하기 위한 목적의 일환으로 시행한 '전문 통역사 채용', 이주노동자의 보건실태 파악 및 건강보호방안 마련을 위한 '외국인근로자 안전실태조사' 등의 프로그램이 실시되었고, 외국인노동자의 취업만족도와 직업능력 향상을 위한 '외국인 근로자 직업능력개발훈련'프로그램의 운영, '방문취업 동포에 대한 취업지원'프로그램 등의 사업내용을 꾸준히 진행하고 있다.

　그러나 고용노동부의 이러한 부분적인 노력에도 불구하고 이주노동자들에 대한 차별적 요소와 통제중심의 정책내용이 바뀔 수 없는 근본적인 이유는, 이미 법 규정의 내용에 근본적으로 차별을 극복하기 어려운 규정들이 깊이 자리매김하고 있기 때문이다. 이는 한국 이주노동자 정책의 핵심이 되는 외국인력 담당관의 업무인 고용허가제의 주요내용을 보아도 잘 알 수 있다.

　고용허가제는 이주노동자의 고용을 위하여 정부가 국무조정실장을 위원장으로 하는 외국인력정책위원회를 설치하여 매년 이주노동자의 도입규모와 업종 결정 및 송출국가의 선정 등을 원활히 하고자 기획재정부, 법무부, 산업통상자원부, 고용노동부가 협의하도록 하고, 주관부처는 고용노동부가 되어 운영하는 제도이다. 현재 시행되는 이 제도에 의하면 고용노동부는 이주노동자의 선정과 도입에 민간기관이나 개별기업의 우선개입을 배제하고 국가 간 양해각서를 체결한 나라에서만 이주노동자가 유입될 수 있도록 하였다. 이와 관련 고용노동부장관은 2012년 9월 '외국인력정책위원회'의 결정사항을 공고하면서, 2013년 당시 외국인력의 도입규모를 일반외국인(E-9)의 경우 도입쿼터를 6만2천 명으로 결정하였다고 공지하였다. 이는 신규도입 이주노동자 5만2천 명, 재입국 이주노동자 1만 명으로 배정한 것이었다. 이를 업종 별로 나누어 보면 제조업이 가장 많은 5만2천 명, 농·축산업이 6천 명, 어업이 2천3백 명, 건설업이 1천6백 명, 서비스업이 1백 명이다.

한편 고용노동부는 이때 총 체류인원으로 관리하고 있는 방문취업 동포(H-2)의 쿼터는 3십만 3천 명으로 결정하였고, 방문취업 동포는 일반 이주노동자와는 달리 사업장 이동이 자유롭기 때문에 업종별 쿼터를 배분하지 않았다고 밝혔다. 정부의 공식적인 이민자 정책의 공고에서도 너무도 당당하고 자연스럽게 일반 이주노동자와 방문 취업동포와의 차별 정책을 공시하고 있는 것이다. 고용노동부는 또 이 공시에서 '그 이외의 신규인력 쿼터는 해마다 경기 및 고용 상황과 국내의 일자리 사정 등을 감안하여 배정시기를 추후 합리적으로 조정할 것'이라고 밝혔다. 즉 이주노동자의 한국으로의 유입 및 고용은 철저한 정부주도의 경제적 이익을 위한 고용관리와 인력수급의 차원에서만 기능한다는 것을 분명히 하고 있다.

정부의 이민정책에서 이주노동자에 대한 이러한 규정과 운영

내용은, 인력수급의 차원으로만 보아도 개인이나 기업의 자율적 판단이나 선택의 여지는 거의 없다는 것을 말해준다. 이주노동자의 선정과 유입을 정부가 주도할 수밖에 없는 이유를 고용노동부는 '이민 유출 국가들의 송출비리 방지, 이주노동자 선발의 객관성 확보를 위해서는 송출국 국가 또는 공공기관들이 공식적으로 제시하는 이주노동자의 경력 또는 한국어 성적 등의 기록이 객관적 지표가 될 수 있고 또 신뢰할 수 있기 때문'이라고 하였다. 그러나 이러한 이유들은 역시 철저하게 이주노동자를 통제하고 관리하는 기제로 역할하고 있다.

고용노동부는 또 이주노동자의 고용관리의 목적을 밝히면서, 기본적으로 이주노동자의 취업기간을 3년으로 설정한 가장 주된 이유를 '이주노동자의 정주화 방지' 때문이라고 하였고, 더불어 이주노동자의 3년간의 취업기간을 장기간이 아닌 단기간의 취업 또는 고용이라고 판단하였기 때문에 이주노동자의 가족동반은 금지하고 있다고 하였다. 여기에서도 이주노동자를 보는 정부의 배제 프레임의 태도는 분명하게 드러나고 있다. 한편 이주노동자의 국내기업의 채용과정과 관련한 내용에서 고용노동부는 이주노동자를 고용하기 위한 고용정보를 기본적으로 고용노동부의 고용관리 전산망을 통해 이주노동자를 기업들에게 추천하고, 사업주는 이를 통해 필요한 적격자를 직접 선정하는 절차를 따르게 하고 있다.

<그림7> 외국인근로자 취업절차

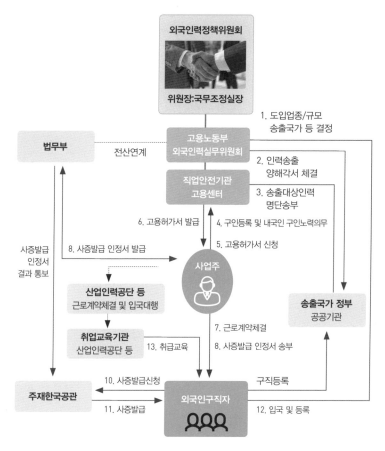

자료: 고용허가제 홈페이지(2021), (https://www.eps.go.kr/)

고용주는 정부의 표준계약서를 사용하여 이주노동자와 근로계약을 체결해야 하고 이때 계약이 체결된 이주노동자의 사업장 변경은 원칙적으로 금지된다. 한국에서 이주노동자의 고용관리가 갖는 고용의 방법과 체류근무 기간 연장의 어려움 그리고 계약 후 근무지 변경의 어려움, 가족이 동반되지 못함으로 인한 고통 등은 여전히 정책의 고려 대상이 되지 못하고 있다.

2) 법무부

정부의 이민정책에서 특히 이주노동자와 관련한 업무를 고용노동부 다음으로 가장 많이 수행하고 또 중요한 역할을 하는 부처는 법무부이다. 법무부의 이민정책은 2007년 법무부와 그 소속기관 직제 시행규칙의 개정에 따라 출입국 · 외국인정책본부에서 운영하고 있다. 법무부의 출입국 · 외국인정책본부는 2021년 현재 전국에 6개 출입국 · 외국인청, 13개 사무소와 24개의 출장소 그리고 2개의 외국인 보호소를 갖춘 조직으로 되어 있고, 세계의 주요 국가에 19개의 재외공관을 두고 있다. 정부 직제에 따른 본부의 조직은 출입국정책단장과 국적 · 통합정책단장의 둘로 나누어져 있다.

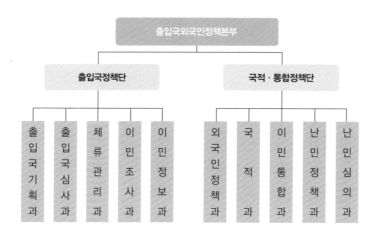

<그림8> 출입국ㆍ외국인정책본부 조직

```
                    출입국외국인정책본부
        ┌───────────────┴───────────────┐
    출입국정책단                      국적ㆍ통합정책단
```

출입국기획과 출입국심사과 체류관리과 이민조사과 이민정보과 외국인정책과 국적과 이민통합과 난민정책과 난민심의과

표 **본부 각과 업무 분장표**

출입국기획과	출입국심사과	체류관리과
• 출입국관리 행정종합계획 수립 • 인사ㆍ조직예산ㆍ홍보국제협력 등	• 내외국인출입국심사 • 출입국규제에 관한 사항 등	• 외국인 체류관리정책 사항 • 비자발급 심사에 관한 사항

이민조사과	이민정보과	외국인정책과
• 출입국관리법령 위반자 단속 및 조사 • 외국인 보호 및 강제퇴거	• 정보화기본계획의 수립 • 외국인정책관련 통계 작성 및 분석	• 외국인정책 기본계획 및 시행 계획 수립ㆍ평가 • 소관 법령의 입안 관련 사항 등

국적과	이민통합과	난민정책과
• 귀화, 국적회복, 국적상실 등 국적관리 • 국적 관련 법령 정비 및 정책수립	• 재한외국인의 사회통합 정책 총괄 • 사회통합프로그램 기획, 운영 등	• 난민법령 및 제도, 난민인정 심사 등 총괄 • 난민인정자 등 처우 지원 및 관리

난민심의과
• 난민불인정결정 등에 대한 이의신청 제도 개선 • 난민위원회운영 및 국가정황정보 등 자료 수집

자료: 출입국외국인정책 연감(2020)

<그림9> 출입국 · 외국인정책본부 소속기관 조직

6 출입국 · 외국인청, 13 출입국 · 외국인사무소, 2 외국인보호소, 1 센터, 24 출장소 등 총 46개 기관)

고위공무원 기관장	3급 기관장,	4급 기관장

인천공항출입국 · 외국인청 / 서울출입국 · 외국인청 / 부산출입국 · 외국인청 / 인천출입국 · 외국인청 / 수원출입국 · 외국인청 / 제주출입국 · 외국인청 / 서울남부출입국 · 외국인사무소 / 김해공항출입국 · 외국인사무소 / 대구출입국 · 외국인사무소 / 대전출입국 · 외국인사무소 / 여수출입국 · 외국인사무소 / 양주출입국 · 외국인사무소 / 울산출입국 · 외국인사무소 / 김포출입국 · 외국인사무소 / 광주출입국 · 외국인사무소 / 창원출입국 · 외국인사무소 / 청주출입국 · 외국인사무소 / 춘천출입국 · 외국인사무소 / 전주출입국 · 외국인사무소 / 화성외국인보호소 / 청주외국인보호소 / 출입국 · 외국인지원센터

서울역출장소 / 도심공항출장소 / 세종로출장소 / 김해출장소 / 감천출장소 / 안산출장소 / 평택출장소 / 평택항만부출장소 / 구미출장소 / 포항출장소 / 천안출장소 / 서산출장소 / 당진출장소 / 광양출장소 / 고양출장소 / 목포출장소 / 무안공항출장소 / 통영출장소 / 사천출장소 / 거제출장소 / 속초출장소 / 동해출장소 / 고성출장소 / 군산출장소

4급 출장소장	5급 출장소장

자료: 출입국외국인정책 연감(2020)

출입국정책단장은 산하에 출입국기획과, 출입국심사과, 체류관리과, 이민조사과, 이민정보과를 두고 있고 국적통합정책단장은 산하에 외국인정책과, 국적과, 이민통합과, 난민정책과, 난민심의과를 두고 있다. 출입국기획과의 주요업무는 출입국 행정에 관한 종합계획의 수립과 시행, 출입국외국인정책 관련 업무

에 관한 예산의 편성, 출입국관리사무소와 외국인 보호소의 지도 감독, 시설 및 장비 운영, 관련 국제기구와의 국제협력 업무 등이다. 출입국심사과의 주요업무는 내·외국인의 출입국심사, 해상 밀입국 등 불법입국의 방지에 관한 사항 등이다. 체류관리과의 주요업무는 외국인 체류관리에 관한 사항과 산업체에서의 외국인 기술연수 지원에 관한 사항, 외국인의 체류자격부여 등 각종 체류허가에 관한 사항, 재입국 허가에 관한 사항이 있다. 이민조사과의 업무는 출입국관리법령 위반사항에 관한 사항, 외국인보호 및 보호외국인의 강제퇴거 등에 관한 사항 등이 있다.

국적통합정책단장 산하 외국인정책과의 업무는 외국인정책의 기본계획 및 시행계획의 수립과 시행에 관한 사항, 중앙부처 및 지방자치단체의 외국인정책에 관한 사항, 외국인정책의 총괄 추진을 위한 관련 위원회의 구성에 관한 사항, 외국인정책 추진 관련 부처간 정보제공, 외국인정책 관련 자료의 종합분석과 평가 등의 업무로 구성되어 있다. 난민정책과의 업무는 귀화, 국적회복, 국적판정 등 국적취득에 관한 사항, 이중국적자의 관리에 관한 사항, 난민의 인정 또는 불인정에 관한 사항 등이다. 이민통합과의 주요업무는 '재한외국인 처우 기본법'에 따른 재한외국인의 처우와 대우에 관한 총괄 사항, 재한외국인의 사회통합을 위한 사항, 다문화사회전문가 양성, 이민정책 연구개발 등에 관한 사항, 재한 외국인 또는 그 자녀에 대한 사항, 사회통합프로그램의 기획과 운영, 이민통합지원센터의 운영 및 관리에 관한 사항, 결혼이민자와 그 가족에 대한 실태조사 및 연구 등의 업무로 되어 있다. 이민정보과의 업무는 출입국 · 외국인정책관련 업무에 관한 정보화 업무, 출입국관리시스템의 운영 및 연구와 개선, 외국인등록에 관한 사항 등이다.

이상과 같은 직제와 업무의 구체적인 내용들을 살펴보면 사실상의 외국인 이민자와 이주노동자에 관련한 거의 대부분의 업무를 이 법무부의 출입국외국인정책본부가 맡아서 하고 있음을 알 수 있다. 이는 법무부 출입국관리본부의 연혁을 보면 더 잘 알 수가 있다. 법무부는 1963년 출입국관리법을 제정하였고, 1992년 난민의 지위에 관한 협약 및 난민의정서 가입을 하였으며, 1999년에는 재외동포의 출입국과 법적지위에 관한 법률을 제정하였다. 또 2007년 출입국 · 외국인정책본부의 출범과 함께 '재한 외국인 처우 기본법'을 제정하고 2008년 제1차 외국인정책 기본계획, 2013년 제2차 외국인정책 기본계획, 2018년 제3차 외국인정책 기본계획을 확정, 시행하였다.

이는 사실상의 이민정책의 총괄업무를 법무부가 주도하고 있음을 말해주고 있으며, 다만 이주노동자의 정책에 있어서는 고용노동부 업무의 성격과 관할 업무영역의 특성 때문에 일정한 수준의 공유를 유지하고 있는 것으로 보인다. 따라서 현재 한국 이민정책의 기조와 과거 이민정책의 전반적인 틀은 사실상 법무부에 의해서 주도되었고 또 지금도 정부정책의 종합적인 방향은 법무부에 의해 설정되고 있다고 보는 것이 타당하다. 법무부의 최근 이민정책에 이주노동자와 연계된 정책은 2007년 '정부합동 고충상담'프로그램의 운영과 2009년 '이민자사회통합프로그램'

의 시행, 2011년 '지자체공무원 대상 외국인정책 이해증진'프로
그램 등이 있다. 정부합동고충상담프로그램은 14개 지방자치단
체와 합동으로, 이주노동자, 결혼이주자, 유학생 등 한국으로의
정착 지원이 필요한 이들에게 출입국, 의료, 법률, 노동, 생활
등을 사례별로 상담을 통해 애로사항을 해결해 주고자 운영하였
고, '이민자사회통합 프로그램'은 이민자의 사회적응을 지원하고
개인의 능력을 발휘하도록 하는 한국어지원서비스의 강화를 시
행하였다.

법무부의 2012년 이후 2021년까지의 외국인관련 주요 정책
은, 외국 고급인력의 정주유도, 외국 전문 인력 및 유학생의 유
치 지원, 이민자의 수요에 부응하는 이민행정 서비스, 정주 외국
인의 사회정착 지원, 외국국적 동포 입국문호의 합리적인 조정,
국적 취득자에 대한 조기 사회적응 지원 등이다. 그러나 가장 중
점을 두는 이민자 정책은 무엇보다 이주노동자에 대한 관리나
통제정책으로, 출입국사범에 대한 지속적인 단속체제 유지, 불
법 체류 동기근절을 위한 기획조사 강화 그리고 신속하고 안정
적인 이주노동자 인력 도입체제 구축이다.

법무부는 2009년 출입국 등에서 이주노동자들과는 상대적으
로 크게 비견되는 조치인, 외국국적 동포들에게는 입국문호를
완화하는 조치를 하였다. 중국 및 구 소련지역의 동포들에게 재
외동포(F-4) 자격을 부여함으로써 재외동포들에게는 취업을 위
한 출입국의 절차를 완화하고 동시에 단순 노동 분야 종사자의
경우에는 재외동포의 자유로운 입국을 사실상 허용하였다. 또

법무부는 2009년부터 외국의 고급 인력에 대해서는 학력, 경력, 소득, 연령 등 객관적인 점수표를 고시하여, 일정한 점수 이상을 획득한 외국인에게는 경제활동 등에 제약이 거의 없는 거주(F-2) 또는 영주자격으로 자격변경을 허용하는 점수제 도입 안을 확정하고 관계법령인 출입국관리법의 시행령을 개정하였다. 이에 법무부는 현재에도 거주, 영주자격의 점수제, 외국인 투자유치를 위한 부동산 투자 이민제도 도입 등의 업무를 지속적으로 시행하고 있다. 그러나 법무부의 출입국정책에서 국제사회가 인정하는 미숙련 이주노동자의 기본적인 권리 등이 보장되는 조치는 아직도 여전히 내놓지 않고 있다.

4. 이주노동자: 호칭의 의미와 현황

1) '이주노동자'의 호칭

이주노동자를 부르는 용어는 학자들과 시민운동가, 정부에 의해 다양하게 제시되고 있는데 한국정부의 이주노동자에 대한 공식적인 호칭은 '외국인 근로자'이다. 고용노동부의 노동자를 지칭하는 용어는 내국인이나 외국인 모두 '노동자'가 아닌 '근로자'이기 때문이다. 이는 국제사회에서 통상적으로 사용하고 있는 이주노동자Migrant Workers용어와는 조금 다른 개념이며, 한국에서만 사용하는 특별한 용어이다. 한국은 국내 노동자의 노동조건의 기준을 정하는 '근로기준법'에서도 노동자에 대한 공식적인 법적 호칭을 노동자가 아닌 근로자로 규정 하고 있다. 근로기준법 제2조는 '근로자'란 직업의 종류와 관계없이 임금을 목적으로 사업이나 사업장에 근로를 제공하는 자를 말한다고 규정하였다. 여기에서 '근로'란 정신노동과 육체노동을 말한다고 규정하였다.

이와 같이 한국정부가 '근로기준법'에서 국제적으로 통용되는 '노동'이라는 용어를 사용하지 않고, 정신노동과 육체노동을 '근로'라고 재규정하면서 애써 '근로'라는 용어를 사용하였던 가장 큰 이유는 무엇보다도 북한과의 정치적 대치의 상황으로부터 기인한다. 북한의 정치가 전통적으로 '노동당'이라는 이름으로 작동되고 있는 현실에서 한국정부가 '노동'이라는 용어가 아무리

순수하게 경제적인 의미를 갖는다 하더라도, 이를 가감 없이 있는 그대로 사용하기에는 현실적으로 어려울 수밖에 없었다는 견해가 그것이다. 또한 한국의 자본주의가 성장하는 과정에서 특히 1970년대와 80년대의 노동자와 자본가의 극렬한 대치상황과 충돌의 경험도 정부의 '노동'과 '노동자'의 용어사용을 정치적 이유와 함께 애써 꺼리게 한 주된 이유로 작용하였다고 판단된다. 이주노동자에 대한 정부의 공식적인 호칭도 '외국인노동자'나 '이주노동자'가 아니고 '외국인근로자'라는 용어로 사용하는 이유도 이러한 용어의 개념규정을 둘러싼 굴곡진 아픔의 연장선상에 있다고 보여진다.

한국정부의 '외국인근로자의 고용 등에 관한 법률'은 제2조 외국인근로자의 정의에서 '외국인 근로자'란 대한민국의 국적을 가지지 아니한 사람으로서 국내에 소재하고 있는 사업 또는 사업장에서 임금을 목적으로 근로를 제공하고 있거나 제공하려는 사람을 말한다고 규정하였다. 한편 국제협약인 '이주노동자권리보호협약'(International Convention on the Protection of Rights of All Migrant Workers and Members of Their Families)의 이주노동자에 대한 정의에 따르면 '그 사람이 국적국이 아닌 나라에서 유급활동에 종사할 예정이거나 이에 종사하고 있거나 또는 종사해 온 사람을 말한다'고 규정하고 있다. 이주노동자를 말하는 용어는 이처럼 외국인근로자, 외국인노동자, 이주노동자 등으로 호칭되며 한국정부와 학계 그리고 시민사회가 서로 통일된 명칭으로 사용하지는 못하고 있다. 따라서 이 논문에서는 한국정부가 사용하는 '외국인근로자'라는 용어가 국제적으로 상용되는 호칭과 조금 거리가 있고, 또 '근로자'라는 용어도 미래에는 용어 본래의 순수한 의미인 '노동자'라는 일반적·통상적인 용어로 사용하는 것이 더 타당하다는 생각에서 '이주노동자'로 칭하였다.

2) 이주노동자 현황

국내에 체류하는 전체 외국인은 이주노동자가 최근 정체 현상을 보이고 있기는 하지만 계속해서 매년 증가하고 있다.

<표8> 취업자격 체류외국인 유형별 현황

(2021.09.30. 현재, 단위 : 명)

구분	총계	전문인력	단순기능인력
취업자격 체류외국인	417,171	46,080	371,091

□ 전문인력

총계	단기취업 (C-4)	교수 (E-1)	회화지도 (E-2)	연구 (E-3)	기술지도 (E-4)	전문직업 (E-5)	예술흥행 (E-6)	특정활동 (E-7)
46,080	2,738	2,095	13,468	3,607	190	280	3,323	20,379

□ 단순기능인력

총계	계절근로 (E-8)	비전문취업 (E-9)	선원취업 (E-10)	방문취업 (H-2)
371,091	467	218,627	17,746	134,251

자료: 법무부(2020) 출입국·외국인정책본부 통계월보

　한국 체류 외국인은 1999년에 38만여 명에서 2005년 78만여 명, 2006년에 91만여 명, 2010년에 126만여 명, 2012년에는 137만여 명, 2013년 147만여 명, 2019년 250만여 명으로 크게 늘었다. 총 체류자 250만여 명 중 국적별로는 한국계를 포함한 중국계가 1,101,782명으로 가장 많았고, 베트남 224,518명, 미국 156,982명 등의 순으로 총 체류자가 많았다. 체류외국인들 중에서 미국 국적자가 상대적으로 많은 것은 미국 국적의 사람들이 한국의 영어교육 열풍을 타고 국내에서 영어강사나 영어교사 등의 일자리를 많이 갖고 있기 때문으로 분석된다.

<표9> 체류외국인 연도별·국적별 현황

(2020.01.31. 현재, 단위 : 명)

구분	2016년	2017년	2018년	2019년	2020년 1월
총계	2,049,441	2,180,498	2,367,607	2,524,656	2,426,433
중국	1,016,607	1,018,074	1,070,566	1,101,782	1,073,554
한국계포함	627,004	679,729	708,082	701,098	708,304
베트남	149,384	169,738	196,633	224,518	226,157
태국	100,860	153,259	197,764	209,909	200,951
미국	140,222	143,568	151,018	156,982	152,993
우즈베키스탄	54,490	62,870	68,433	75,320	75,908
러시아(연방)	32,372	44,851	54,064	61,427	60,490
필리핀	56,980	58,480	60,139	62,398	57,813
몽골	35,206	45,744	46,286	48,185	49,765
일본	51,297	53,670	60,878	86,196	48,158
캄보디아	45,832	47,105	47,012	47,565	47,665
(타이완)	34,003	36,168	41,306	42,767	47,357
네팔	34,108	36,627	40,456	42,781	43,653
인도네시아	47,606	45,328	47,366	48,854	43,169
카자흐스탄	11,895	22,322	30,717	34,638	35,219
미얀마	22,455	24,902	28,074	29,294	29,475
캐나다	26,107	25,692	25,934	26,789	25,724
스리랑카	27,650	26,916	25,828	25,064	25,378
(홍콩)	16,728	13,303	12,119	20,018	18,659
방글라데시	15,482	16,066	16,641	18,340	18,655
파키스탄	12,639	12,697	13,275	13,990	14,049
인도	10,515	11,244	11,945	12,929	12,967
오스트레일리아	13,870	13,008	14,279	15,222	11,733
말레이시아	9,484	12,516	12,227	14,790	11,733
기타	83,649	86,350	94,647	104,898	95,208

자료: 법무부(2020), 출입국 · 외국인정책본부 통계월보

한국의 이주노동자는 1980년대 이후부터 증가하기 시작하여 산업연수생제도의 도입과 중국동포의 한국사회로의 대거 유입 등으로 그 유입이 본격화하였다. 이들 이주노동자들은 산업연수생제도를 거쳐 고용허가제를 통해 지속적으로 늘어나기 시작하면서 그 유형도 조금씩 다양화 하였지만 여전히 대부분은 저숙련노동자가 주류를 이루고 있다. 한국에서 1988년을 전후하여 산업의 제조업과 건설부문 등의 인력이 부족하기 시작하고 동시에 한국의 노동자들이 이들 힘든 업종의 노동을 회피하기 시작하면서 동남아시아의 이주노동자들이 유입되기 시작하였다. 당시는 이민자 유입의 초기였기 때문에 제도적으로 이주노동자의 유입을 적극적으로 통제하거나 막는 정책 시스템이 별로 강하게 나타나지 않았었고 또 정서적으로도 동남아시아의 이주노동자들이 한국에 대해 비교적 우호적인 아시아의 동질성을 갖고, 어떤 의미에서는 한국에 친밀감을 갖고 이주하는 경향도 많았다.[14]

---

14) 당시 한국은 자본주의의 성장국가들 중에서 주목되는 국가로 분류되기 시작했으며 이는 어떤 의미에서는 경제적 의미에서의 '한류'를 가져오는 동기가 되어 동남아시아 저개발국가들의 이주노동자가 점차 한국으로 많이 유입되게 하는 효과를 가져왔다. 조효제 (2005)는 한류와 이주노동자를 관련지어 '1990년대 초반에 한국사회에 처음 대규모로 나타난 한류가 이주노동자'라고 하였다. 통계청의 자료에 의하면, 2005년 한국의 경제지표는 국내총생산 세계 12위, 경제성장률 10위 이내, 선박건조 세계 1위, 자동차 생산량 세계 5위, 수출액 세계 12위 등의 지표를 보여주며 현재도 계속해서 동남아시아의 이주노동자들의 유입동인을 제공하고 있다.

그러나 상대적으로 유입이주노동자들 중에서 전문 인력의 수는 아직도 매우 적어서 2021년 현재 46,080명에 그치고 있다. 한국사회의 이주노동자는 고용허가제의 실시 이후 더 크게 늘어나서 이들 전문 인력과 단순 노동인력을 모두 포함하면 그 수는 2021년 9월 현재 41만 7천여 명으로 집계되었다. 이중 85%이상이 단순기능 인력이며 전체 취업자의 약 10%가 미등록체류자로 조사되었다.

이주노동자를 국적별로 분류해보면 국가별로는 중국 국적자가 12만 명으로 가장 많고, 베트남 4만여 명, 필리핀 2만1천 명, 인도네시아 2만7천여 명, 우즈베키스탄 2만2천 명, 태국 2만2천 명 수준이다. 이들은 제조업에 50%, 서비스업에 30%, 건설업에 10%가 종사하고 있으며 이들 중 70%가 넘는 이주노동자가 10인 이하의 영세 사업장에 취업하고 있다. 이는 국내 총 취업자의 3%에 해당하는 수치다. 후발 이민유입국인 한국의 이주노동자는 대부분 영주이민이 아닌 단기적 초청자의 자격으로 한국사회에 들어오고 있다.

이주노동자의 유입은 정부가 2003년에 제정한 '외국인근로자의 고용 등에 관한 법률'에 의해 산업연수생 제도를 대체하고 이주노동자를 정부의 계획이나 통제에 두고 관리한다. 이 제도는 국내의 제조업이나 건설업 등의 기업들이 이주노동인력을 구하지 못하고 힘들어할 때 정부가 이주노동자의 도입과 관리를 통해 기업들에게 인력을 조달해 주는 제도이다.

이 제도는 한국정부와 이주노동자 송출국이 상호 양해각서를 맺는 형식으로 국가 간의 협약을 맺고 인력을 유입하는 정책이다. 한국이 협약을 맺고 이주노동자를 유입하는 주요 국가는 중국, 필리핀, 캄보디아, 베트남, 네팔, 미얀마, 몽골, 태국, 인도네시아, 파키스탄, 우즈베키스탄, 동티모르, 키르기스스탄, 스리랑카 등 15개국이다.

한편 2007년 1월부터 외국인 인력제도가 고용허가제로 통합되어 운영되면서 출신국가와 민족에 따라서 이주노동자는 일반적으로 전문취업과 비전문취업으로 구분되어 유입되고 있다. 사증으로 구분되는 외국인 체류자격 중에서 단순기능직은 비전문취업(E-9), 방문취업(H-2) 등이 해당되고, 전문 인력은 단기취업(C-4), 회화지도(E-2), 기술지도(E-4), 예술흥행(E-6) 등으로 구분된다. 다시 말해 전문외국인력 제도는 취업비자인 E-1 비자부터 E-7까지의 비자를 지칭하고 비전문 취업자는 고용허가제와 방문취업제로 입국한 이주노동자를 말한다.

즉, 동포가 아닌 이주노동자들은 비전문취업비자(E-9)로 입국 후 최장 4년간 취업이 가능하고 사업주의 요청에 따라 재고용이 가능한 일반고용허가제로 취업이 가능하다. 외국국적 동포는 방문취업비자(H-2)로 입국 후 3년간 취업이 가능한 특례고용허가제의 적용을 받는다.

법무부의 2021년 출입국 · 외국인정책본부 자료에 따르면 체류외국인자격별 현황을 살펴보면 총 체류자는 2,036,075명으로 이중 합법체류자는 1,643,879명, 불법체류자는 392,196명으로 나타났다. C-4, E-1부터 E-7까지 취업비자를 받는 전문 외국인력은 46,080명이며, 구체적인 비자유형별로 보면 회화 지도(E-2) 13,468명, 특정활동(E-7) 20,379명, 예술흥행(E-6) 3,323명 등의 분포를 보이고 있다. 비전문 취업(E-9)과 방문취업(H-2) 등의 취업비자를 받는 단순기능인력은 371,091명으로 전체 이주노동자의 약 90%에 달한다. 비자 유형별로 보면 방문취업(H-2) 134,251명, 비전문취업(E-9) 218,627명 등으로 나타났다.

<표10> 체류외국인 자격별 현황

구분	'19년10월	'19년 11월	'19년 12월	'20년 1월	전월 대비	'19년 1월	전년 대비
총계	2,481,565	2,433,680	2,524,656	2,426,433	-3.9%	2,257,116	7.5%
사증면제(B-1)	254,144	240,166	248,753	224,228	-9.9%	204,777	9.5%
관광통과(B-2)	136,822	127,359	204,541	145,662	-28.8%	96,413	51.1%
단기방문(C-3)	261,764	238,012	256,696	214,244	-16.5%	178,898	19.8%
단기취업(C-4)	3,069	1,953	1,645	1,288	-21.7%	1,097	17.4%
유학(D-2)	123,821	123,391	118,254	118,342	0.1%	104,057	13.7%
기술연수(D-3)	2,266	2,145	1,964	2,107	7.3%	2,389	-11.8%
일반연수(D-4)	62,366	63,849	63,691	66,190	3.9%	58,835	12.5%
종교(D-6)	1,554	1,568	1,561	1,589	1.8%	1,587	0.1%
상사주재(D-7)	1,431	1,432	1,400	1,449	3.5%	1,305	11.0%
기업투자(D-8)	6,012	6,007	5,909	6,027	2.0%	5,923	1.8%
무역경영(D-9)	2,432	2,472	2,352	2,394	1.8%	2,480	-3.5%
교수(E-1)	2,210	2,208	2,187	2,193	0.3%	2,315	-5.3%
회화지도(E-2)	14,215	14,235	13,910	13,894	-0.1%	13,680	1.6%
연구(E-3)	3,209	3,228	3,132	3,122	-0.3%	3,092	1.0%
기술지도(E-4)	234	231	220	216	-1.8%	204	5.9%
전문직업(E-5)	616	610	624	643	3.0%	610	5.4%
예술흥행(E-6)	3,672	3,678	3,549	3,653	2.9%	3,518	3.8%
특정활동(E-7)	21,614	21,579	21,314	21,661	1.6%	21,972	-1.4%
비전문취업(E-9)	278,566	276,671	276,755	280,707	1.4%	277,979	1.0%
선원취업(E-10)	17,766	17,788	17,603	17,702	0.6%	17,292	2.4%
방문동거(F-1)	123,460	124,259	122,886	125,021	1.7%	118,267	5.7%
거 주(F-2)	42,846	43,173	43,671	43,937	0.6%	41,170	6.7%
동 반(F-3)	22,901	23,150	22,890	23,459	2.5%	22,336	5.0%
재외동포(F-4)	458,963	459,901	464,152	470,871	1.4%	448,968	4.9%
영 주(F-5)	150,653	151,788	153,291	153,854	0.4%	143,348	7.3%
결혼이민(F-6)	130,203	130,733	131,034	132,525	1.1%	125,203	5.8%
방문취업(H-2)	238,320	236,342	226,322	229,300	1.3%	250,409	-8.4%
기 타	116,436	115,752	114,350	120,155	5.1%	108,992	10.2%

자료: 법무부(2020), 출입국 · 외국인정책본부 통계월보

한국에서 이주노동자를 관리하고 유입하기 위해 도입한 고용 허가제는 기본적으로 내국인 고용 우선 원칙이 먼저 고려된다. 따라서 이주노동자는 국내노동 인력이 부족한 부분에 한해서 보완적으로 수급할 수 있도록 하고 있으며, 유입에 따르는 비리나 문제를 예방하기 위해서 정부가 이주노동자의 선별과 결정과정을 투명하게 관리하도록 하고 있다. 그러나 고용허가제는 이주노동자의 자유로운 직업 선택권이나 이동권 등을 제한하고 가족 동반을 허용하지 않는 등 인권침해의 요소가 존재한다고 지적되고 있다.

제6장

한국 이민정책의 전개(Ⅱ): 동화프레임 작동의 여성결혼이민자

〉〉〉

      정부는 한국의 여성결혼이민자들이 한국인 남성과 결혼하여 가정을 이루면, 이들은 그들의 모국으로 돌아가지 않고 장차 한국에 귀화하여 영주할 사람이라고 생각한다. 이는 실제 여성결혼이민자들이 한국남성과 가정을 이루고 평생 동안 한국에 살기 위해 귀화하거나 아니면 반대로 평생을 귀화하지 않고 살다가 그들의 모국으로 돌아갈 수 있는 두 가지 상황이 가정될 수 있음을 원천적으로 배제한다.

    한국정부의 여성결혼이민자를 대하는 정책의 기본적인 프레임은 이들을 한국사회의 가족 그리고 혈연으로 인정하고, 여성결혼이민자가 한국사회에 어려움 없이 적응할 수 있도록 사회복지 혜택 등을 부여하는 것으로 볼 수 있다. 한국의 이민정책에서 여성결혼이민자가 동화정책의 프레임으로 인식되어 여성결혼이민자 정책의 목적이 사회적 포용과 수용으로 추진되는 배경은 다음과 같다.

첫째, 2000년대 초부터 한국에서 농촌총각과 외국인 여성과의 국제결혼이 증가하기 시작하여 여성결혼이민자가 크게 늘어나자, 그동안 사회의 큰 고민이었던 농촌총각과 결혼이 늦은 미혼 남성들의 혼인이 증가하여 정부가 이를 사회전반에서 나타나고 있는 결혼 적령기에도 장가가지 못하는 남성의 고민을 해결하는 차원에서 긍정적으로 보는 시각을 갖게 되었기 때문이다. 한국에서 특히 농촌총각이 자신의 일터에서 배우자를 찾지 못하는 현실은 농촌에 일자리가 있어도 젊은 사람들이 이곳을 결국은 떠나도록 유도하는 역할을 한다. 이에 따라 농촌은 더 빠른 고령화 사회에 진입하게 되고 젊은 사람과 아동의 수도 계속해서 감소하여 농촌 공동화 현상에 직면하였다.

둘째, 여성결혼이민자들의 증가는 한국의 저출산 고령화로 인한 고민에 해결의 실마리를 주었으며 특히 국제결혼으로 인한 자녀의 출산이 갖는 의미는 정부에게 큰 힘이 되었다. 실제로 정부는 이러한 배경 때문에 이민자 집단 중에서 여성결혼이민자에게는 가장 먼저 적극적인 수용과 지원의 정책들을 시행하였다. 인구의 유입과 생산성의 증대와 같은 부분에서 이주노동자의 증가도 어느 정도 같은 맥락으로 볼 수 있는 측면도 있으나 정부가 이들과 비교해 여성결혼이민자를 보는 근본적인 태도는 매우 달랐다. 국제결혼을 통해서 한국사회에 이주해온 여성은 비록 외국 국적의 사람이지만 이를 받아들인 남성은 이주여성을 배우자

로 또 자녀를 출산하고 함께 살아갈 혈연적 가족으로 생각하였
다. 국가가 결혼여성이민자를 바라보는 법적 · 행정적 · 정서적
태도도 이와 크게 다르지 않았다.

<표12> 결혼이민자 증감 추이

(단위: 명)

연 도	2015년	2016년	2017년	2018년	2019년	2020년
인 원	151,608	152,374	155,457	159,206	166,025	168,594
전년대비 증감률	0.4%	0.5%	2.0%	2.4%	4.3%	1.5%

<그림10> 결혼이민자 증감 추이

(단위: 천 명)

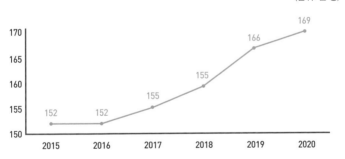

자료: 출입국외국인정책 연감(2020)

　　실제로 한국은 2000년 이후부터 매우 심각하게 나타나고 있
는 국가의 저출산과 고령화 시대의 도래에 주목하였고 이는 여
성결혼이민자를 한편으로는 반기는 기제가 되었다. 물론 정부가
처음부터 여성결혼이민자의 한국사회의 유입과 증가에 전폭적

인 지지의 정책 태도를 갖고 있지는 않았지만 대체로 그 수용과 포용의 태도는 일관되게 유지되었다. 이러한 배경 때문에 2005년 이후 한국정부의 여성결혼이민자에 대한 정책은 여성가족부의 '다문화가족지원법'과 '결혼중개업의 관리에 관한 법률' 등을 통해서 이들을 한국사회에 통합하고 동화시키려는 정책으로 전환한다.

<표13> 혼인귀화자 누계 및 결혼이민자 거주지역

연 도	2015년	2016년	2017년	2018년	2019년	2020년
혼인귀화자 (전체누계)	108.526	114.901	121.339	129.028	135.056	141.773

• 결혼이민자 거주지역별 분포 현황(등록외국인)　(2020.12.31. 현재. 단위: 명)

계	경기	서울	인천	경남	충남	경북	부산	전남
166,612	50,182	27,883	11,286	10,865	9,683	8,057	7,409	6,774
	전북	대구	충북	강원	광주	대전	울산	제주
	6,085	5,546	5,543	3,863	3,732	3,459	3,431	2,814

자료: 출입국외국인정책 연감(2020)

1. 정책의 목적은 사회적 동화

한국의 국제결혼의 건수는 남녀 모두를 합해서 2005년에 77,011건이었고 2020년에는 168,594건이었다. 국제결혼은 해가 갈수록 매우 크게 늘어왔다. 국제결혼을 통한 자녀도 시간이 갈수록 크게 증가하였는데, 2007년에는 44,258명, 2016년에는 201,333명으로 증가하였다.

이에 정부는 점차 여성결혼이민자정책의 비중을 크게 강화하기 시작하였고 그 일환으로 정책의 주관부처를 여성가족부로 하였다. 이후 여성가족부의 강력한 지휘 하에 '다문화가족지원법'을 시행하고 더불어 전국의 시와 군·구에 '다문화가족지원센터'를 거점화하여 활발하게 운영하였다. 이는 여성가족부에게 배정된 비교적 많은 예산으로부터도 힘입었다. 여성결혼이민자정책의 동화지향성은 무엇보다 정부의 정책예산의 운영과 사업집행 내용에서 확연하게 드러난다. 이민정책의 시행 부처는 모두 11개 부처가 연관되어 있다.

그러나 이중에서 여성가족부와 보건복지부, 법무부, 고용노동부, 문화체육관광부 등 5개 부처 소관 사업이 거의 대부분을 차지하고 있다. 이전의 보건복지부에서 많은 업무가 옮겨온 여성가족부의 사업은 전체사업의 수 중 약 16%를 차지하고 있고, 법무부의 사업 수는 약 40%, 고용노동부와 문화체육관광부는 약 10% 정도의 사업내용을 가지고 있다. 그러나 실제 예산의 규모와 집행측면에서만 보면 여성가족부의 사업이 20% 수준으로 가장 많은 것으로 파악되었다(마경희 외, 2011). 여성가족부의 다문화가족 지원사업 예산을 살펴보면 2008년 약 231억 원에서 2009년 258억 원, 2010년 410억 원, 2011년 576억 원으로 매년 큰 폭으로 증가하고 있음을 확인할 수 있다. 특히 2009년에서 2010년으로 넘어가면서 다문화가족 지원사업의 예산이 급증하였고 2020년에는 5,847억 원이 되었다. 여성가족부의 다문화가족 지원사업의 예산은 예산 자체의 규모뿐만 아니라 증가액에 있어서도 타 부처를 압도하는 것으로 나타났다

이 자료에 의하면 법무부의 예산사업은 약 20% 수준이다. 법무부가 전체의 이민정책관련 사업 중에서 비예산 사업과 예산사업을 모두 합해 약 70%의 사업을 수행하고 있는 것을 고려하면 이렇게 여성가족부의 실제 예산집행이 높은 것은 매우 파격적이라고 할 수 있다. 2010년 기준 고용노동부의 예산사업규모는 전체에서 약 4% 수준을 약간 상회하는 것으로 파악되고 있고, 고용노동부의 전체사업의 비중은 2010년을 기준으로 약 25% 정도였다. 2010년 말까지 이민정책관련 사업에 예산이 투입된 금액은 3년 동안만 총 2,911억 원이었다. 2008년의 예산은 747억 원, 2009년은 1,053억 원, 2010년에는 1,109억 원으로 그 금액은 매년 크게 증가하였다.

이 시기 사업 군 별 재정지출 규모를 보면 대부분의 예산이 다문화가족 지원 사업에 지출되었다. 다문화가족 지원 사업에 대한 예산은 1,248억 원으로 나타났는데 이는 이민정책 총 지출의 43% 수준이다. 해외인력유치 사업 예산은 1,163억 원으

로 39%의 수준이었고 외국인의 체류와 생활편의 제공사업의 예산은 7% 수준인 198억 원, 국경과 국적관리 예산은 3% 수준인 92억 원, 내국인 다문화이해증진 사업의 예산은 2.9% 수준인 85억 원이다. 이러한 예산 배정 구조는 2020년 현재에도 유지되고 있다.

<표14> 중앙부처 및 지자체 과제 및 사업예산

(단위 : 개, 백만원, %)

과제 번호	세부과제명	소요예산(백만원)		과제수(개)	
		'20년	'21 년	'20년	'21년
합계		562,929	584,705	1,207	1,330
1. 다문화가족 장기정착 지원		363,002	384.160	313	355
2. 결혼이민자 사회 · 경제적 참여 확대		54,556	63,360	268	310
3. 다문화가족 자녀의 안정적 성장과 역량 강화		102,020	70,202	275	282
4. 상호존중에 기반한 사회적 다문화수용성 제고		15,649	17,249	251	282
5. 협력적 다문화가족 정책 운영을 위한 추진체계 강화		23,420	32,324	89	90
(대책과제) 귀환여성 및 한국국적 자녀 지원		4,282	17,410	11	11

자료: 여성가족부(2021), 다문화가족정책 시행계획

현장에서 외국인과 바로 마주하는 프로그램의 운영내용 중 2012년 법무부의 사례를 보면 여성결혼이민자에게 치우친 프로그램 운영의 실체를 확인할 수 있다. 다문화가정을 위한 정부 프로그램 중에서 법무부의 '해피스타트'프로그램[15]은 여성결혼이주민이 가장 먼저 접하는 동화 지향적 프로그램이다. 이 프로그램은 국제결혼을 통해서 입국하는 이민자를 대상으로 한국사회에 필요한 기초생활 정보를 제공하는데, 외국인 배우자가 초기 정착과정에서 문화적 차이로부터 발생하는 부조화 및 이질감을 해소하고 바람직하고 행복한 다문화가정을 이룰 수 있도록 지원하는데 목적을 둔다. 이 프로그램은 실질적으로 결혼이민자들에게 장기 비자를 받을 수 있는 혜택을 주기 위한 형식적인 지원 프로그램이다. 이와 같은 사실은 그 교육내용과 교육과정에 비해서 국제결혼이민자들을 위한 비자의 보장기간이 매우 파격적이라는 것에서도 확인된다. 결혼이민자는 이 프로그램의 이수로 한국에서 단 두 시간 만의 교육으로 2년의 장기체류비자를 받을 수 있는 혜택을 갖는다. 이러한 구체적인 사례를 통해서도 잘 확인되고 있는 것처럼 많은 실제의 여성결혼이민자를 대하는 이민정책은 거의 대부분이 여성결혼이민자를 지원하고 배려하는 사항들로 이루어져 있다.

---

15) 뉴스위크 한국판, 2013년 3월 4일. 한국에 체류하는 외국인은 입국 3개월 내에 반드시 이 과정을 들어야 한다. 이 프로그램을 듣는 사람은 국제결혼이민자이지만 대부분은 한국인과 결혼한 여성이다. 이 프로그램의 실제 운영은 약 2시간 동안 진행되는데 이 과정에 참여하면 2년의 기간을 보장해 주는 비자를 신청할 수 있는 자격이 주어진다. 이 프로그램에 2012년 참여하여 이 과정을 이수했던 한국인과 국제 결혼한 네덜란드 남성 엠레 카닉은, '단지 들어온 지 3개월도 안 되는 외국인이 2시간의 간단한 교육만으로 무려 2년의 장기 체류 비자를 받을 수 있다는 것이 매우 이례적으로 생각된다'고 말하였다.

2. 정책의 수단은 법제도를 통한 수용과 지원

여성결혼이민자정책을 시행하고 운영하는데 근거가 되는 주요 법률은 여성가족부 소관의 '다문화가족지원법', '결혼중개업의 관리에 관한 법률'과, 법무부 소관의 '재한외국인처우기본법', '국적법', '주민등록법'이 있다.

'다문화가족지원법'은 2008년 제정, 시행되고 2010년 개정되었다. 이 법 제1조는 '다문화가족 구성원이 안정적인 가족생활을 영위할 수 있도록 함으로써 이들의 삶의 질을 향상시키고 사회통합에 이바지 한다'고 되어 있다. 이 법은 제4조에 다문화가족에 대한 실태조사, 제5조에 다문화가족에 대한 이해증진, 제6조에 생활정보 및 교육지원 등의 규정과, 제10조에 아동의 보육지원, 제11조에 다국어에 의한 서비스의 제공 등의 내용을 다문화가정에 지원할 수 있도록 규정하고 있다. 이 법은 여성가족부 장관의 권한 중에서 일부를 지방자치단체장에게 위임할 수 있도록 하였으며, 국가나 지방자치단체는 민간단체에 행정적 지원을 할 수 있도록 규정하고 있는 특징이 있다. 또한 이 법은 기존에 운영하던 '결혼이민자지원센터'의 명칭을 '지역센터'의 명칭으로 변경할 수도 있게 하였다. 이에 따라 이후 센터의 명칭은 모두 '다문화가족지원센터'로 그 명칭이 바뀌었고 현재에는 여성가족부의 주관 하에 전국에 약 250개의 센터가 활동 중이다. '다문화가족지원법'은 한국의 이민정책과 관련한 기존의 '재한외국인처우기본법' 등과는 차별화된 내용이며 이는 명실공히 여성결혼이민자를 적극적으로 지원하고 동화하기 위한 법이다. 이 법은 2004년 국무조정실 주관의 여성결혼이민자를 위한 관계부처회의를 시작으로 보건복지부와 여성가족부로 이어지는 여성결혼이민자에 대한 지원내용을 그 가족과 자녀로 보다 확대하고 구체화하며, 이를 법으로 규정하여 더 강고하게 지원하려는 수단으로 기능한다. 또 이 법은 중앙정부의 여성결혼이민자에 대한 적극적인 지원의지가 지방자치단체들에게도 전달되고 시현될 수 있도록 할 수 있는 근거를 확보하였다. 최근 지방자치단체들의 여성결혼이민자를 위한 정책들이 활발해지고 있는 것도 이와 무관하지 않다.

'결혼중개업의 관리에 관한 법률'은 국제결혼 중개업소 이용자의 피해를 예방하기 위해 이들을 감시·감독하는 장치를 마련하고 이주여성의 안정적인 정착을 지원하기 위한 규정이다. 주요 내용을 보면, 국제결혼중개업은 등록제, 국내 결혼중개업은 신고제로 규정하였다. 국제결혼중개업자는 등록 전에 건축물 대장에 기재된 건물에 중개사무소를 확보해야 하며 국제결혼중개업에 관한 전문지식과 윤리의식에 관한 사전 교육을 수료해야 한다. 또 국제결혼의 특성상 외국과의 문서거래가 잦은 만큼 외국의 현지 법령을 준수하고 거짓이나 과장된 광고를 게재해서는 안 되며, 업무상 알게 된 개인 정보에 대한 부당한 사용을 금지하는 등 국제결혼사업자에 대한 관리감독이 대폭 강화되었다.

<표15> 중앙부처 및 지자체 과제 및 소요예산

구 분		과제수		예산	
		2020	2021	2020	2021
	계	121	119	451,804	469,459
부처별	교육부	16	16	22,022	34,807
	외교부	7	7	31,031	4,157
	법무부	7	7	738	414
	국방부	1	1	6	6
	행정안전부	2	2	비예산	비예산
	문화체육관광부	6	6	3,132	3.242
	농림축산식품부	2	2	1,666	1,333
	산업통상부(KOTRA)	1	1	20	30
	보건복지부	4	4	3,407	3,375
	고용노동부	4	4	9,566	16,831
	여성가족부	58	56	370,299	393,516
	국토교통부	1	1	비예산	비예산
	중소벤처기업부	I	1	6,557	8,819
	방송통신위원회 (함송동신심의위회)	3	3	2,148	1,628
	경찰청	3	3	502	591
	국세청	과제종료		과제종료	
	농촌진흥청	3	3	80	70
	소방청	2	2	630	640
시도별	계	1,086	1,211	111,125	115,246
	서울특별시	50	55	6,111	6,036
	부산광역시	75	69	9,036	7,714
	대구광역시	65	59	2,949	3,133
	인천광역시	92	77	6,656	5,333
	광주광역시	49	47	7,022	6.601
	대전광역시	61	64	2,228	3,194
	울산광역시	41	39	1,737	2,459
	세종특별자치시	18	20	403	426
	경기도	95	105	11,475	10,849
	강원도	44	45	12,455	14,239
	충청북도	82	86	3,236	3,609
	충청남도	95	113	4,289	4,157
	전라북도	52	52	7,903	11,364
	전라남도	84	192	12,443	9,990
	경상북도	38	38	8,763	7,063
	경상남도	108	108	12,234	16,601
	제주특별자치도	37	42	2,185	2,478

자료: 여성가족부(2021), 다문화가족정책 시행계획

그러나 이 법률은 국제결혼을 위해 한국으로 이주하려고 하는 이주여성들을 보다 선별적으로 관리하고 감독하는 기능이 아니고 단지 국제결혼사업자의 사업요건의 강화를 통해 한국 남성이 잘못된 정보 혹은 부당한 방법으로 국제결혼을 하려는 것을 미연에 방지하려는 목적이 더 크다. 이 법도 역시 근본적으로 한국남성과의 국제결혼 자체는 허용하면서 동시에 여성결혼이민자의 인권침해요소나 부당한 알선행위 등의 피해는 막으면서 궁극적으로는 여성결혼이민자들을 보호하고 지원하려는 제도적 장치라고 볼 수 있다.

　　한편 문화체육관광부 소관의 '다문화사회의 문화적 지원에 관한 법률'이 2008년 제정되었다. 이 법의 목적은 다문화사회의 구성원이 문화적 다양성을 표현하고 존중하며 상호 교류하여, 문화적 삶의 질 향상과 창의성을 제고 하는데 기여할 수 있도록 다문화정책의 기반을 조성하는데 있다. 이 법 제4조는 국가와 지방자치단체가 문화적 다양성을 진흥하기 위한 정책의 기반을 조성하고, 사회 구성원이 가진 다양한 문화가 상호 이해될 수 있도록 시책을 수립하고 시행해야 한다고 규정하였고, 제8조는 지방자치단체의 다문화진흥 전담부서의 설치 등을 규정하고 있다. 이 법률은 한국사회가 여성결혼이민자를 배경으로 다문화사회에 진입했다고 하는 정부의 판단에서 문화적 다양성을 표현하고 이민자들과 상호 문화를 표현하고 교류하는 기회를 확대하기 위해 마련한 것인데 여기에서도 주로 문화교류와 상호체험의 대상은 대부분 여성결혼이민자이다.

2006년 외국인정책회의의 후속조치로 만들어진 '재한외국인 처우 기본법'은 2007년 공포되어 시행되었다. 이 법의 제정으로 그동안 일부 부처에서 단편적으로 시행하던 외국인 관련 정책이 종합적인 추진체계를 갖게 되었다. 법무부 소관의 '재한외국인처우기본법'은 2007년 제정되었는데 국제법 및 국내법이 정하는 바에 따라 재한외국인의 법적 지위를 보장한다. 이 법의 목적은 재한 외국인에 대한 처우 등에 관한 기본적인 사항을 정함으로써 외국인이 대한민국 사회에 잘 적응하여, 개인의 능력을 충분히 발휘할 수 있도록 하고 한국의 국민과 외국인이 서로를 이해하고 존중하는 사회 환경을 만들고 사회통합에 이바지하는 데 있다. 이 법 제5조는 외국인정책에 관한 기본계획을 5년마다 수립하도록 규정하고 있으며, 제8조는 외국인정책에 관한 주요 사항을 심의, 조정하기 위해서 국무총리 소속으로 외국인정책위원회를 둔다고 규정하였다. 법무부는 이 법의 규정에 따라 지난 2008년부터 2012년까지 5년 동안의 제1차 외국인정책 기본계획을 수립하여 운영하여왔고, 2018년부터 2022년까지의 제3차 외국인정책 기본계획을 마련하여 운영하고 있다. 또 이 법은 재한외국인과 그 자녀에 대한 불합리한 차별을 방지하고 결혼이주자에 대한 국어교육, 교육과정 개설 등에 대한 지원정책의 제정을 가능하게 하였다. 그러나 이 법은 그 명칭에서 의미하는 한국사회의 외국인이민자 전체의 처우나 지원의 제 역할에 한계를 노정하고 있다. 이 법의 시행 이후 중앙정부의 제1차, 제2차, 제3차 외국인정책 기본계획들도 여러 부문에서 결혼이민자를 포용하고 수용하기 위한 내용들로 기능 하는데 활용되고 있다.

'국적법'은 결혼이주자가 대한민국 국민이 되는 요건을 정하는 법률로 결혼이주자의 경우, '혼인한 후 3년이 지나고 혼인한 상태로 대한민국에 1년 이상 계속하여 거주하고 있거나 혼인한 상태로 국내에서 2년 이상 계속하여 거주하고 있는 사람 또는 위의 요건을 충족하지 못하였으나 그 배우자와의 혼인에 따라 출생한 미성년 자녀의 양육을 책임지고 있다면 법무부장관의 인가를 받아 간이 귀화가 가능하다'고 규정하고 있다. '주민등록법'의 결혼이주자 관련 내용은 2009년에 개정되었다. 이 법의 개정된 내용에 의하면, 주민등록표 등본을 교부할 때 세대주나 세대원의 외국인 배우자가 같이 거주하고 있음이 확인되는 경우, 신청이 있는 때에는 별도 기재할 수 있도록 하였다. '국적법'은 여성결혼이민자의 귀화를 통한 영주권 취득을 용이하게 하고 있고 개정된 '주민등록법'은 그동안 결혼이주여성이 국적을 취득하기 전에는 주민등록 등본에 등재될 수 없어서 가족관계 증명이 불가능하였던 불편을 해소할 수 있도록 지원하고 있다.

3. 담당부처

1) 여성가족부

2021년 현재 여성결혼이민자정책을 주관하는 부처는 여성가족부이다. 여성가족부는 설립목적을 크게 다음과 같은 네 가지로 나누어서 제시하고 있는데, 이는 여성정책의 기획·종합 및 여성의 권익증진, 청소년의 육성·복지 및 보호, 여성·아동·청소년에 대한 폭력피해 예방 및 보호, 가족과 다문화가족정책의 수립·조정·지원 등이 그것이다. 정부조직법에 따른 여성가족부의 직제와 조직은 장관과 차관 그리고 그 아래에 기획조정실, 여성정책국, 청소년가족정책실, 권익증진국으로 구성되어 있다.

이 중에서 이민정책 특히 여성결혼이민자정책과 관련한 업무는 청소년 가족정책실의 가족정책관 산하 다문화가족정책과와 다문화가족지원과에서 담당하고 있다. 다문화가족정책과의 상세업무 내용은 중앙부처 및 지방자치단체의 다문화가족지원정책의 총괄, 다문화가족 지원 법령의 제정 및 개정, 다문화가족정책위원회 및 실무위원회의 구성, 다문화가족지원정책 중장기 계획의 수립 및 제도 개선, 다문화가족지원센터의 운영 등으로 되어있다. 한편 다문화가족지원과의 상세업무 내용은 다문화가족에 대한 사회적 인식개선을 위한 시책의 추진 및 홍보, 다국어 지원 시스템의 구축과 운영, 결혼이민자 전문 인력의 양성 등 경제사회적 자립 지원, 결혼중개업 관리에 관한 법령의 관리와 운영 등이다.

여성결혼이민자에 주목한 정부의 공식적인 업무는 2004년부터 구체화되었다고 할 수 있다. 2004년 보건복지부는 여성결혼이민자들에 대한 전국적인 실태조사를 처음으로 실시하였다. 이후 노무현정부가 들어서면서 이주민의 사회통합논의가 진행되기 시작하였고, 2006년 혼혈인 및 이주자 지원방향과 '여성결혼이민자 가족의 사회통합 지원 대책'이 발표되고 같은 해에 외국인 정책 기본방향 및 추진체계가 발표되고, 2007년에는 '재한 외국인 처우기본법'이 제정·시행되었다. 2007년 7월 법무부 '출입국관리국'이 '출입국·외국인정책본부'로 이름을 바꾸며 조직과 인원이 크게 확충되었다.

그런데 이와 같은 일련의 정부부처의 조직 강화와 법제도의 제정 및 시행은 한국사회의 이민자집단 전체를 모두 포괄하는 개념의 연장선상에서 이루어진 것이 아니라 주로 사회적 이슈와 관심의 대상으로 급속히 부각되었던 여성결혼이민자에 주목하여 만들어졌다. 따라서 이들 정책들은 '이주민의 사회통합정책'이라는 구호와는 다르게 그 내용과 실천항목에서는 대부분 여성결혼이민자의 사회적 지원과 동화를 위한 내용들에 집중되었다. 이러한 정부의 관심과 언론 및 사회의 관심 덕택에 한국에서 여성결혼이민자들에 대한 정책 요소요소에서의 다양한 지원과 시행 프로그램의 운영모습 등은 익숙한 것이 되었다.

<그림11> 다문화가족 지원사업의 추진체계

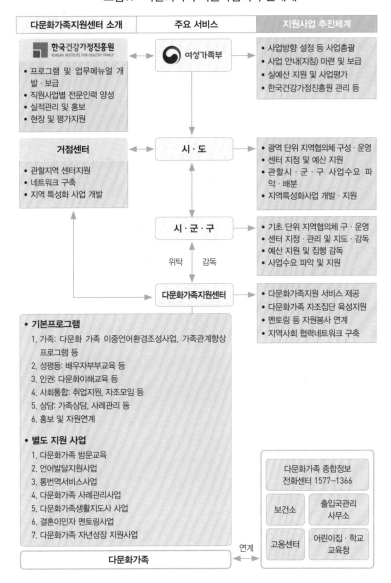

| 다문화가족지원센터 소개 | 주요 서비스 | 지원사업 추진체계 |

한국건강가정진흥원
KOREAN INSTITUTE FOR HEALTHY FAMILY
- 프로그램 및 업무메뉴얼 개발·보급
- 직원사업별 전문인력 양성
- 실적관리 및 홍보
- 현장 및 평가지원

여성가족부
- 사업방향 설정 등 사업총괄
- 사업 안내(지침) 마련 및 보급
- 실예산 지원 및 사업평가
- 한국건강가정진흥원 관리 등

거점센터
- 관할지역 센터지원
- 네트워크 구축
- 지역 특성화 사업 개발

시·도
- 광역 단위 지역협의체 구성·운영
- 센터 지정 및 예산 지원
- 관할시·군·구 사업수요 파악·배분
- 지역특성화사업 개발·지원

시·군·구
- 기초 단위 지역협의체 구·운영
- 센터 지정·관리 및 지도·감독
- 예산 지원 및 집행 감독
- 사업수요 파악 및 지원

위탁   감독

다문화가족지원센터
- 다문화가족지원 서비스 제공
- 다문화가족 자조집단 육성지원
- 멘토링 등 자원봉사 연계
- 지역사회 협력네트워크 구축

- **기본프로그램**
  1. 가족: 다문화 가족 이중언어환경조성사업, 가족관계향상 프로그램 등
  2. 성평등: 배우자부부교육 등
  3. 인권: 다문화이해교육 등
  4. 사회통합: 취업지원, 자조모임 등
  5. 상담: 가족상담, 사례관리 등
  6. 홍보 및 자원연계
- **별도 지원 사업**
  1. 다문화가족 방문교육
  2. 언어발달지원사업
  3. 통번역서비스사업
  4. 다문화가족 사례관리사업
  5. 다문화가족생활지도사 사업
  6. 결혼이민자 멘토링사업
  7. 다문화가족 자녀성장 지원사업

다문화가족

연계

다문화가족 종합정보
전화센터 1577-1366

보건소 | 출입국관리사무소

고용센터 | 어린이집·학교 교육청

자료: 다문화가족지원 포털 다누리(2021) (https://www.liveinkorea.kr)의 그림 재구성

다문화가족지원사업의 추진체계는 〈그림 11〉에서 보는 것과 같이 여성가족부, 시도, 시군구, 전국다문화가족지원센터 사업 지원단, 거점 센터 등이 연계되어 있는 구조다. 또한 일정부분은 타 부처의 산하기관과도 연계되어 있다. 이는 법무부의 출입국 관리사무소, 고용노동부의 고용지원센터, 교육과학기술부의 학교와 교육청, 보건복지부의 각 지역 보건소 등이 상호 역할을 수행하는 구조이다. 여기에서 다문화가족지원센터의 사업은 한국어교육, 다문화사회 이해교육, 가족교육 등과 다문화가족 역량강화 사업, 다문화 인식개선사업 등을 모두 포괄하고 있다.

여성가족부를 주축으로 하는 여성결혼이민자 정책의 주요 내용을 시기별로 살펴보면 다음과 같다. 2004년 10월 국무조정실 주관의 '국제결혼이주여성 대책마련을 위한 관계부처회의'가 민간단체가 자문위원으로 함께 참가하면서 개최되었고, 2005년에는 이 회의의 결과로 정부차원의 공식적인 여성결혼이민자를 위한 구체적인 지원 사업들이 전개되기 시작하였다. 이때의 지원 사업은 국제결혼이주여성을 위한 한국어교육과 모성보호 지원 사업 등이었다. 정부의 여성결혼이민자들에 대한 관심은 더 강화되어 2005년에는 '국제결혼이주여성실태조사'가 보건복지부에 의해서 실시되어 발표되었다. 이 시기 이후부터 한국에서는 정부와 사회 모두에서 가히 열풍이라고 부를 만큼 여성결혼이민자들에 대한 관심이 대폭 확산되었고 정부의 이민정책 중에서 중요한 부문으로 부각되었다.

2006년 여성가족부는 '결혼이민자가족 실태조사 및 중장기

지원정책 방안연구'를 진행하였고 2006년 4월 '여성결혼이민자 및 혼혈인 이주자 사회통합 대책'회의를 통해서 정책의 틀을 새로이 마련하였다. 2009년 여성결혼이민자정책의 주관부처가 다시 여성가족부로 이관되었다. 그 이전까지 보건복지부는 외국인 및 재외국민의 건강보험 지원사업과 외국인에 대한 무료진료 사업 등을 시행하여 왔는데 이러한 부처의 필수적인 업무 등을 제외하고 여성 이민자가족과 관련한 모든 주요 업무가 여성가족부에 이관되었다. 이로써 여성가족부는 중앙다문화가족지원센터와 250개가 넘는 시·군·구의 센터를 운영할 수 있게 되었다. 이전까지 보건복지부가 운영하던 건강가정지원센터를 개편 운영하고, 이들 업무와 함께 결혼이민자 가족의 사회, 문화적 적응을 위한 종합적 가족지원의 전달체계를 갖게 하였다.

현재 여성가족부가 운영하고 있는 다문화가족지원센터의 역할이나 기능은 어느 정책 수단이나 내용보다 강력하다. 이 센터는 2006년 이후 보건복지부, 여성가족부에서 경쟁적으로 다문화가족 지원정책들이 계획되고 시행되면서 이들 부처의 주도아래 서울과 지방자치단체들을 묶는 '다문화가족지원센터'로 통합하여 운영하였다. 이후 정부의 중앙부처 위원회에서 여성결혼이민자를 지원하는 목소리들은 점점 더 커지고 이주노동자를 지원하는 목소리들이 반대로 더 소외되고 작아져서 그 역할구조도 점차 없어지기 시작하였다. 사실상 '외국인정책위원회'의 역할과 기능은 매우 미약해진 것이다. 과도한 여성결혼이민자에 대한 지원과 예산의 집중현상은 오히려 이민자 전체의 사회통합을 위한 최소한의 밑그림 작업도 허용하지 않는 모양새다.

여성가족부는 2010년 이후 이민자정책의 기조를 '성숙한 다문화사회의 조성'으로 하면서, 지속적으로 '국제결혼의 건전화'와 '다문화가족 지원의 강화'를 강조하고 있다. 국제결혼의 건전화 추진을 위한 구체적인 정책은 국제결혼중개업의 등록요건을 강화하고 무등록 영업이나 불법행위 등에 대해서는 점검과 단속을 강화하고, 국제결혼 신상정보 제공의 의무화를 시행하였다. 또 주요 결혼상대국과 협의체를 운영하는 등 결혼이민에 대한 관리를 강화하기 위해 주 베트남 한국 대사관에는 '국제결혼이민관'을 파견하기도 하였다. 결혼이민예정자에게는 입국 전 한국어 교육, 한국생활정보 등을 제공하는 등의 현지 교육을 확대하였다. 이 교육의 대상 국가도 베트남, 몽골, 필리핀, 캄보디아, 우즈베키스탄 등 5개국으로 확대하였다.

다문화가족 지원의 강화와 관련한 구체적인 정책은 결혼이민자의 초기 적응 및 생활정보의 제공이 원활하게 될 수 있도록 통번역 서비스 등의 기능을 더욱 강화하였고, 이주여성 긴급지원센터를 24시간 운영체제로 가동하는 체제를 마련하였다. 또 2010년부터 점차 다문화 언어지도사의 배치도 확대하기 시작하였고, 동반·중도입국 청소년을 위한 초기 적응 프로그램의 운영도 강화 하였다. 한편 여성가족부는 대상별 '다문화수용 지표'를 개발하고 정기적인 국민인식조사 및 다문화 이해교육 프로그램의 개발과 보급에도 적극 나서고 있다. 2021년 현재까지 여성결혼이민자정책의 주무부처는 여성가족부이다.

2) 법무부와 관련부처

법무부는 기본적으로 모든 외국인을 대상으로 하는 출입국관리를 포함하는 외국인정책을 총괄한다. 2009년 법무부는 '이민자사회통합프로그램'을 시행하며 그 목적을 다음과 같이 제시하였다. 주요대상은 재한외국인, 귀화자와 그 자녀 및 국민 등이며, 목적은 서로를 이해하고 존중하는 다문화사회 환경을 만들어 이주자의 사회적응을 지원한다. 또 개인의 능력을 최대한 발휘할 수 있도록 한국어와 한국사회의 이해 등의 교육과 정보를 제공 하였다. 법무부는 또 2009년부터 '행복드림-Happy Start 프로그램'을 운영하기 시작하였는데 이 프로그램의 주요내용은 국제결혼으로 처음 입국하는 결혼이주민을 위한 기초 생활정보의 제공 등의 업무로 되어 있어서 사실상 여성결혼이민자들만을 정책대상으로 운영하고 있다. 행정안전부도 2007년 결혼이주자 친정부모 초청행사를 필두로 2010년에는 다문화가족 등을 위한 사회적응 지원정책을 강화하였다. 특히 생활 민원서류 등의 해석본을 영어, 일본어, 중국어 외에 추가로 인도네시아어, 베트남어, 태국어를 포함하였고 결혼이주여성의 귀화허가 심사기간을 단축할 수 있도록 행정업무를 간소화하는 등의 시책을 운영하며 여성결혼이민자를 위한 지원정책을 강화하고 있다.

법무부를 비롯하여 여성결혼이민자를 지원하기 위한 중앙정부의 적극적인 정책행보는 2006년부터 더 구체화되었다. 정부는 특히 2006년 이후 이민정책의 역점추진 과제를 다문화가족

지원 정책으로 시행하였다. 국정과제의 주관부서는 여성가족부로 하고 관련부처는 12개 부처로 하였다. 2007년에는 보건복지부, 여성가족부, 교육과학기술부의 주관 하에 국무총리실을 중심으로 '여성결혼이민자 가족의 사회통합 지원 대책'이 발표되었다. 이 대책의 주요 내용은 가정폭력피해자의 안정적인 체류지원 강화 및 인권증진을 위해 외국인전용쉼터의 확대, 국제결혼 중개업을 관리하는 법률의 제정, 여성결혼이민자의 한국사회 조기적응을 위해 교육방송 등 한국어 프로그램 운영, 교과서에 다문화 요소 반영, 기초생활 보장 및 보건 서비스 지원, 정책에 다문화 관점 확산 및 다양한 문화가치관의 공존 지원, 이민자 가족에 대한 포괄적 지원체계 구축 등이다.

이후 2008년 새 정부 조직 개편에 따라 보건복지부에서 이 정책을 주관하기로 하고, 이 부처에 다문화가족과를 신설하여 여성결혼이민자 지원정책을 전담하였다. 2008년 보건복지부는 여성결혼이민자와 그 가족을 대상으로 하는 '다문화가족 생애주기별 맞춤형 지원강화 대책'을 수립하고 이 정책을 추진 이행하였다. 2008년 '다문화가족 지원법'의 제정으로 여성결혼이민자 가족에 관한 사항들이 '다문화 가족'이라는 용어로 사용되기 시작하였고, 그동안 운영되었던 '결혼이민자 가족지원센터'가 '다문화가족지원센터'로 그 이름을 바꾸었다. 여성결혼이민자를 위한 동화와 지원의 정책이 더 강화된 것이다.

여성결혼이민자 지원정책은 2008년 보건복지부의 '다문화가족 생애주기별 맞춤형 지원 강화대책'으로 또 격상된다. 이때 다문화가족 정책은 네 가지 목표를 제시하고 추진하였는데, 결혼이민자의 안정적 정착, 다문화가족 자녀의 안정적 성장환경, 다문화에 대한 이해 증진, 다문화가족 정책 추진 인프라 강화가 그것이다.

이후 2009년 9월 11일 정부는 '다문화가족정책위원회 규정'(국무총리 훈령 제 540호)을 제정, 역시 보건복지부가 중심이 되고 중앙정부 10개 부처 장관이 위원으로 참여하여 더욱 가시적이고 동화지향적인 여성결혼이민자 지원정책의 운영계획을 수립하였다. 위원장은 국무총리가 맡고 위원은 외국인 정책 중 주로 여성결혼이민자정책이 일정부분 수립되고 운영되는 정부 10개 부처의 장관이 포함되었다. 이때 당연직에 포함된 위원은 기획재정부, 교육과학기술부, 외교통상부, 법무부, 행정안전부, 문화체육관광부, 농림수산부, 보건복지부, 고용노동부, 여성가족부 그리고 국무총리실장으로 11명이었다.

2010년 5월, 정부는 제2차 다문화가족정책위원회에서 '다문화가족지원정책 기본계획'을 논의, 확정하면서 다문화정책의 부처연계를 강화하고 사업추진체계도 정비한다. 정부는 이때 '다문화가족정책위원회'의 실무위원회 위원장을 보건복지부 장관에서 여성가족부 장관으로 조정하였다. 이민자와 여성결혼이민자들의 복지제도 향상 또는 복지지원 시스템의 운영 등의 내용은 이후 다문화가정과 그 자녀 그리고 전체 가족차원의 지원체제로 한층 더 강화되었다. 이때 논의된 2010-2012년 '다문화가족정책 기본계획'의 주요목표와 추진과제는 다문화가족지원정책 추진 체계의 정비, 국제결혼 중개사업자의 관리 및 입국 전 검증시스템의 강화, 결혼여성이민자 정착지원 및 자립역량 강화, 다문화가족 자녀의 건강한 성장환경 조성, 다문화에 대한 사회적 이해의 제고 등이다. 기본계획의 목표는 다문화가족 삶의 질 향상 및 안정적인 정착 지원, 자녀에 대한 지원 강화와 글로벌인재 육성에 두고 정부는 "열린 다문화사회로 성숙한 선진 국가를 구현"한다는 비전을 제시하였다. 이후 제3차 다문화가족 정책기본계획(2018-2022년)의 비전은 '참여와 공존의 열린 다문화사회'로 제시되었다. 이로써 한국의 이민정책은 다문화가족의 여성결혼이민자와 그 가족 그리고 자녀들을 보호하고 지원하는 정책으로 그 틀이 더 강고해진 것이다.

\<표16\> 제3차 다문화가족정책 기본계획 비전 및 목표

비전	참여와 공존의 열린 다문화 사회

목표	• 모두가 존중받는 차별 없는 다문화 사회 구현 • 다문화가족의 사회 경제적 참여 확대 • 다문화가족 자녀의 건강한 성장 도모

정책 과제	다문화가족 장기정착 지원	① 결혼이주여성 인권보호 강화(가정폭력예방 및 대응체계 구축) ② 국제결혼 피해예방 지원 ③ 안정된 가족생활 지원 ④ 서비스 연계 활성화
	결혼이민자 다양한 사회참여 확대	① 자립역량 강화 ② 취·창업 지원 서비스 내실화 ③ 사회참여 기회 확대
	다문화가족 자녀의 안정적 성장 지원과 역량 강화	① 안정적 성장을 위한 환경조성 ② 학업 및 글로벌 역량 강화 ③ 진로준비 및 사회진출 지원 ④ 중도입국자녀 맞춤형 지원
	상호존중에 기반한 다문화 수용성 제고	① 정책환경에 대한 주기적 모니터링 실시 ② 다문화 이해교육 활성화 ③ 다문화수용성 제고를 위한 미디어 환경 조성 ④ 지역 환경 조성 및 참여·교류 프로그램 활성화
	협력적 다문화 가족정책 운영을 위한 추진체계 강화	① 정책추진체계간 협력 강화 ② 다문화가족 지원체계 내실화

자료: 여성가족부(2021), 다문화가족정책 시행계획

4. 여성결혼이민자: 호칭의 의미와 현황

1) '여성결혼이민자'의 호칭

여성결혼이민자는 한국의 이민정책이 주목하는 대상이기 때문에 사용하는 용어이며, 공식적인 정부의 결혼이민자를 지칭하는 용어는 남성이나 여성을 따로 지칭하지 않는 그냥 '결혼이민자'이다. 법무부에 의하면 결혼이민자는 체류자격의 용어로서, '결혼이민자'란 대한민국 국민과 혼인한 적이 있거나 혼인관계에 있는 재한외국인으로 '출입국관리법 시행령 상 체류자격을 가진 경우의 사람을 말한다'고 규정하였다. 한편 법무부는 결혼이민자를 '국내체류 외국인 중 국민의 배우자'라는 용어로 사용하고 있으며, 행정안전부는 '외국인주민 중 국적취득 및 미취득 결혼이민자'또는 '결혼이민여성'이라는 용어를 사용하였고, 여성가족부는 '이주여성'이라는 용어를 사용하였다. 한편 정부는 결혼이민자를 지칭할 때 일반적으로 남성일 경우에는 이를 남성결혼이민자라고는 잘 표현하지 않는다. 한국사회에서 남성결혼이민자가 차지하는 인구 구성 비율이 그리 크지 않기 때문에, 그 용어의 공식적인 사용이나 호칭 등에서도 크게 주목받지 못하고 있다.

그러나 반대로 여성의 경우는 인구 구성에서도 주목받고 있으며 가족으로의 편입 그리고 결혼과 함께 장차 한국인 자녀의 출산을 통한 어머니의 의미도 부여받게 되면서 이들을 부르는 정부의 호칭과 언론의 호칭도 '결혼이민자'보다는 '여성결혼이민자' 혹은 '결혼이민여성'으로 '여성'을 자연스럽게 결혼이민자의 앞이나 뒤에 붙이면서 사용하여 남성결혼이민자와 구분하는 의미를 가지게 하였다. 이는 여성가족부 주도의 이주여성을 위한 정책의 강조를 위해서도 자연스럽게 사용되고 있다. 이 글에서는 정부 이민정책의 결혼이민자정책이 거의 전적으로 이주여성을 위주로 이루어지고 있으며, 실제 인구 구성의 비율에서도 차지하는 의미가 매우 크다고 생각하여 이들을 '여성결혼이민자'로 호칭하였다.

여성결혼이민자는 그 용어를 보아서 알 수 있듯이 한국남성과 결혼한 외국인여성을 말한다. 한국의 이민정책에서 여성결혼이민자가 관심의 초점이 되고 있는 이유는 여러 가지가 있을 수 있으나 무엇보다도 한국 사람과 결혼하여 가족의 구성원이 되고 또 결혼을 통해 자녀를 갖게 된다는 의미가 크기 때문이다. 여성결혼이민자는 그 유입의 초기에서부터 사회적 주목의 대상이 되고 있으며 그 신분상의 구분이 명확하지 않은데도 불구하고 정부나 사회의 각별한 배려나 지원은 계속되고 있다. 일례로 법적 차원에서 '국적법'은 결혼이주자의 경우, 혼인한 후 3년이 지나고 혼인한 상태로 대한민국에 1년 이상 계속하여 거주하고 있거나 혼인한 상태로 국내에서 2년 이상 계속하여 거주하고 있는 사람 또는 위의 요건을 충족하지 못하였으나 그 배우자와의 혼인에 따라 출생한 자녀의 양육을 책임지고 있다면 법무부장관의 인가를 받아 간이 귀화가 가능하다고 하는 등의 귀화를 위한 배려를 하고 있다.

한국의 이민정책에서 남성결혼이민자는 한국사회로의 적응과 통합을 위한 대상에서 여성과는 매우 다르게 취급되고 있으며 정책과제에서도 별로 고려되고 있지 않고 있다. 이러한 정책 대응은 상대적으로 남성결혼이민자에게 평등하지 않은 사회적 대우와 법적 적용을 가능하게 하는 요소로 작용할 수 있으며 따라서 앞으로 이 문제도 정책에서 세심하게 살펴야하는 과제이다. 여성결혼이민자를 위한 지원정책에서 '다문화가족지원법'은 결혼이민자를 그 대상으로 정의하고 이를 남성 혹은 여성으로 따로 구분하여 지정하지는 않았다. 그러나 모든 결혼이민자 지원사업과 구체적인 정책의 내용은 거의 여성결혼이민자와 그 가족 그리고 자녀에 집중해 있는 것이 사실이다. 이민정책에서 남성결혼이민자의 지원내용과 관련한 내용은 거의 보이지 않는다. 이것이 문제로 지적되는 이유는 한국에 체류하고 있는 남성 이주노동자나 이민자가 한국여성과 결혼하는 경우도 현실에서 많이 나타나고 있는데, 이때 그 가족에 대한 지원이나 배려 등의 항목에서 남성결혼이민자는 소외되고 배제될 수 있기 때문이다. 정부의 이민정책에서 '국제결혼이민자' 혹은 '국제결혼이주자'의 호칭보다는 '여성결혼이민자' 혹은 '결혼여성이주자', '이주여성' 등의 호칭이 더 자연스럽게 쓰여지고 있는 현실이 이를 잘 대변한다.

2) 여성결혼이민자의 현황

2021년 현재 결혼이민자는 168,638명으로 집계되었다(법무부 통계월보, 2021). 이중 여성은 137,015명이고 전체의 80%이다. 혼인 귀화자는 146,537명으로 여성이 약 90%에 이르고 있다. 한국남자와 외국인여성의 국제결혼은 한국 농촌총각들의 만혼과 한국여성들의 농촌총각 기피현상 그리고 많은 노총각들이 국내에서 배우자를 구하지 못하는 현상들에서 크게 원인을 찾을 수 있으며, 한편으로는 저개발 국가들의 여성이 열악한 그들의 경제적 어려움을 벗어나기 위해 한국남성에게 시집오려는 이유가 함께 맞물려서 상승효과를 가져왔기 때문이라는 견해가 일반적이다.

<표17> 결혼이민자 체류 현황

(단위 : 명)

연 도	2016년	2017년	2018년	2019년	2020년	'20년 9월	'21년 9월
인 원	152,374	155,457	159,206	166,025	168,594	168,026	168,638
전년대비 증감률	-	2.0%	2.4%	4.3%	1.5%	-	0.4%

자료: 법무부(2021), 출입국·외국인 정책본부 통계월보

<표18> 결혼이민자 국적별 성별 현황

(2021.09.30. 현재, 단위 : 명)

국적 구분	총계	중국	한국계	베트남	일본	필리핀	태국	캄보 디아	미국	기타
전체	168,638	59,671	22,373	42,386	14,947	12,008	6,359	4,604	4,473	24,190
	100%	35.4%		25.1%	8.9%	7.1%	3.8%	2.7%	2.7%	14.3%
남자	31,623 (18.8%)	13,882	8,374	3,494	1,266	515	118	529	3,158	8,661
여자	137,015 (81.2%)	45,789	13,999	38,892	13,681	11,493	6,241	4,075	1,315	15,529

자료: 법무부(2021), 출입국·외국인 정책본부 통계월보

<표19> 결혼이민자 거주지역별 현황

(2021.09.30. 현재, 단위 : 명)[16]

계	경기	서울	인천	경남	충남	경북	부산	전남
166,611	50,853	27,323	11,546	10,782	9,695	7,947	7,336	6,763
	전북	충북	대구	강원	광주	대전	울산	제주
	6,019	5,588	5,480	3,853	3,730	3,430	3,383	2,883

자료: 법무부(2021), 출입국·외국인 정책본부 통계월보

한편 2016년 현재 다문화가족 자녀는 201,333명으로 2007년 44,258명 수준에서 크게 증가하였다.

---

16) 세종특별자치시 816명 포함

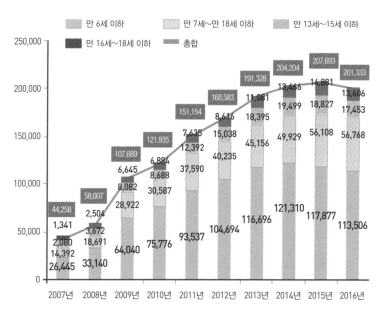

<그림12> 다문화가족 자녀의 증감 규모

범례: 만 6세 이하 / 만 7세~만 18세 이하 / 만 13세~15세 이하 / 만 16세~18세 이하 / 총합

자료: 여성가족부, 다문화가족정책 기본계획(2018-2022)

　　2020년 출입국외국인정책연감(법무부)에 따르면 결혼이민자
는 총 137,878명으로 나타났다. 이들의 국적은 중국 46,249명,
베트남 44,058명으로 나타났다. 거주지를 보면 경기도가 가장
많았고, 다음이 서울, 인천, 경남의 순이다. 2020년 현재 혼인귀
화자는 141,773명이다. 이렇게 한국사회에 급속히 증가한 여성
결혼이민자들에 대한 관심은 1990년대 말부터 국제결혼이민자
의 한국사회 유입이 서서히 늘기 시작하면서부터 조금씩 더 증
가 하였다. 한국에서 국제결혼에 대한 관심과 여성결혼이민자에
대한 관심은 농촌 총각의 장가보내기와 연계된 맥락에서 주목되

었다. 2009년을 기준으로 한국의 읍이나 면단위 지역의 농촌과 어촌에서 일하는 한국인 미혼남자들의 50% 이상이 외국인여성과 결혼한 것으로 나타났다.[17]

최근 여성가족부에 의해 조사된 '다문화가족 실태조사'에 따르면, 여성결혼이민자들 중에서 2000년 이후의 입국자가 81%를 차지하고 있으며 이를 출신국별 학력 수준으로 보면 유럽 등의 이주자 학력은 대졸 이상이 90%를 넘고 있는 반면에 베트남은 61.8%, 중국은 36.8%, 캄보디아는 66.4% 수준으로 나타나는 등 이들 국가에서는 중학교 이하의 학력소지자도 적지 않았다. 한국의 고등학교 이상의 학력을 소유한 남편과 결혼한 여성들 중에서 초등학교 이하의 학력을 가진 여성들이 51%로 나타나 국제결혼 부부의 교육수준 차이가 매우 큰 것으로 나타났다. 여성결혼이민자들에 대한 이러한 통계들과 내용들을 살펴보면 대부분의 다문화가정이 일반적인 내국인의 가정과 비교하여 볼 때 상대적으로 그 경제적인 어려움과 부부관계의 어려움 등이 매우 크다. 여성결혼이민자는 숫자나 통계에서는 잘 보이지 않는 국가 간의 문화 차이, 언어의 차이 등과 함께 눈에 보이는 나이 차이와 학력 차이 등의 요소가 함께 내재하고 있어서 부부관계와 가정에서의 상호소통은 일반 내국인 가정에 비해 매우 어려운 상황이다.

---

17) 보건복지부 2010, "2009년 전국 다문화가족 실태조사 결과"

제7장

배제·동화로 작동한
정책 충돌의 결과

〉〉〉

　　지금까지 살펴본 것처럼 한국의 이민정책은 이주
노동자에게는 일관되게 통제와 관리중심의 배제정책이 작동되
고 있는 반면에 여성결혼이민자에게는 무조건적 사회의 수용과
동화중심의 정책이 작동되고 있다.

　배제정책이 작동하는 프레임을 대상, 행위자, 수단, 목적으로
구분하여 이 책의 제5장에서 분석한 내용을 간략하게 정리해 보
면 다음과 같다.

　한국의 이민정책에서 배제정책이 전개되는 대상은 이주노동
자이다. 이들을 관리하고 통제하는 정책을 운영하는 주관부처는
고용노동부이며 주요 관련부처는 법무부이다. 고용노동부와 법
무부는 이주노동자를 지속적으로 통제하고 관리하며 이들의 한

국사회로의 유입은 철저하게 경제적 편익의 차원에서만 검토되고 수용된다. 이주노동자들을 통제하고 관리하는 대표적인 법은 '외국인근로자의 고용 등에 관한 법률'이다. 배제정책의 목적은 경제적 관리와 통제이다. 이주노동자가 사회적으로 배제되고 경제적 관점에서만 취급되는 가장 근본적인 배경원인은 먼저 이들 이주노동자들이 공동의 가치와 정체성을 갖는 국민구성원이 아니고 혈통을 같이하는 가족구성원도 아니라는 인식과 동시에 국내기업을 우선적으로 보호하려는 명분과 국내노동자의 일자리 보호라는 명분 등 경제적인 이유가 크게 영향을 미치고 있는 것으로 분석되었다.

다음으로 동화정책이 작동하는 프레임을 대상, 행위자, 수단, 목적으로 구분하여 제6장에서 분석한 내용을 정리해 보면 다음과 같다.

한국의 이민정책에서 동화정책이 전개되는 대상은 여성결혼이민자이다. 여기에서 '여성결혼이민자'는 '결혼이민자'와는 다른 별개의 내상을 의미한다. 여성결혼이민자를 동화시키고 지원하는 정책을 운영하는 주관부처는 여성가족부이며 주요 관련부처는 보건복지부와 교육과학기술부 등을 포함한 10여 개 부처이다. 여성가족부와 여러 관련 부처들은 여성결혼이민자들을 한국사회에 빠르게 동화시키기 위해 노력하며 이를 위한 교육과 지원을 아끼지 않는다.

여성결혼이민자들을 동화하고 지원하는 대표적인 법은 '다문화가족지원법'이다. 동화정책의 목적은 사회적 수용과 국민으로의 동화를 위한 지원이다. 여성결혼이민자를 한국사회와 정부가 적극적으로 수용하고 동화하려고 하는 가장 큰 배경요인은 먼저 이들은 한국사회에 유입됨과 동시에 한국사회의 가족혈연 구성원으로 편입되었기 때문에 당연히 국민구성원으로 수용해야 한다는 사회 일반의 인식과 태도와도 크게 관련이 있다. 또 한편으로는 증가하는 농촌총각과 미혼의 노총각들이 이들과 결혼함으로써 사회적으로 큰 문제로 부각되어 있는 미혼남성의 문제를 해결하고 동시에 심각한 한국사회의 저출산·고령화 문제도 해결하려는 배경을 갖고 있다. 이와 같은 한국 이민정책의 배제정책프레임과 동화정책프레임의 분석내용을 간략하게 표로서 비교하여 설명하면 다음과 같다.

<표20> 배제정책프레임과 동화정책프레임의 비교

구분	배제정책 프레임	동화정책 프레임
목적	경제적 통제(사회적 배제) 배경: 국내기업 지원, 국내노동자 보호	사회적 수용(국민으로의 동화) 배경: 농촌총각 결혼, 저출산문제 해결
수단	통제와 관리 대표법: 외국인근로자의 고용등에 관한 법률	포용과 지원 대표법: 다문화가족지원법
행위자	고용노동부와 법무부	여성가족부와 10개 부처
대상	이주노동자: 41만 명	여성결혼이민자: 16만 명

이민정책 이중성 프레임의 배경은 한국사회의 가부장적·혈연적 의식구조와 단일민족·단일문화중심의 사고방식과 가치체계 그리고 이들 기제들과 역사적 실체들로부터 만들어진 정부의 이민자를 대하는 정책내용과 정책구조 등으로부터 기인한다.

이렇게 배태된 한국 이민정책의 이중성은 이 글에서 프레임의 이론을 통해서 상호 딜레마, 즉 충돌의 개념으로 이해되고 분석되었다. 지금까지 들여다 본 실제 한국 이민정책은 지난 20여년 동안 중앙정부의 주도로 시행되어져 왔고, 그 대상인 이주노동자에게는 배제지향의 정책이, 여성결혼이민자에게는 동화지향의 정책이 작동되어 온 것으로 평가할 수 있다.

한국의 이민정책이 이렇게 전개되어온 배경은 어디에 있고 또 그 정당성은 어디로부터 기인하는가의 문제제기로부터 시작한 이 글은 그 원인의 단초가 되는 두 축, 즉 한국사회의 의식구조와 정부의 정책구조가 그 배경적 근본 원인으로 작용하고 있음을 포착하였다. 지금까지 이민정책을 주도 하여온 정부는, 임시적 기능의 국무총리가 총괄 지휘를 하고 이하 각 해당 관련 부처가 각각 사안에 따라 정책을 기획하고 각 부처는 서로 다른 목표와 직제 혹은 정책구조 아래서 임기응변적으로 정책을 시행하여왔으며, 사회의 의식구조는 그 저변으로부터 이를 지지하며 직·간접적으로 이를 뒷받침하여 왔다.

정부의 정책구조는 법제도, 부처마다 다르게 분배된 직무, 지방정부의 정책 등으로 분류하여 볼 수 있고, 사회의 의식구조는 가부장적 혈연의식, 단일민족·단일문화의 자긍심 의식 그리고

자본우위·노동하위의 의식구조로 대표된다. 정부의 정책구조
와 사회의 의식구조의 두 축으로 형성되고 전개되어온 한국 이
민정책은 지금까지 살펴본 것처럼 동화지향과 배제지향으로 이
분화되어 작동되고 있다.

　문제는 이로 인한 한국사회 공동체의 깊어지는 갈등과 예상
되는 미래의 부정적 결과이다. 정책 이중성의 작동은 배제모델
로부터는 이주노동자에 대한 지속적인 차별과 불법체류자 감소
의 실패 그리고 주류사회의 시민과 이민자와의 갈등심화를, 동
화모델로부터는 여성결혼이민자의 급속하고도 비정상적인 증가
와 더불어 높은 비율로 증가하는 가족해체, 문화 다양성 역량의
실질적 약화를 초래하는 부정적 상황을 더욱 가속화할 수 있다.

1. 이주노동자에 대한 차별적 처우의 지속

1) 경제적 기여의 불인정

한국에서 이주노동자를 대하는 대부분의 주류적 입장은 사회적·경제적 수요에 부응하는 이주노동 공급 체계의 효율화라는 측면과 한국사회의 이주자 유입에 따른 비용을 최소화하고 사회경제적 편익을 확대하기 위한 제도적 기틀의 마련(유길상, 2004)이라는 측면으로 대변된다. 이는 이주노동자를 한 공동체의 구성원이나 경제주체의 인격체 그리고 한국 경제에 기여하는 노동자 주체로 보는 것이 아니라, 국가와 자본의 효율적인 통제와 관리의 대상으로만 보고 이들의 고용과 노동이 한국경제나 자본에 긍정적인 순기능을 하는 현상은 외면하였다. 한국사회의 주류가 갖고 있는 이러한 접근방식은 이주노동자의 사회적 경제적 기여에 대한 분석이나 접근을 더 어렵게 하고 이주노동자의 고용에 의한 과실이 한국의 기업이나 자본가에게 이익으로 귀속되고 있다는 사실을 드러내지 못하도록 하는 역할을 하기도 한다. 현실에서 한국의 이주노동자들은 노동조건의 상대적 하락을 수용하면서 자본가에게는 직접적 이익을 가져다준다. 현실에서 이주노동자는 더 많은 희생과 열악한 노동조건을 수용하는 구조 속에 있다.

한 국가의 노동이민자가 이전보다 증가하면 국내산업의 인력난 해소와 자본수익률이 높아져서 그 나라의 국내총생산이 증가하는 등 경제에 득이 된다는 평가가 일반적이다. 로버트 배로 (Barro, 1992)에 의하면 미국의 경우이지만 순이민율이 1% 증가할 때 경제성장률은 0.1% 증가한다고 조사되었다고 하였다. 이민을 통한 인구증가는 또한 세수의 증가를 가져오고 내수를 촉진하는 역할도 수행한다. 미국의 1990년대 주택시장이 고령화된 세대의 퇴진에도 불구하고 주택수요의 증가로 호황을 유지할 수 있었던 것도 이민자의 증가 때문이었다는 평가다. OECD에 의하면 해외 노동력의 유입은 새로운 일자리를 창출하고 그 나라의 경제규모를 확대하는 효과가 있으며, 영국의 경우에 1997년 이후 10년 동안 창출된 200만 개의 신규고용 중에서 무려 150만 개의 신규고용을 외국인노동자가 창출하였다고 보고하였다.

 이러한 이주노동자의 실물경제에서의 국가나 사회로의 명백한 긍정적인 역할과 기여가 존재한다는 전문가들의 평가들에도 불구하고, 한국사회에서 차별적 구조와 배제의 태도와 관련하여 이주노동자가 자본의 이익과 축적을 위해서 겪는 아프고 어려운 현실을 드러내는 내용은 너무도 많다. 한국사회에서 이주노동자들이 겪는 어려움들은 매우 크고 많지만 그 중에서도 특히 저렴한 급여와 열악한 노동환경에서 고군분투하는 이주노동자들의 현실상황을 상징적으로 보여주는 최근의 언론보도 사례를 하나 들면 다음과 같다.

 2012년 10월 15일 경기도 안산의 한 프레스 기계의 작업현장에서 23살의 타이 청년 캄핑 데샤는 기계의 오작동 사고로 왼손 전체를 잃었다. 그는 전구 빛을 아래로 모아내는 여러 종류의 케이스를 무게 200t의 프레스로 만드는 작업을 하던 중이었다. 이 프레스는 양쪽 손으로 철판을 넣고 버튼을 동시에 눌러야만 작동된다. 그런데 이날은 프레스가 작동버튼을 누르기도 전에 갑자기 내려와 압착이 되었다. 기계가 오작동 돼 노동자의 손을 여러 번 내리쳤고 다른 직원들이 와서야 겨우 기계를 멈출 수 있었다. 더 안타까운 것은 이날 이주노동자가 입원한 안산에 있는 병원의 병실에는 그와 비슷한 절단재해로 입원한 환자들이 여러 명 더 있었다는 점이다. 이렇게 이주노동자가 일하는 작업현장에서 많은 경우 기계의 안전점검은 뒤로 대부분 미뤄진다. 현장의 작업장에서는 물건을 빨리 만드는 것이 가장 우선이기 때문이다. 이 때문에 많은 노동자들이 이와 비슷한 사고를 당하고 있다. 이러한 사례가 빈발하는 이유는 해당 회사만의 과실은 아니다. 산업현장의 안전교육, 특히 이주노동자들을 위한 안전교육과 안전관리교육은 고용노동부 등 정부가 앞장서서 기업과 같이 노력하고 있지만, 아직도 이중 언어 지원 프로그램 등과 같이 현장에서 반드시 필요한 모국어 안전교육 등은 잘 이루어지지 못하고 있다.[18]

　　이러한 사례에서도 볼 수 있듯이 한국에서 열악한 노동조건과 차별적 대우로 일하는 이주노동자들을 보호하기 위한 기업의

---

18) '경계에 선 사람들', 한겨레 21, 2012년 12월 24일.

노력이 산업현장에서 조금만 더 있었다면 막을 수 있었던 사고들이 아직도 이들의 일터에서는 계속해서 그치지 않고 발생하고 있다. 언어소통의 어려움과 낯선 노동현장, 안전보다는 이익을 위한 일의 재촉 등의 현실은 특히 이주 초기의 노동자들에게 철저한 안전교육과 정보지원 등을 담보하지 못함으로써 계속되는 불행한 사고를 막지 못하고 있다.

2001년 한국노동연구원에서 조사한 '이주노동자 실태조사'에 의하면 근무만족도의 경우, 급여수준, 근로시간, 작업내용, 작업환경 등의 측면에서 전반적인 만족도가 낮게 나타났다. 또 2007년 이주노동자를 고용하고 있는 사업체의 설문조사(유길상 외, 2007)에 의하면 이주노동자를 고용하는 이유로 한국인 노동자를 구하기 어려워서라는 응답이 83%, 외국인노동자를 3년간 안정적으로 고용할 수 있어서라는 응답이 43%, 외국인노동자의 임금이 상대적으로 낮아서라는 응답이 33.7%로 나타났다. 조사를 통한 결과가 이렇게 나타난 것은 한국사회에서 이주민노동자는 무엇보다 경제적 필요에 의해서 정부와 기업이 단기적 이익 확보의 차원으로만 고용하는 성격이 매우 강하다는 것을 말해주고 있다.

한국의 이주노동자들은 2007년 시행된 '고용허가제'를 통해서 합법적으로 '근로자'라는 신분의 인정과 노동관계법 적용 등의 제도적인 보장 장치가 이루어졌지만 여전히 장시간의 노동과 저임금의 상황에 노출되어 있다. 최근 '외국인노동자 인권백서'의 조사결과에 의하면 설문에 응한 사람들이 '외국인노동자의 임금수준을 내국인노동자의 몇% 정도로 하는 것이 적당한가?' 의 질문에 대해서 임금의 적당한 수준을 60%에서 70% 사이라고 응답한 비율이 가장 높았다는 사실만 보아도 이주노동자들의 실질적 임금수준의 현실을 미루어 짐작 할 수 있다. 외국인 이주·노동운동협의회가 고용허가제 시행 5년을 맞아 2009년 실시한 이주노동자 노동권 실태조사에 의하면, 이주노동자 하루 평균 노동시간은 10시간 58분으로 10시간 이상 장시간 일하는 이들은 80.9%에 달했고 12시간 이상 장시간 일하는 노동자도 31.9%나 되었다. 근무내용도 한국에 입국하기 전의 계약서와 다른 내용이 무려 60%에 달했고 한국어로 된 계약서를 이해하고 입국한 노동자는 31.9%에 불과했다.

특히 2011년에 들어서는 이주노동자들이 한국인들과 노동시장에서 경쟁하는 상황으로 다시 강조되고 인식되어 이주민 전체와 이주노동자에 대한 사회적 태도가 더욱 부정적으로 흐르는 경향을 보였다. 이에 2014년에는 급기야 일부 단체들이 이주민과 이주노동자를 배척하고 이들을 위한 경제적 지원이나 법적 보호 그리고 복지혜택 등이 국민의 혈세를 낭비하고 한국인의 권리와 이익을 침해한다고 주장하는 시위를 국회 앞에서 집단적으로 시도하기도 하였다. 이와 같은 사태는 그동안 정부의 이주노동자 유입정책이 단순노동인력 수급 중심으로만 전개한 것으로부터 배태한 측면이 매우 크다.

이주노동자들은 고용허가제 이후 최장 체류기간도 점점 늘어났지만 정작 이들의 경제적인 처우나 생활환경, 법제도의 개선

등은 거의 이루어지지 않았다. 반면 정주화를 원하는 이주노동자는 계속해서 늘어나는 상황이며 현재 한국에서 불법체류자도 감소하지 않고 오히려 늘어나고 있는 실정이다.

<표21> 불법체류외국인 연도별 불법체류율 증감 추이

(단위 : 명)

연 도	총 체류 외국인	불법체류외국인				불 법 체류율
		소 계	등 록	거 소	단 기	
2011년	1,395,077	167,780	82,848	578	84,354	12.0%
2012년	1,445,103	177,854	92,562	1,579	83,713	12.3%
2013년	1,576,034	183,106	95,637	1,533	85,936	11.6%
2014년	1,797,618	208,778	93,924	2,066	112,788	11.6%
2015년	1,899,519	214,168	84,969	1,114	128,085	11.3%
2016년	2,049,441	208,971	75,241	941	132,789	10.2%
2017년	2,180,498	251,041	82,837	1,064	167,140	11.5%
2018년	2,367,607	355,126	90,067	1,015	264,044	15.0%
2019년	2,524,656	390,281	95,815	1,316	293,150	15.5%
2020년	2,036,075	392,196	108,665	1,674	281,857	19.3%
2020년 9월	2,110,436	396,728	105,100	1,745	289,883	18.8%
2021년 9월	1,982,902	391,647	122,219	1,362	268,066	19.8%
전년대비 증감률	-6.0%	-1.3%	16.3%	-21.9%	-7.5%	

자료: 법무부(2021), 출입국·외국인 정책본부 통계월보

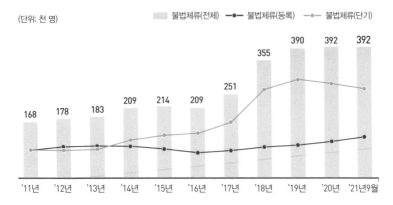

<그림13> 불법체류외국인 연도별 불법체류율 추이

(단위: 천 명)   ▨ 불법체류(전체) ──●── 불법체류(등록) ──●── 불법체류(단기)

168 178 183 209 214 209 251 355 390 392 392

'11년 '12년 '13년 '14년 '15년 '16년 '17년 '18년 '19년 '20년 '21년9월

자료: 법무부(2021), 출입국·외국인 정책본부 통계월보

　　한국의 불법체류자는 2020년 말 현재 39만 명을 넘는 것으로 조사되었다(법무부, 2021). 현재 정부의 고용허가제 이후 계약기간이 만기되어 한국을 떠나야 하는데도 한국을 떠나지 않는 외국인, 즉 만기 도래자의 불법체류 비율은 37%나 된다. 정부는 이를 개선하기 위해 노력하고 있지만 영주를 희망하는 이주노동자들이 계속해서 늘어나고 있는 것이 현실이다.

　　이미 한국에 이주해온 단순 노동자들 중에서 영주를 희망하는 노동자들에게는 일정한 추가교육 등을 통해서 숙련기능 등의 요건을 갖추게 하여 영주를 위한 구체적인 선별노력을 통해 귀화와 국적 취득 등을 도와야 하지만 최초 이주노동자를 유입할 때부터 가능한 한 보다 더 많은 비숙련노동자, 단순 노동자를 유입하여 왔기 때문에 이러한 노력이 실효성을 갖기가 매우 어렵다. 지금까지 여러 면에서 너무 한 쪽으로 치우친 이주민 유입정책은 장기적으로 우리사회에 더 큰 불안 요인으로 작용할 수밖에 없는 요인이 되고 있다.

경제적 이익과 권리를 확보해야 하는 경쟁의 사회에서 특히 청년실업의 양산과 고용불안의 급변하는 현실을 초조하게 감내해야하는 한국의 주류 구성원들이 유독 이주노동자들에게만 포용력과 경제적 나눔의 관용을 베풀기를 기대하는 것은 너무 이상적인 생각일지 모른다. 그러나 이미 모든 기득권 시스템과 사회구조적 힘이 사회적 소수자인 이민자들에게보다는 주류사회에 먼저 배정되도록 되어 있는 것이 현실이다. 한국에서 일하는 이주노동자들은 장차 더 좋은 직업이나 더 높은 임금을 선택할 수 있는 기회나 제도적 장치를 만들기 위한 사회적 힘을 키우기를 원하지만 현실에서 내국인과 이주노동자의 사회적·경제적 격차는 더 심화되고 강화되는 방향으로 나아간다. 그러나 이는 이주노동자의 주류사회에 대한 기여가 작지 않다는 분석들에 비추어 볼 때 바람직하지 않다.

선진 이민사회인 미국의 경우 이민자의 경제적 기여에 대해 분석한 내용을 보면 2006년 이민자 1인당 재정 순수입이 약 8만 불로 나타났고, 2011년 미국 500대 기업의 40%인 204개의 기업들이 외국에서 미국으로 이민해온 이민자가 창업하였다고 보고하였다[19]. 이는 다른 국가에서 이주해온 이주노동자가 주류사회

---

19) 미국, 대통령비서실, 경제자문위원회: 2011

에 매우 큰 경제적 기여를 하고 있다는 최근 몇 개 안되는 긍정적 평가와 분석 내용이다. 만일 주류사회에 대한 이주노동자들의 경제적 기여나 사회적 기여 등에 대한 보다 많은 자료와 분석들이 나오고 이것이 사실로 계속해서 확인된다면 이주노동자를 대하는 국가의 정책적 태도와 공동체에서의 사회통합을 위한 배려와 지원은 큰 전환을 보일 가능성이 있다. 그러나 한국에서는 아직 이주노동자의 한국경제에 대한 실질적 기여를 평가하고 분석하는 작업과 연구는 아쉽게도 별로 진전되지 않고 있다.

2) 개인 인권 보장의 미흡

한국은 이주민의 권리를 보장하는 국제연합의 주요한 국제인권규약들인 '시민 정치적 권리에 관한 국제협약(ICCPR)', '경제 · 사회 · 문화적 권리에 관한 국제협약(ICESCR)', '모든 형태의 인종차별에 관한 국제협약(CERD)', '여성에 대한 모든 형태의 차별철폐에 관한 협약(CEDAW)', '아동의 권리에 관한 협약(CRC)' 등에 가입하였다(정정훈, 2010). 국제연합의 인권 기구들 중에서 이주노동자의 인권을 대변하는 대표적인 기구는 국제노동기구(ILO)이다. 국제연합의 전문기구인 국제노동기구(ILO)의 모든 정책 결정 단위는 정부와 사용자 그리고 노동자의 대표, 즉 3자 대표 체제로 '노동 분야에서의 사회적 정의'를 이루는 것을 목적으로 하는 기구이다(Leah levin, 2012). 국제노동기구(ILO)는 1990

년 12월 18일 '모든 이주노동자와 그 가족의 권리보호에 관한 국제협약', 즉 이주노동자 권리협약을 채택하여 국제적 차원의 이주노동자 보호를 위한 법적 근거를 마련하였다. 이 협약은 2003년에 20개 국가의 가입으로 비준기준이 충족되어 이 해 7월 1일 공식 출범하였고 2010년 현재 43개의 국가가 협약을 비준하여 가입하였다.

그러나 한국은 OECD국가들의 대부분이 가입하고 있는 '이주노동자권리협약'에는 어찌된 일인지 아직까지 가입하지 않고 있다.[20] 이 협약은 그 내용에서 '모든 이주노동자와 그 가족의 인권'이라는 용어를 사용하며, 합법적인 체류의 이주노동자와 불법체류 상태의 이주노동자 모두에게 이주노동자의 인권과 기본적인 권리 그리고 자유가 보장되어야 한다고 하였다. 그러나 한국은 불법체류 상태의 이주노동자뿐만 아니라 합법적인 체류 자격을 갖춘 이주노동자들까지도 그 권리가 현저히 침해받고 있다. 국내외에서 이 협약의 미가입을 비판하는 많은 지적과 요청에도, 아직까지 협약에 가입하지 않고 있는 한국은 여전히 국제사회에서 인권의 보장보다는 경제적 편익을 먼저 생각하는 인권 후진국이 아니냐는 따가운 시선에서 벗어나지 못하고 있는 것이다.

20) 국제노동기구에 의해 제정된 '모든 이주노동자와 그 가족 구성원의 권리 보호에 관한 협약'은 2011년 12월 31일 현재 45개 당사국들에 의해 비준되었다. 그러나 이민 유입이 많은 유럽의 선진국들과 호주 그리고 아랍의 부국들도 아직 이 협약을 비준하지 않고 있다. 인권보다는 국가의 경제적 편익이 더 우선하는 국제질서의 단면을 보여준다.

1998년 6월, 국제노동기구는 '일터에서의 기본적인 원칙과 권리에 대한 선언'을 채택하였는데 이 선언은 특별히 국제노동기구의 기본적인 협약에 의해 인정받고 있는 다음과 같은 4개의 원칙에 대한 존중과 재확인 그리고 실현을 분명히 하였다. 이 4개의 원칙은 '노동자와 사용자의 결사의 자유 및 집단 협상의 권리에 대한 실효적인 인정', '모든 형태의 강제적 및 강압적인 노동의 철폐', '아동 노동의 효과적인 철폐', '고용과 직업에 따른 차별의 철폐'이다. 이 4개의 원칙을 한국의 이주노동자들의 현실에 대입해보면 무엇이 보완되어야 하고 또 철폐되어야 하는지를 확인할 수 있다.

　1994년과 95년에 시민단체의 지원으로 명동성당 등에서 이주노동자의 인권보장과 처우개선을 요구하는 시위가 있은 후 노동부는 2005년부터 고용허가제를 기본으로 하는 '외국인근로자 고용 및 관리에 관한 특별법'을 준비하고 이를 국회에 제출하였다. 이 법은 그동안 이주노동자 문제가 계속해서 한국사회의 일각에서 지적되고 또 국제사회의 인권단체들에 의해서도 지적되자, 이의 해결을 위해서 노력하는 차원에서 적극 검토되었다. 이에 노동부는 내국인 지원 단체와 외국인 단체와의 협의, 국내 정부부처들과의 조율, 국내 기업체들의 의견 등을 고려하여 이주노동자를 통제·관리하면서도 형식적으로는 합법적으로 유입할 수 있는 이 법을 2007년 국회통과를 거쳐 시행하였다.

　'모든 인간은 태어날 때부터 자유롭고 평등하며, 타인에게 양도 하거나 포기 할 수 없는 권리를 갖는다'는 관념은 알고 있는 바와 같이 인권의 사상적 기반이 되고 있다. 그러나 현실에서 개인의 인권은 자유인이 아닌 국가공동체 내의 시민권 즉, 어느 한 국가의 국적을 소유한 사람에게만 배타적으로 부여되고 있음을 부정할 수 없다. 실제로 오늘날 개인의 권리는 국가공동체의 보호와 보장을 통해서 구현되고 있으며 따라서 국적을 소유하고 있지 않거나 혹은 국적을 소유하고 있다고 하더라도 다른 국가에 이주하여 사는 이민자의 경우에는 기본적 권리를 보장받거나 제공받지 못하는 경우가 많다. 예를 들어 이주노동자들은 엄밀히 말해서 국가의 일원이 아니고 시민권을 가진 국민은 더더욱 아닌 권리 없는 사람들이기 때문이다.

국가에 소속된 국민이냐 아니냐의 문제는 개인이 권리를 보장받을 수 있는 권리를 갖느냐 못 갖느냐의 경계를 구분하는 가장 확실한 잣대이다. 국가는 시민권을 부여하면서 국민의 경계를 구분 지으면서 국민으로부터 통치에 필요한 세금과 병역의 의무 등을 부과하는 대신 국민들에게는 안전의 보장, 참정권, 교육권, 사회복지 등의 권리를 보장한다. 근대국가 이후 지금까지 대부분의 국가에서 이와 같은 국가유지 방식은 변함없이 유지되어오고 있고, 그 견고한 지지 기반은 국민의 안전보장과 국가의 이익이다. 문제는 이러한 견고한 국가주의가 이민자나 이주노동자들과 같은 소수자는 비국민의 존재로 취급하여, 권리의 주체로서의 지위에서 끌어내리는 역할도 동시에 한다는 데에 있다.

이주노동자가 사회적 차별과 인권보호의 옹호대상으로부터 멀어지는 이유는 이들이 공동체에서 소수자의 위치에 있기 때문이다. 소수자(minority)란 사회의 제반영역인 성, 인종 및 민족, 종교, 사상 등의 이유로 주류사회의 지배적이라고 여겨지는 기준과 가치 등이 상이한 입장에 있어서, 이 때문에 차별과 편견의 대상이 되는 사람들을 가리킨다(윤인진 외, 2010). 소수자를 규정함에 있어서 차등적 권력관계의 중요성을 강조한 드워킨(Dworkin & Dworkin, 1999)은 소수자를 정의하는 조건을 식별가능성, 권력의 열세, 차별적 대우의 존재, 소수자로서의 집단의식으로 구분하였다. 한국에서 이주노동자는 여기서 말하는 네 가지 조건을 거의 모두 가지고 있는지도 모른다.

이주노동자는 주류 한국사회의 이러한 인식과 편견적 시각에 힘입어, 그들의 정당한 인권과 사회보장의 요구도 차가운 경계의 시선 때문에 주장하지 못하는 경우가 많다. 인권위원회의 '2010년과 2011년 외국인보호소 방문조사결과보고서'[21]에 따르면 외국인보호소[22]에서는 소변 등의 생리현상을 억지로 참게하고 성적 수치심을 느끼게 하는 등 불법체류 외국인들을 상대로 한 인권침해 사례가 많았던 것으로 나타났다. 이 보고서에 의하면 이들은 단속과정에서 구타 및 인종차별적 폭언, 욕설 등의 인권침해를 당했다는 비율이 29.9%에 달했다고 하였고, 36.7%가 입소과정에서 받은 몸수색과 검사 때 수치심을 느꼈다고 하

---

21) 이 보고서에서 밝힌 사례는 2010년 7월 20일부터 29일까지 보호소에 수용된 외국인 412명을 상대로 설문조사와 방문 면담조사를 실시했던 내용이다.

22) 외국인보호소는 불법체류혐의로 붙잡힌 외국인들을 국외로 강제 퇴거하기 전까지 출국여권 절차 등을 준비하면서 잠시 수용하는 곳을 말한다.

였다. 국가인권위원회의 이주노동자 인권침해사례 보고(2010)를 보아도 한국에서 산업 재해 시 정당한 보상과 치료를 받지 못하거나 임금체불, 여성노동자에 대한 성희롱 등의 인권침해 사례가 9년 전인 2001년 '외국인노동자 인권백서'의 보고사례와도 크게 다르지 않게 나타나고 있음을 여전히 알려주고 있다.

3) 이민자의 사회보장 · 복지혜택의 제한

한국사회의 이주노동자에 대한 사회 안전보장의 결여상황과 복지혜택의 소외 · 제한의 현실은 곳곳에서 확인할 수 있다. 일반적으로 한 국가의 반외국인 정서가 증대하면 이민자에 대한 사회복지 지출들을 먼저 감소하고 축소하라는 사회적 압력에 직면하게 되고 결국 이들에 대한 복지지출이나 사회적 지원은 줄어들게 된다.

현재 한국의 이주노동자들에 대한 정부의 사회보장과 복지혜택의 지원은 여성결혼이민자들과 비교해 보면 거의 그 혜택이 없는 것이 현실이다. 여성결혼이민자의 경우에는 여성가족부의 집중적인 관심의 범주에 포함되어 지역에서의 한국어 무료교육, 컴퓨터 무료교육, 일자리를 위한 직업교육 등의 무료 프로그램과 함께 자녀의 출산 시 유아원의 무료교육, 의료보험의 가입 등 거의 내국인과 동일한 수준이거나 경우에 따라서는 오히려 더 나은 복지혜택의 수혜를 받고 있다.

이에 반해 이주노동자는 한국에 취업한 회사로부터의 의료보험과 산재보험 등 노동을 수행하기 위해 기업이 약속한 수준의 보장 이외에 사회복지 혜택은 없는 형편에 있다. 이주민의 입장에서 또는 일부 경제학자들의 분석을 보면 여성결혼이민자에 비해 이주노동자의 한국사회나 한국경제에 대한 직접적인 기여도가 더 높다는 평가가 있음에도 불구하고 사회적 지원과 혜택은 이러한 평가와는 무관하게 이행된다. 이는 분명히 이주노동자의 사회적 경제적 기여에 대한 한국사회의 몰이해 또는 의도적 무시에 다름 아니다.

그러나 이주노동자들에 대한 국가의 복지정책이나 시스템의 부재는 시간이 지날수록 한국사회에 더 큰 사회적 부메랑으로 되돌아올 가능성이 있다. 1990년대 미국의 경우 반이민정서가 확산되면서 국내경기를 활성화하려면 이민자에 대한 사회복지 지출을 줄여야 한다는 여론이 표출하였다. 결국 1996년 이민자의 복지개혁 법안이 통과되어 영주권자가 연방 사회복지혜택을 빋을 수 있는 자격요건을 강화하였다. 이로써 이민자들은 복지혜택의 수혜를 받기가 더 힘들어졌다. 하지만 전문가들은 이와 같은 미국정부의 정책이 중장기적인 관점에서는 실패한 정책이라는 평가를 하고 있다.

이민자들은 특별한 투자이민이나 전문직으로의 이민자들을 제외하면 대부분 어느 국가에서나 이민 초기에는 그 경제적 위상이나 능력이 주류구성원보다 높지 않다. 그렇기 때문에 특히 이민 초기에 이민자들이 주류사회의 적응에 실패하거나 더 낮은 빈곤 계층으로 전락하는 비율이 많아지면 이들은 결국 중·장기적으로 국가의 사회복지서비스에 더 많이 의지할 확률이 높아지는 계층으로 남게 된다. 그렇기 때문에 국가에서 이민자들을 위한 이민 초기의 적극적인 사회보장서비스가 미약할 경우에는 장차 미래에 국가가 부담하고 감당해야 할 복지재정지출은 더욱 늘어날 수밖에 없는 상황에 직면하게 된다는 것이 정설이다.

따라서 한국의 경우에도 지금과 같은 수준의 이주노동자에 대한 지나친 홀대와 사회보장·복지혜택의 제한은 한국사회 공동체의 미래에 득보다는 오히려 실이 더 많을 수 있다는 점에 유의해야 한다. 한편 일부 국민들은 이민자나 이주노동자를 사회적 복지나 배려를 위한 혜택에서 일정부분 배제해도 어쩔 수 없다는 근거로 이민자의 범죄율이 상대적으로 높다는 통계를 들기도 한다. 그러나 한국사회에서 발생하는 외국인 범죄가 실제의 발생빈도 이상으로 언론 등에 더 자주 다루어지고 사실보다 크게 과장되고 있다는 것이 최근의 통계에서 확인되었다.

최근 대검찰청 자료를 보면 외국인 1만9천여 명이 형법위반 혐의로 수사기관의 조사를 받았고 6천6백여 명이 기소, 기소중지는 2천 5백여 명, 나머지는 기소유예나 무혐의 처분을 받았다. 같은 기간 한국인 형법 위반 피의자는 193만5천2백여 명이었고 이를 내국인과 외국인의 비율로 보면 1% 대 99%이다. 살인, 강도, 방화, 성폭행, 폭력 등 5대 강력범죄 혐의자의 인구대비 범죄율도 내·외국인 모두 인구구성비가 비슷하게 나타났다

(검찰청, 2011).

이렇듯 실제의 범죄통계와 이주노동자의 증가 또는 불법체류자 증가에 따른 범죄율 증가의 상관관계는 사실상 통계에서 거의 나타나지 않았다. 그렇지만 한국 사람이 느끼는 이주노동자에 대한 불안과 공포감은 실제보다 훨씬 더 크다. 한국 사람의 이주노동자나 이주민에 대한 경계심과 불안감이 실제보다 훨씬 더 큰 이유는 대체로 언론의 보도가 지나치게 과장되거나 확대 해석되는 경우가 많기 때문으로 분석된다.

그러나 내국인의 이와 같은 불안한 심리와 이주민에 대한 거부감을 결과적으로 이민자들의 기본적인 권리와 사회복지 혜택의 환수 혹은 제한 등의 정책을 강화하는 역할을 할 수 있다.

2. 여성결혼이민자의 증가에 따른 사회·정책적 위험 부담 지속

1) 높은 비율의 가족해체: 변이된 노동이민

약 200년 전까지만 해도 지구촌 대부분의 사회에서 결혼은 서로에 대한 애정이나 두 개인의 감정적, 지적 필요와는 큰 상관이 없었다. 결혼은 경제적이고 사회적인 제도였다. 사람들은 토지나 부를 얻기 위해 혹은 사회적, 정치적 관계를 강화하기 위해서 결혼했고 '사랑'은 결혼과 거의 무관했다(Parker-Pope, 1910). 호네트(Honneth, 2003)는 '사회적 압력과 의무 등으로 인해 남녀의 두 성이 결합한다는 것은, 상호 사랑의 교감을 통한 정서적인 애착이나 소통을 통한 결합이 이루어질 수 없다는 것'을 뜻한다고 말하였다. 그는 신분에 기반한 전근대적인 사회의 질서가 이후 제도화된 자본주의 사회의 인정 질서사회로 전환되는 과정을 설명하면서, 사회의 인정영역에 '사랑'의 영역이 있다고 하였다.

그는 남녀의 결혼이 신분의 결합이나 가문 또는 출신 등의 의무적 결합 등으로부터 벗어나기 시작한 것은 근대 이후부터나 가능하게 되었고 이때부터 비로소 남녀 간의 결혼이 사랑이라는 인정형식, 즉 일정부분 독립적인 형태로 나타날 수 있었다고 하였다. 호네트에 의하면, 이 시기부터 남녀 간의 관계가 점진적으로 사회적·신분적·경제적 압박으로부터 해방될 수 있었고, 상호 사랑의 감정을 나누며 결합하는 결혼이 가능하게 되었다. 그러나 이후 세월이 흐르면서 수많은 사회, 문화, 경제적 변화와 전 지구촌의 남·녀 성 역할에 대한 재조명과 새로운 권리들이 정의되었다.

오늘날 전 세계의 사람들은 일반적으로 연애와 사랑 그리고 신뢰를 바탕으로 결혼한다. 이들은 서로에게 공통된 관심사가 있고 부부관계가 동등한 동반자 관계이며 또 서로가 정서적으로도 충족감을 느끼는 상대와 결혼하기를 기대한다. 결혼은 지극히 개인적인 관계며 정서적 소통의 관계다. 성공적인 결혼생활 위해서, 결혼한 부부는 서로에게 기대한 만큼 상호 헌신해야 한다고 믿는다. 한편 정서적 유대감의 확인과 함께 국제결혼을 통해 맺어진 부부도 결혼을 통한 기대치는 매우 높지만 상대적으로 이들의 유대감, 정체성, 다른 언어, 다른 가치관 등은 더 많은 감정적 투자와 시간 투자가 필요하다. 따라서 이들의 결혼생활과 삶은 더 고통스럽고 힘들며 어려울 수밖에 없다. 국제결혼에 대해 스테파니 쿤츠(Stephanie Coontz, 2005)는 '주변의 가족이나 이웃은 결혼에서 나타나는 바람직한 부작용으로라도 사랑이 피어나기를 기대한다'며 국제결혼이 얼마나 어려운 선택인지를 자조 섞인 말로 표현한 바 있다.

국제결혼을 통해 한국으로 시집 온 대다수 이주여성의 경우 우리사회가 일반적·관습적으로 알고 있는 남·녀 가족결합의 전제가 되는 일정기간의 연애와 사랑 또는 유대감정의 연장선상으로부터 맺어진 가정이 아니다. 뿐만 아니라 여성결혼이민자들은 국가와 개인의 문화와 역사정체성도 다르고 언어도 다르며 많은 경우 남성배우자와의 너무 많은 나이차이로 인한 세대 간 문화차이 등으로부터도 자유롭지 않다. 국제결혼 자체가 갖고 있는 어려움에 몇 배 더한 어려움이 한국남성과 결혼한 이주여성과 그 가정에게 있다. 이를 증명하는 실제사례와 통계자료들이 있다.

한국에서 여성결혼이민자로 이주해오는 이들은 국제결혼의 혼인과정에 상업적으로 개입하여 결혼을 성사시키는 결혼 중개업자들의 역할이 매우 크게 작용하고 있다. 문제는 이들의 국제결혼을 위한 중개가 더 많은 결혼을 위한 결혼만을 위한 중개이익의 목적이 크기 때문에, 그렇지 않아도 열악한 만남의 환경에서 더욱 상대방을 더 알거나 정서적 소통을 위한 최소한의 시간도 허락받지 못한 채 결혼에 이르는 경우가 많다는 점이다. 이렇게라도 한국남자와의 결혼을 통해 한국으로 이주해오는 여성결혼이민자들 중 일부는 결혼 그 자체가 목적은 아니다. 그들은 이주노동자의 신분으로 한국에 들어오는 것보다는 결혼이라는 제도를 통해서 한국에 들어와 일을 하는 것이 더 쉽고 빠르며, 사회적 보장도 더 많이 받을 수 있다는 생각으로 이주해오는 여성들이다. 이들 결혼의 목적은 부부관계를 맺고 가정을 이루는 것이 아니라 결혼을 통해서 한국에서 보다 안정적으로 일자리를 얻고 돈을 버는 것이다. 따라서 이들은 결혼생활에서도 부부간의 사랑을 통한 헌신이나 가족과 자녀를 위한 사랑과 헌신의 덕목은 외면하고 오직 돈을 버는 데에만 관심을 가진다.

이러한 점에 주목하여 생각해 보면 결혼이민을 노동이주와 별개로 논의하는 것이 현실에서 얼마나 적실성이 있는지는 매우 의문이 아닐 수 없다. 여성결혼이민자의 결혼이민은 현실적으로 이들에게 노동이주보다는 더 경제적인 이익을 크게 줄 수도 있다는 유인동력을 제공하는 기제가 될 수도 있다. 이를 다시 말하면 이주여성의 입장에서는 노동이주의 대체적 수단으로 가장 좋은 조건의 이민수단을 주체적으로 찾아서 이민하는 성격을 갖는 것이 결혼이민인 것이다. 이는 이주노동자의 가족초청이 불가능한 한국의 특정한 환경에서 더 많이 고려되고 선택되는 현상으로도 해석할 수 있다. 이를 바꾸어 보면, 이후 한국의 이민정책에 변화가 있어 이주노동자의 가족이 함께 이주할 수 있게 된다면 결혼이민자의 증가도 일정부분 감소할 것이라는 예측을 가능하게 한다.

이와 같은 비판적 지적을 뒷받침하는 통계들이 있다. 한국사회에서 국제결혼은 1990년대부터 서서히 증가하여 왔으며 이는 한국사회로 이주노동자가 서서히 증가하는 시기와도 거의 일치한다. 국제결혼의 눈에 띄는 증가세는 1990년대 중반 이후부터 나타났는데 이는 주로 한국인 남성과 외국인 여성의 결혼으로 인한 것이었다. 여성결혼이민자는 2003년을 기점으로 더 많이 증가하였고 이 시기 이후부터는 한국의 전체 결혼 중 국제결혼이 약 10% 수준으로 유지되고 있다. 통계청의 자료에 의하면 한국의 전체 결혼 중에서 2005년 국제결혼의 비율이 13.6%에 이르렀고, 2010년에는 10.5%로 나타났다. 2010년 1월 기준으로 한국의 국제결혼 건수는 182,000건으로 이중 한국인 남성

과 외국인 여성의 결혼은 약 90%로, 여성결혼이민자가 162,000
명이었다. 보건사회연구원(2009)에 따르면 여성결혼이민자의 국
적은 중국이 가장 많고 그 다음이 베트남, 일본, 필리핀의 순이
다. 거주지를 보면 경기도가 가장 많았고, 다음이 서울, 경남,
인천의 순이다. 이들 여성결혼이민자의 연령을 보면, 29세 이
하가 36.6%로 가장 많았고 30대는 34.6%, 40대는 20.1%로 나
타났다. 이들의 한국인 남편과의 연령 차이를 보면 24세 이하의
여성 45.4%가 40대 이상의 남편과 살고 있다. 특히 아시아 출
신 여성결혼이민자와 한국인 남편 사이의 연령차이가 17.5세로
나타났다. 문제는 여성결혼이민자의 증가와 함께 이들과 결혼한
가정의 이혼율도 매우 빠르게 증가하고 있다는 점이다.

국제결혼 부부의 이혼은 2000년에 1,689건, 2002년에 1,744
건, 2003년 2,012건의 수준으로 전체 결혼 부부의 이혼 중 비율
이 이때까지만 해도 2% 수준을 넘지 않았다. 그런데 국제결혼
부부의 이혼이 2004년에 3,300건, 2006년에 6,136건, 2007년
8,671건으로 빠르게 증가하였고 2008년에는 전체 이혼 중 비율
이 약 10%에 이르는 11,255건에 달하였고, 2010년에도 총 이혼
건수인 116,858건 중 약 10%에 해당하는 11,245건의 이혼율을
나타내고 있다. 이러한 이혼율은 2019년에도 10% 수준으로 높
게 유지되며 여전히 줄지 않고 있다.

한국인남성과 외국인여성의 이혼율이 이렇게 높은 이유는 다
음과 같이 해석할 수 있다. 첫째, 한국남성과 결혼하여 입국한
여성이 처음부터 이주노동을 대신한 방법으로 결혼을 선택하였

기 때문이다. 이들 외국인여성은 결혼을 통해 새로운 가정을 꾸리고 평생 배우자와 자녀에게 헌신하며 살아갈 의지와 목적보다는 처음부터 돈을 벌기 위해 이주해왔다. 둘째, 국제결혼 후 한국인 남성배우자의 경제적 능력이 자신이 생각했던 것보다 훨씬 기대에 못 미치고 언어와 문화적 차이를 좁히는데 어려움을 겪고, 나이 차이가 많은 경우도 많아 경제적 갈등과 성격적 갈등의 소지가 일반가정보다 더 많다.

이혼율이 매우 높은 가장 큰 이유는 바로 여성이주자가 변이된 노동이주자였기 때문이라는 분석이 가능하다. 따라서 지금까지 가족해체의 여러 가지 원인에 이러한 견해가 조심스럽게 제기되는 이유를 이제부터라도 면밀하게 살펴보고 확인해야 선의의 피해자들이 더 많이 나오지 않도록 예방할 수 있다. 국제결혼 가정의 높은 이혼율은 그 자체로 사회의 부정적 불안요소를 크게 증대시키는 역할을 하기 때문이다.

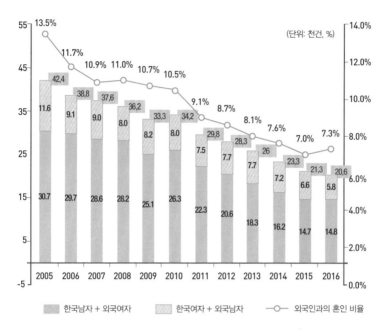

<그림14> 결혼이민자 혼인 · 이혼 통계

(단위: 천건, %)

한국남자 + 외국여자 한국여자 + 외국남자 외국인과의 혼인 비율

자료: 통계청(2016)

　한국정부의 정책은 여성결혼이민자를 한국남성과 결혼한 외국인 며느리, 한국의 가족과 혈연집단으로 귀속된 사람, 장차 자녀를 낳고 양육하며 영주 또는 귀화하여 한국 국적을 취득하고 한국 국민이 되려는 사람 등의 의미로 간주한다. 정부의 여성결혼이민자에 대한 정책은 이러한 인식을 바탕으로 진행되어 왔다. 그러나 여성결혼이민자를 보는 학계와 사회 일반의 생각은 이러한 정부의 시각과 동일하지 않다.

　한국의 이민정책은 여성결혼이민자들을 이주노동자처럼 통

제하는 것과는 다르게 사회적, 국가적 필요에 의해서 수용하는
입장에 있다. 저출산·고령화의 미래사회에 대비한 대안적 필요
성으로서의 여성, 농촌 총각 장가보내기라는 가부장적 혈연 중
심주의에 의한 무조건적 동화의 정책들은 이를 잘 대변한다. 그
러나 냉정하고도 엄밀하게 보면, 이주여성의 입장에서 결혼이
민은 노동이주의 대체적 수단으로 가장 좋은 조건의 이민수단을
주체적으로 찾아서 이민하는 성격을 갖는다는 견해들이 설득력
을 얻고 있다. 이는 개인적으로 보나 사회적으로 보나 모두에게
불편하면서도 구태여 드러내놓고 밝히기는 싫은, 한국사회의 문
제적 성격을 함께 노정시키고 있다.

이민정책은 중개업자에 의한 이익만을 추구하는 비정상적인
중개에 의한 국제결혼의 일탈적 증가와 처음부터 결혼보다는 다
른 목적을 생각하고 결혼을 선택하는 악의적인 배우자들의 증가
추세 모두를 할 수만 있다면 이를 선별하고 예방해야 하는 의무
가 있다. 그럼에도 한국의 이민정책은 한국 남성과의 혼인을 우
선적으로 앞에 두고 이를 정책의 일순위로 상정하는 지극히 근
시안적이며 가족 혈연 중심적인 사고에서 벗어나지 못하고 있다
(정현주, 2009). 다시 말해 체류외국인 남성과 한국인 여성의 결
혼이나 가족결합 등은 별로 환영하지 않는 태도와 사회의식 구
조에서 단지 내국인 남성과 외국인여성과의 결혼에는 지나치게
주목하는 한국의 이민정책은 너무나도 가부장적이고 인종차별
적이라고 아니할 수 없다.

2) 자녀의 학교와 사회부적응

교육과학기술부의 통계자료에 의하면 2014년 말 기준 유·초·중고등학교에 재학 중인 이민자가정의 자녀는 36,396명이며, 이중 국제결혼가족 자녀는 34,338명이고, 이주노동자의 자녀는 2,058명으로 나타났다. 국제결혼자녀의 학교 급별 비율은 유치원이 12.5%, 초등학생 68.7%, 중학생 14.0%, 고등학생 4.7%로 초등학생의 비율이 월등히 높았다. 지역별로는 경기도가 21.1%, 서울이 12.9%, 전남이 9.7%, 경남이 7.3%, 충남이 6.8%의 순서로 나타났으며, 이를 부 또는 모의 국적별 비율로 보면 일본이 34.0%, 필리핀이 17.3%, 중국이 16.9%의 순으로 나타났다.

이주노동자 자녀의 학교 급별 비율은 유치원이 15.1%, 초등학생이 53.4%, 중학생이 21.7%, 고등학생이 9.9%의 순서로 나타났다. 이를 부 또는 모의 국적별 비율로 보면 중국이 18.7%, 몽골이 18.1%, 일본이 13.3%의 순으로 나타났다. 2011년 현재 초·중·고등학교에 재학 중인 자녀 현황을 보면 36,676명이다(교육과학기술부, 2012). 이는 전년도에 비해 18%나 증가한 수치이다. 이를 학교별로 보면 초등학생은 27,285명, 중학생은 7,246명, 고등학생은 2,145명으로 각각 74%, 20%, 6%의 수준으로 나타났다. 지역별로는 경기도 22.3%, 서울 12.9%, 전남 9.6%의 순으로 나타났다. 한국의 다문화가정 자녀의 평균 재학률은 80%수준에 있고, 외국에서 태어나 보호자의 결혼으로 함께 국내에 들어온 중간입국자녀의 평균 재학률은 이보다도 더욱 취약한 47%에 그치고 있다. [23] 이러한 수치는 부모의 사회적 불안정 상황과 경제적 빈곤 등으로 경쟁에서 탈락하며, 앞으로 한국사회의 제도 교육을 정상적으로 받지 못하는 다문화가족의 자녀가 증가하게 되면서 사회적으로 열악한 지위가 이들 자녀에게 계속해서 대물림 되는 예측을 가능하게 하고 있다.

<그림14> 다문화가족 자녀 출생 수 및 출생 비중

자료: 여성가족부, 다문화가족정책 기본계획(2018-2022)

---

23) 2010.2.22. 국제신문, "위기의 다문화자녀".

아직은 국내의 국제결혼가정의 자녀가 초등학교에 재학하고 있는 수가 더 많아서 국제결혼가정 자녀의 상급학교 진학률과 학업 성취도 그리고 학교와 친구들과의 적응 등의 수준에 대한 분석이 더 지속적으로 진행되어야 하겠지만, 지금까지 드러난 자료만 보아도 이들 항목의 모든 부문에서 내국인 학생들보다는 떨어지고 있다는 보고가 나오고 있다. 이와 같은 분석 자료들은 한국사회가 국제결혼 자녀의 가정적 안정과 교육을 위한 중장기적 대비와 투자가 향후 매우 중요한 정책의 우선순위에 자리해야 함을 잘 설명해주고 있다. 한국의 일반 가정에서도 대부분 아이들에 대한 사교육비의 부담이 과중한 상황에 있으며 이러한 경제적인 이유들 때문에 저출산의 현상을 보이기도 한다. 대부분 국제결혼 가정의 경제적 상황이나 여건은 평균에 비해 열악하다. 이러한 이유로 다문화가정의 자녀들은 교육의 기회와 조건 등의 경쟁 환경에서도 뒤처질 가능성이 많다.

그럼에도 불구하고 주류 한국 사람들은 이주민 자녀의 성장이나 교육의 열악한 상황에 대해 잘 모르거나 무관심하다. 대부분의 한국 사람들은 자라면서 평생 단일 문화에 남는다. 이들은 현실에서 다른 문화와 오랜 기간 동안 접촉하거나 교류하는 경험을 하지 않기 때문에 문화수용의 가치를 그리 높이 평가하지 않는다.

그러나 미래의 문화 다양성이 있는 국가에서 두 개 이상의 문화에서 경쟁력 있게 성공하는 생활을 할 수 있는 잠재력을 갖고 있는 국제결혼 자녀는 잘 교육하고 성장시키기만 하면 문화경계를 쉽게 넘을 수 있는 잠재력을 갖춘 사람들이다. 다중문화 혹은 이중문화에서 뛰어나다는 의미는 주어진 시간과 특정한 환경에서 광범위한 능력을 갖춘다는 뜻이다(Donna M. Gollnick, 2009). 그러나 한국 이민자정책의 현실은 한국으로 이주해온 이민자들의 자녀가 이렇게 성공적으로 성장하는 것을 쉽게 허락하지 않는다.

3) 부처 간 정책 중복 추진에 따른 행정력 낭비

한국의 이민정책은 현재 중앙정부의 주도하에 '다문화정책'의 이름으로 시행되고 있다. 다만 정책을 규정하는 공식적인 용어가 정부에 의해 '다문화정책'으로 공식적으로 언명된 적은 없다. 정부 규정이나 법제도에 공식적으로 존재하는 용어는 '외국인정책'이다. 한국 이민정책은 외국인정책위원회의 2008년 외국인정책 기본계획을 통해 그 전반적인 방향을 알 수 있다. 이 위원회의 계획에 의해 처음 만들어진 제1차 외국인정책 기본계획에 의하면 정부 이민정책의 목표는 질 높은 사회통합, 개방을 통한 국가경쟁력 강화, 질서 있는 이민행정, 외국인 인권옹호였다.

정부는 이와 같은 목표를 달성하기 위해 2012년까지 그 실행목표와 구체적인 계획을 만들어서 시행하였는데 그 담당업무 대부분의 소관부처는 여성가족부와 법무부 그리고 교육과학기술부였지만 이 시행계획상의 정책사업 내역의 소관부처는 보건복지가족부, 문화부, 행안부, 농수산부도 포함되었다. 이민정책의 총괄은 총리실이 맡았고 정책대상에 대한 항목에는 그 표현만 결혼이민자 또는 이주여성 등으로 다를 뿐 거의 대부분 여성결혼이민자를 대상으로 하는 지원정책이다. 이 시기 구체적인 업무는 법무부의 사회통합프로그램의 표준화와 다문화교육 강사 확충, 보건복지가족부의 다문화가족지원센터 사업, 다문화가족과 자녀의 지원, 문화부의 사회 취약계층 문화예술 교육, 행정안전부의 외국인주민 거주 실태조사와 생활안정 지원, 여성부의 국제결혼 정보 프로그램 운영과 이주여성보호시설의 운영, 교육과학기술부의 다문화이해교육의 강화와 이중언어 교육환경 조성 등이다.

거의 부처 운영사상 유례가 없을 만큼 많은 부처가 관련되고 주관하여 시행하는 이민정책이었다. 문제는 이러한 이민정책의 대상이 거의 여성결혼이민자에게만 집중되고 있었다는 사실이며 따라서 중앙정부의 이민정책은 그 실효성이나 부처의 성격 또는 특징과는 상관없이 같은 대상에 중복하여 시행·운영하게 되는 진풍경을 낳게 되었다. 2009년 당시 중앙부처의 관련사업의 예산은 1,110억 8천4백만 원으로 2008년에 비해서 36.6%나 증가하였었고 전체 예산 중 여성결혼이민자와 관련한 사업에 투입한 예산은 약 73% 수준이었다. 즉 이 시기부터 2020년까지 이와 같은 중앙부처의 이민정책의 중복과 예산의 편중된 집행은 여전히 현재 진행형으로 지속되고 있다.

이는 한국의 이민정책이 근본적으로 이민자를 규정하고 의미하는 대상의 설정과 그 사회통합의 실질적 대상선정에서도 실패하고 있는 데에 따른 결과이다. 중앙정부의 위계 있고 질서 있는 전담 추진체계가 없는 이민정책이 부처 간 정책의 중복현상과 예산의 중복 그리고 편중과 낭비적 요소를 가질 수밖에 없는 이유는 이민정책의 시행 초기부터 면밀하게 준비된 쟁점과 이견에 대한 사회적 합의와 공론화의 과정이 생략되었기 때문이다.

제8장

이민자와의
사회통합을 위한
성찰적 제안

〉〉〉

1. 의식구조 전환과 시민사회 교육

1) 가부장적 · 혈연중심 의식구조의 탈피

한국의 사회제도는 오랜 중국 등과의 역사적, 사상적 교류와 조선왕조 이래로 전통적으로 이어온 유교적 사상에 뿌리를 둔다. 언어는 역사적으로 한자를 사용하다가 한국의 고유 언어인 한글을 국가의 독자적인 글과 말로 사용하며, 현재는 한자와도 복합적으로 사용한다. 한국 사람의 사고방식은 조선시대로부터 강력하게 유지되어 온 왕조시대의 국가에 대한 충성심과 이에 비견하는 아버지에 대한 절대적인 권위에 기반한 국가주의와 가족주의에 의해 기초한다.

한국에서 국가주의적 사고방식은 조선왕조 이후 국가체계가 바뀐 오늘날에도 여전히 그 힘을 잃지 않고 있는데 이는 근대 이후 한국의 주변 국가들과의 경쟁과 싸움의 역사와도 무관하지 않다. 한국의 현대적 의미에서의 국민 의식구조의 토대는 민주주의, 법률적 토대는 서구 영국과 미국으로부터 유입하고 일본으로부터 유입한 성문법과 삼권분립주의에 기초를 둔다. 경제제도의 뿌리는 전통적으로 토지를 기반으로 한 농경사회와 이웃국가들과의 무역거래에 기반을 두고 있었으나 일제 식민지를 거치고, 1948년 대한민국 정부를 공식적으로 수립한 후 한국은 자본주의 경제체제의 특성과 가치를 수용하고 경제개발 계획의 1960년대와 70년대를 지나면서 미국과 일본 등의 경제모델을 수용하였다.

한국 국민의 의식과 주류문화의 기본은 민주주의와 개인의 자유 그리고 자본주의에 기초한 특징들에 영향을 받는다. 그런데 이러한 한국 사람들의 의식구조에 지금도 내면 깊은 곳에 자리 잡고 있는 사고방식과 의식구조는 변함없는 가부장적 권위주의와 혈연을 중시하는 혈통주의다. 한국 사람은 누구나 자기 자신이 단일 민족의 조상을 둔 단군의 자손이라고 자랑스러워하며, 하나의 국가와 하나의 민족임을 강조한다. 따라서 한국 사람은 한국민족의 범주에서 벗어나는 민족이나 국가들에 대해서는 내심 혐오나 경계의 시선을 주며 거리를 둔다. 한편으로는 한국민족이 주변 국가들의 민족이나 문화들에 비해서 월등히 우수하다는 자긍심도 계속해서 추구한다.

국가의 국민에 대한 전통적 가치나 신념 등에 관한 교육도 이

범주에서 크게 벗어나지 않는다. 이와 맥락을 같이하는 한국 사람들의 의식구조의 압도적인 가치체계는 가부장적 사고방식인데 이는 가장이나 국가 모두에서 강력한 지도자의 권위에는 거의 절대적으로 복종하고 따르는 구조가 사회 체제의 유지와 관리에 더 유용하다는 가정으로부터 강력하게 뒷받침되었다. 이러한 사고방식의 배경에는 가정에서는 지도자인 아버지와 남성 그리고 국가에서는 왕과 지배 엘리트들이 언제나 더 현명하고 유능하다는 전제가 널리 인정받고 있었기 때문이다. 이러한 사고방식이나 사회체제는 현대 민주주의와 자유의 관점에서 보면 그리 자연스러운 현상은 아니며 또 하루아침에 이루어진 사고방식도 물론 아니다.

사실 대부분의 국가들에게서 이러한 의식성향은 동서양을 막론하고 그 양태는 조금씩 달리 하더라도 이와 비슷한 권위주의적 역사는 국가형성 초기 혹은 봉건 왕조 국가들에게서 대동소이하게 나타났던 사례이다. 어찌 보면 이는 집단 간의 경쟁이 치열하고 국가 간의 경쟁이 치열한 상황에서 국가나 사회가 취할 수 있는 가장 강력한 방어 수단이자 승리를 위한 전략의 일환으로 기능하였던 측면도 있다고 보여진다. 한국의 국민의식이 세계적 소통과 문화교류의 활발한 상호 인정의 시대에 아직도 잘 부응하지 못하고 적어도 국민 일반의 의식이나 이민자를 보는 태도 등에서도 아직 전통적인 사고로부터 탈피하지 못하고 있는 이유는 그 역사적 특수성의 결과로 이해할 수 있다.

한국의 근대 이후의 역사는 세계의 많은 약소국이 그러했듯이 매우 위태롭고도 혹독했다. 일본의 한국병합과 이로 인한 수탈과 핍박 등의 역사적 경험이 한국인의 혈연의식에 적지 않은 영향을 준 것은 사실이다. 그러나 한국의 이러한 역사적 경험은 이민자나 이방인을 밀어내거나 배타적으로 보게 하는 동기요인이기보다는 오히려 이들을 더 따뜻한 눈으로 보게 하는 동기요인이 되어야 한다. 그렇지 않다면 지나친 가부장적 가족중심의 사고방식과 혈연 중심적 사고방식은 다른 국가나 인종의 사람들을 자칫 무시하거나 아무렇게나 대해도 되는 상대방으로 생각하게 하는 우를 범할 수 있다.

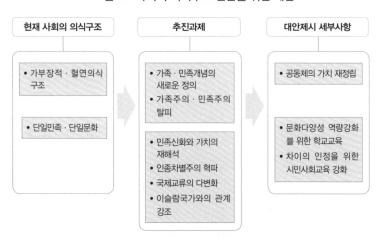

<그림16> 사회의 의식구조 전환을 위한 제안

한국사회에 내재하고 있는 이러한 뿌리 깊은 가부장적 혈연의식과 단일민족·문화의식을 개혁하고 탈피할 수 있는 대안적 제도나 방안을 만들고 제시하는 일은 그리 쉽지 않지만 그렇다

고 해서 이 숙제를 해결하기 위한 노력을 중지해서는 안 된다. 이 책은 물론 이 과제를 단번에 풀 수 있는 해답이나 이 문을 단번에 열 수 있는 열쇠를 제시하고 있지는 않다.

그러나 지금까지의 논의와 이민정책 이중성의 배경원인의 설명과 분석을 통해 이 문제의 해결을 위한 단초가 될 수 있는 의미 분석을 다음과 같은 두 가지로 할 수 있다.

첫째, 우리가 그동안 일반적으로 사용하고 있었던 한국사회의 가족 개념과 가족으로부터 확장된 혈연중심의 민족 개념을 새로이 정의하는 담론을 확대해야 한다. 지금 우리가 일상적으로 사용하는 가족 개념과 민족 개념이 과연 어디까지가 진짜 실체이고 또 어디까지가 허구적 상상의 산물인지를 재확인하고 이를 다시 해석해 보는 과감한 접근을 개인 그리고 공동체가 함께 시도해야 하는 것이다. 둘째, 민족과 국가 그리고 인종에 의해서 구분되고 차별하는 인종 차별주의적 사고방식에서 벗어나야 한다. 인종이나 민족은 위계적으로 계층화된 인종 간 분리의 역사와 관련되어 있으며, 인종 간 경쟁의 측면만을 지나치게 강조하여온 배경이 크게 영향을 주었었다. 그러나 인종 간의 차이나 경쟁의 역사는 과장된 것이 많으며 인종에 대한 이러한 사고는 사람들을 억압하는 정치적 · 대중적 필요에 의해 만들어진 경우도 많았다는 사실을 직시해야 한다. 따라서 이제 지구촌에서 민족이나 인종개념은 공동체의 신분범위와 관련된 개념이기 때문에 이제는 버려야 할 유산으로 남겨두어야 한다.

2) 다른 민족·문화의 정체성 존중

　한국사회로의 이민자의 증가는 다각적인 국제적 교류의 증대 추세와 경제 블록화 철폐의 세계적 추세에 또 다른 전환적 사고를 요구하는 동인이 되고 있다. 특히 국가 중심적이고 일부 보수적인 생각이나 태도를 보여 온 사람들에게 이민자는 민족이나 문화에 대한 새로운 인식이나 태도를 요구하는 또 다른 기제가 되고 있다. 물론 한국은 그동안 역사적으로나 사회 심리적으로, 단일민족과 단일문화의 신화와 상징을 중시하여 왔고 또 이를 통한 한국인의 정신과 국가 정체성의 이미지도 차별적으로 구축하여 왔다. 그러나 2000년대 이후 급격하게 늘고 있는 이민자의 증가는 한국사회가 민족주의와 다민족·다문화주의의 사이에서 다소 혼란스럽고도 복잡한 내적 갈등의 시대적 전환기를 맞고 있다는 의미를 부여하고 있다.

　이제는 대한민국의 민족 정체성·문화정체성·국가정체성의 실체를 어디에서 찾아야 하며 또 이와 비견되는 다른 민족이나 국가의 정체성 등은 또 어떻게 재해석해야 하는가의 문제를 진지하게 검토하고 숙고하는 자세가 필요하게 된 것이다. 미래 한국의 국가 공동체를 위해 다른 민족이나 국가 그리고 이들 국가들로부터 이주해온 이민자들과의 상호 인정과 교류 그리고 통합의 정신이 필수적으로 요구되고 있는 시점에 이르는 것이다.

　민족이나 문화, 국가의 정체성에 대한 개념 정의는 한 마디로 말 할 수는 없다. 일부 학자는 민족의 정체성을 국적과 종교 그리고 인종이 합쳐진 개념으로 규정하기도 하며 또 다른 학자들은 민족 집단에 대한 정의를 더 확대하여 젠더 · 계급 · 생활양식까지 포함하기도 한다. 골닉(Gollnick, 2009)은 민족의 정체성에 대한 기본적인 개념을 국적에 두었다. 그는 민족 집단과 국가를 너무 멀리 떨어뜨려 놓지 않았고 국가를 역사적으로 같은 언어, 영토, 문화, 경제적 생활에 기초하여 형성된 사람들의 안정적인 공동사회로 구성된다고 하였다. 국가는 전쟁과 정치적 재편 등을 통해 변화하고, 국가의 경계선은 정치적 타협의 결과로서 이동되거나 제거된다. 한편 민족 정체성은 조상들이 만들어온 국가에 의해서 결정된다. 민족 집단의 공통의 유대관계와 가치체계는 같은 공동체의 특성을 공유하는 가족과 친구 그리고 이웃들을 통해서 더 강고해진다. 골닉은 민족의 정체성을 형성하는 기초에 대해 다음과 같이 설명하였다.

"그들은 우리가 가장 편안하게 느끼는 사람들이고, 우리의 행동을 알며, 같은 언어와 비언어적 형태, 전통과 관습을 공유한다. 그들은 동족 간의 결혼, 다른 민족과의 분리된 거주 지역, 다른 집단과 함께하는 활동의 제한 등을 통해 여러 세대에 걸쳐 민족 간의 단합을 유지한다. 이렇게 형성된 민족 집단은 집단의 단합이 더 잘 유지될 수 있도록 노력하면서 구성원의 민족 정체성을 지속하고 고양한다. 이것은 사회에서 집단의 지위를 극대화하는 데 중요한 사회적 네트워크와 소통양식을 형성한다."

이러한 의미의 민족 정체성은 개인 삶에서 가족 구성원으로 태어나서 자라는 초기에 이미 그 의미가 강하게 부여된다. 이러한 삶의 초기에서부터 형성된 정체성은 그 사회나 국가의 결속을 유지하거나 강화할 필요가 있을 때 개인을 더 강하게 압박하기도 하며, 한편으로는 공동체의 결속에 기여해야 인정받을 수 있는 존재로 개인을 강제하기도 하여 주류 공동체에서 개인을 이탈하지 못하도록 하는 역할을 하기도 한다. 같은 민족이나 국가의 구성원들은 이러한 집단의 강제성이나 압박에도 불구하고 다른 한편으로는 집단의 정체성이 주는 안정감이나 소속감 혹은 자기 정체성의 정서적 신분증명과도 같은 것에 자부심과 긍지 등을 갖게 된다. 이렇게 형성된 자기 정체성이나 신분 정체성과 같은 요소는 사람들이 서로 호혜적인 관계에서 공동체에서 성장하고 발전할 수 있는 토대가 되기 때문에 여기에서 이탈하거나 벗어나는 것은 매우 쉽지 않다.

국가와 국경 그리고 문화적 경계가 엄연히 존재하고 있는 현실에서 민족주의는 없애려고 해도 없어지지 않는 것이기 때문에 어느 정도는 이의 실체는 인정해야 한다. 다만 민족주의의 잘못된 발현을 최소화하기 위해 내적으로는 시민의 역량 강화와 외적으로는 개방성과 포용성의 역량도 계속해서 강화하는 노력을 게을리 하지 말아야 한다. 한국은 전 세계의 어느 민족국가들과 견주어보아도 그 민족적 순혈주의가 강조되고 유지되어 온 몇 안 되는 국가들 중의 하나로 분류되고 있다. 일면 자랑스럽게 생각하기도 하였던 이러한 한국의 민족주의는 그러나 최근 전환을 요구하는 국제적 압박을 받는 상황으로 바뀌고 있다.

유엔의 인종차별철폐위원회는 2007년 한국에 대해 다음과 같은 내용의 권고안을 채택하였다. 그 내용은 '한국이 단일민족을 강조하는 것은 한국 땅에 사는 다양한 이민자와 인종들 간의 이해와 관용 그리고 우호의 증진에 장애가 될 수 있다. 따라서 한국은 현대 한국사회의 다인종적 성격을 인정하고 교육, 문화, 정보 등의 분야에서 적절한 조치를 강구하여야 한다'는 것이었다. 이 권고안은 또 "한국에서 사용하는 '순혈'이나 '혼혈'과 같은 용어도 한국사회에 널리 퍼져있는 인종적 차별과 우월주의를 드러낸다. 한국은 한국에 거주하는 이주노동자나 국제결혼을 통해서 태어난 자녀들이 고용이나 결혼, 주거, 교육 등에서 차별받지 않고 동등한 권리를 보장받도록 법제화하고 또 다양한 인종과 민족들의 역사와 문화에 관한 정보를 초중학교 교과서에 포함시킬 것" 등도 함께 권고 하였다. 한국은 다른 민족이나 다른 국가의 정체성과 문화를 존중하고 이해하는 데 관심이 부족하거나 혹은 의지가 약한 국가로 평가되기에 나타난 국제사회의 경종이었다.

한국뿐만 아니라 다른 민족이나 국가들도 그 정도의 차이는 있지만 민족이나 국가의 서로 다른 정체성이나 문화 때문에 어려움을 겪고 있는 것은 현실이다. 서로 다른 환경과 역사로부터 생성되고, 시간적으로도 많은 세월의 흐름 속에서 만들어져 온 것이 민족이나 국가이기 때문에, 서로 다른 집단이나 국가는 이를 이해하거나 받아들이기가 어려운 부분이 많이 있을 수밖에 없다. 그러나 서로 다른 민족, 서로 다른 국가, 서로 다른 문화의 집단들은 이러한 문화 정체성의 특성을 이해하고 존중하면서 상대를 대하여야만 진정한 상생과 공존의 공동체를 만들 수 있다.

3) 국제 인권규약의 가입, 인권위원회의 역할 강화

한국은 2006년 초대 유엔 인권이사국으로 선출된 이래 두 차례에 걸쳐 인권이사국으로 활동하였다. 또한 외교통상부는 2010년 유네스코의 '문화적 표현의 다양성 보호 및 증진에 관한 협약'에 비준하였다. 한국의 문화다양성 협약의 비준은 대외적으로는 국제적 관심사인 문화다양성의 증진과 역량강화의 협력 등에 국가적으로 참여한다는 것을 의미하고, 국내적으로는 국내의 소수 이민자의 문화 및 관련 정보의 공유와 정보의 활성화 등을 유도하는 긍정적인 역할을 유도하고 다문화의 보호와 장려에도 기여한다는 의지의 표현이다. 이러한 노력과 태도의 진전들에도 불구하고 한국은 여전히 인권의 핵심협약들 중에서 강제실종협약과 이주노동자권리협약에는 가입하지 않고 있다.

그러나 이제는 바뀌어야 한다. 한국에 이주노동자가 늘어나고 이들의 장기체류, 정주화 경향이 점차 많아지면서 이들에 대한 삶의 질 문제와 경제적 보상, 인권의 문제가 계속해서 사회의 주의를 환기시켜온 데에 따른 목소리에 귀 기울여야 한다. 이제 한국의 이주노동자들은 노동력만을 제공하는 일시거주의 이주노동자의 지위에서 점차 한국의 정체성에 적응하고 한국사회의 구성원으로 참여하고 있는 실체적 지위를 인정받아야 하는 시점에 와 있다.

한국에서 지금까지의 이주노동자정책의 배제 지향적 태도를 잘 보여주는 사례는 여러 가지가 있다. 먼저 국제협력개발기구 OECD 회원국인 한국은 2020년 현재 전 세계 42개국이 비준한 '이주노동자권리협약'[24]에 아직도 가입하지 않고 있다. 이 협약의 주요 내용은 이주노동자가 노동할 권리, 자유롭게 귀국할 권리, 가족을 동반할 권리 등의 기본적 노동자 인권 보장의 항목으로 이루어져 있다. 국제사회가 상호 인정과 노동자의 기본적 권리를 보호하기위해 일정한 국가적 손해를 감수하면서도 가입하고 있는 '이주노동자권리협약'에 한국은 차일피일 시간을 보내면서 국내기업의 일자리 수급과 국내노동자의 보호라는 국가이익의 명분만을 앞세워 이러한 국제사회와의 약속이나 협력을 계속해서 외면하고 있다.

스테판 헤셀(Stephan Hessel, 2010)은 『분노하라』에서 오늘날 지구촌의 암울한 현실을 초래한 원인으로 생각되는 현상을 다음과

---

24) 기존의 ILO 협약은 노동관계의 보호를 중심으로 규정하고 있어 이주노동자를 전반적으로 보호하는데 한계가 있었다. 이에 국제연합은 1990.12.18. '모든 이주노동자와 그 가족의 권리보호에 관한 국제협약'을 채택하여 국제적 차원의 이주노동자 보호를 위한 법적 근거를 마련하였다. 2003년 7월에 이 협약은 발효하였다.UN의 이 협약에 제시된 권리보호로는 출국의 자유, 생명권, 고문 또는 비인도적 형벌의 금지, 강제노동의 금지, 사상·양심의 자유, 신체의 자유, 국외추방의 제한, 자녀의 권리, 노동조합에 대한 권리, 등을 규정하고 있다. 또한 일시출국의 권리, 본국의 공무에 참가할 권리, 가족의 결합, 직업선택의 자유 등을 규정하고 있다.

같이 열거했다. '불법체류자를 차별하는 사회, 이민자를 의심하고 차별하는 사회, 언론이 부자들에게 장악된 사회, 이기적이고 거대하고 교만한 금권, 극빈층과 최상위권 사이에 놓인 극심한 격차, 팔레스타인에서 잘 드러나는 불의한 국제질서, 약자에 대한 멸시, 문화에 대한 경시, 만인의 만인에 대한 지나친 경쟁 등'이 그것이다. 그의 지적과 주장을 잘 들여다보면 오늘날 지구촌 공동체의 개혁과 개선이 요구되는 부문에 '이민자'가 가장 앞자리에 놓이고 있다는 사실에 새삼 놀란다. 헤셀Hessel은 국가 중심주의 시대를 살아가고 있는 지구촌의 사람들 중에서 '이민자'의 이름으로 살아가고 있는 사람들이 현실에서 얼마나 많은 부당한 대우와 차별을 받고 있는지에 대해 누구보다 관심을 갖고 주목해왔다. 그는 지구촌 공동체가 현재 저지르고 있는 불의에 따른 의분을 1948년 발표된 세계인권선언의 정신으로부터 이끌어내어 표출하였다. 굳이 이러한 헤셀의 주장이나 분노에 기대지 않더라도 한 국가공동체와 그 구성원이 이민자를 보는 시각과 이민자를 대하는 태도는, 이민자와 공동체와의 관계 그리고 공동체가 개인 삶의 존엄성을 보장하는 수준과 그 사회의 인권 보장의 수준을 보여주는 잣대의 역할을 한다.

1948년의 '유엔 인권선언'은 인류역사에서 인권을 구체적으로 열거한 최초의 선언문이다. 이 선언문에는 정치적, 경제적, 문화적, 사회적 권리들에 관한 내용들이 언급되어 있다. 유엔 인권선언 이후에 국제사회에서는 각별히 중요하다고 생각되는 권리들을 강조하는 협약들이 특정하게 선언되기도 하였다. 이는 1951년 '인종청소 범죄의 방지와 처벌에 관한 협약', 1969년 '모든 형태의 인종차별 철폐에 관한 협약', 1979년 '여성에 대한 모든 형태의 차별을 철폐하기 위한 협약', 1984년 '고문을 비롯하여 잔혹하고 비인간적이며 존엄을 파괴하는 취급 또는 형벌에 반대하는 협약' 등이다.

국제노동기구(ILO)에서도 인권에 관해 특히 이주노동자들의 권리에 중요한 의미를 갖는 '규약'들을 발행해 오고 있는데, 이민정책의 관점에서 보면 가장 핵심적이고도 중요한 인권보장 요구가 바로 이 국제노동기구로부터 지지되는 '이주노동자의 인권보장'의 규약에 근거한다. 한국의 이주노동자들은 현실에서 가장 기본이 되는 권리들, 즉 일자리 선택과 이전의 자유, 근무기간 선택의 자유, 가족 동반의 자유 등의 권리를 '고용허가제'의 틀에서는 여전히 보장받고 있지 못하고 있다. 이에 국제사회는 선진 이민국들이 인정하고 있는 자유로운 노동의 권리들을 한국에서도 보장하고 지켜주기를 요구한다. 2000년 3월, 당시 유엔 사무총장 코피 아난_{Kopi Annan}은 새천년 보고서[25)]에서 다음과 같이 말하였다.

"오늘날 국가들에게서 대부분의 분쟁은 잘못 통치되어 권력과 부가 인종적 또는 종교적 집단 사이에서 매우 불공정하게 분배

---

25) UN 사무총장의 새천년 보고서: 2000년 4월 3일. www.un.org

되는 나라에서 주로 발생합니다. 따라서 이를 예방하는 가장 좋은 방법은 인권과 소수자의 권리를 보장하는 것과 광범한 경제적 발전이 조화를 이루며 정치적 질서를 향상시키는 것입니다."

한편 2001년 제정되고 시행된 한국의 '국가인권위원회법'은 출신지역이나 출신국가, 출신민족, 용모 등의 신체조건 또는 인종과 피부색 또는 사상 등을 이유로 평등권을 침해하거나 차별하는 행위를 금지하고 있다. 이와 관련하여 국가인권위원회 전원위원회는 2006년부터 2011년까지의 이주인권분야의 분야별 권고사례를 모아서 이를 심층 검토하여 2011년 2월 '국가인권위원회법' 제21조에 의해 이주인권분야의 의견을 제출하였는데, 그중 이주노동자 부문에서 '외국인 근로자의 사업장 변경 허용 기준 등 개선 권고'와 국제규약 부문의 '인종차별철폐협약' 정부 보고서에 대한 의견표명 내용을 일부 살펴보면 다음과 같다.

이주노동자 부문에서 국가인권위원회는 '외국인근로자의 고용 등에 관한 법률' 제25조 및 동법 시행령 제30조가 외국인 근로자의 직업 선택의 자유 및 근로의 권리를 제한하고 있으므로 이에 대하여 국무총리 및 노동부장관에게 다음과 같이 권고한다.
1. 외국인 근로자의 사업장 변경의 사유를 제한, 열거하고 있는 동법 제25조 제1항 각호의 규정이 외국인 근로자가 사업장을 옮겨야 할 정당한 사유가 있는 경우 사업장 변경을 신청할 수 있도록 해석, 운용되어야 한다.

2. 동법의 외국인 근로자 사업장 이동 횟수는 폐지하되, 이러한 제한을 단기간 내에 폐지하기가 어렵다면 최소한 외국인 근로자의 책임이 아닌 사유로 인한 경우에는 횟수 제한이 없도록 해야 한다.

3. 외국인 근로자가 다른 사업장으로의 변경을 신청한 날로부터 2개월 이내에 사업장 변경허가를 받지 못한 때에는 출국하도록 한 동법 제25조 제3항을 외국인 근로자가 안정적으로 재취업할 수 있는 기간으로 재조정해야 한다.

국제규약부문에서 인권위원회는 외교통상부가 작성한 '모든 형태의 인종차별 철폐에 관한 국제협약' 제15차, 제16차 통합 정부보고서에 대하여 '인종차별철폐협약 정부보고서의 형식과 내용에 관한 일반지침'에 부합하도록 보고서 내용을 수정·보완하는 것이 바람직하다는 의견을 표명한다.

일반부분에서

1. 체류외국인 관련 부분에서 정부보고서 제10항은 "국내 체류외국인 중 불법체류 외국인의 비율은 지속적으로 감소하는 추세"에 있다고 기술하고 있다. 그러나 불법체류 외국인의 지속적인 감소 추세뿐 아니라, 정부의 단속 강화를 통한 퇴거조치 등으로 인한 것이 감소 원인 중 하나임을 밝히는 것이 현실을 정확히 반영하고 인종차별철폐위원회와의 건설적인 대화 목적에 부합할 것으로 보인다.

정부보고서 제11항은 외국인 배우자 수의 지속적인 증가, 남성과 여성의 비율 및 국적별 통계자료를 제시하고 있다. 하지만 결혼이민자 중에 베트남 국적이 유난히 많고 남성보다 여성의 비율이 월등히 많은 이유가 국제결혼업체나 기초자치단체가 주도하는 '농어민 국제결혼 비용 지원 사업' 등을 통해 국제결혼이 이루어지고, 그 신청자들이 대부분 남성이기 때문임을 기술하는 것이 우리 현실을 정확히 설명하는 것으로 바람직하다.

인종차별의 정의 부분에서

1. 정부보고서 제25항은 헌법재판소의 해석을 기술하고 있는바, 여기에 헌법재판소가 국민의 권리와 외국인의 권리를 구분하여 해석하고 있음을 추가 기술하는 것이 협약의 이행과 관련된 정확한 사법적 조치에 대한 설명으로 바람직하다.

정부보고서 제30항과 관련하여, 헌법재판소는 참정권뿐만 아니라 사회권적 기본권도 국민에 대해서만 인정하여야 한다는 입장에 서 있음을 추가하는 것이 바람직하다.

2. 정부보고서에 기술된 '재한외국인 처우 기본법'은 합법적인 체류를 하고 있는 외국인만을 '재한외국인'으로 정의하고 있으며, 구체적 처우에 관해서는 결혼이민자, 영주권자, 난민 인정자, 귀화자, 전문외국인력, 과거 대한민국국적을 보유하였던 자에 관하여만 규정하고 있다. 이에 대해 많은 시민사회 및 전문가들은 이와 같은 규정은 체류외국인 중 불법체류자가 적지 않은 현실을 반영하지 못하고, 외국인노동자·외국인 부부와 그 자녀·난민신청자·무국적자 등을 보호하지 못하고 있다고 주

장하고 있는 바 이들의 주장을 보고서에 포함시키는 것이 적절할 것으로 보인다. 정부보고서 제53항은 '외국인근로자의 고용 등에 관한 법률' 등에 관하여 기술하고 있다. 동법 제25조에 의하면 이주노동자가 사용자의 동의를 받지 못하는 한, 외국인이주노동자가 사업장을 변경하기란 거의 불가능하고, 이주노동자에 의한 근로관계의 해지는 강제퇴거로 이어지게 된다는 점에서 현행 고용허가제 규정은 자칫 이주노동자에 대해 강제근로 또는 사업장 이탈로 인한 불법체류 상태의 선택을 강요하는 인권 침해적이고 위헌의 소지가 있는 규정이라는 취지로 이를 추가하는 것이 바람직할 것으로 보인다.

이주노동자의 인권과 관련한 국가인권위원회의 여러 의견표명과 권고에서 잘 볼 수 있는 것처럼 현행 한국의 '고용허가제'는 노동자의 자유로운 사업장 이전의 자유를 사실상 허용하지 않고 있고, 또 가족의 동반 입국도 허용하지 않는 등 이주노동자의 기본권을 침해하는 측면이 있다. 그럼에도 정부는 이를 유지하고 오히려 강화하는 정책을 포기하지 않고 있다.

물론 현재의 제도는 그나마 고용허가제 이전의 산업 연수생 제도의 인권침해 실태의 심각성과 이로 인한 불법체류자의 증가 추세를 막고자 정부가 취한, 이전보다는 진일보한 상태에 있는 정책임은 분명하다. 그러나 이 법의 규정도 근본적으로 이주노동자를 관리와 통제의 시각에서 보고, 인권의 보장과 보호 보다는 국내의 경제 상황이나 조건에 따라서 언제든지 이들을 통제하고 조절할 수 있는 한국정부의 편의에 따른 정책 내용으로 되어 있다는 지적이 있는 것이 사실이다. 또한 한국의 이주노동자 정책은 국제사회에서 꾸준히 요구하는 차별 없는 이주노동자 정책 그리고 이주노동자의 인권이 보장되는 정책의 측면에서는 여전히 미흡하다는 평가가 많다. 그러므로 앞으로 한국의 이민정책은 외부적으로는 국제사회와의 균형적 보조를, 국내적으로는 이민자의 인권을 실질적으로 보호할 수 있도록 기능하는 현재의 국가인권위원회의 순기능을 더 강화하는 것이 바람직하다.

4) 민족 · 인종주의를 넘는 교육의 강화

국가의 이민정책은 정부나 지방자치단체의 구체적인 시행내용으로 실현될 수 있지만 이러한 정부정책의 배경과 토대가 되는 가치체계나 태도는 하루아침에 만들어지지 않는다. 이민자와 함께 더불어 공존하는 사회는 시간이 지날수록 모든 국가나 사회에게 더 이상 선택사항이 아니라 필수사항이 될 것이며 따라서 이의 성공 여부는 그 이민자를 대하는 사회공동체 시민들의 역량에 의해서 결정될 것이다.

다문화교육의 역사가 긴 미국의 경우를 예로 들어보아도 다문화교육이 얼마나 긴 시간동안 다양하게 접근되고 진행되었는지를 잘 알 수 있다. 미국의 다문화교육은 1920년대부터 학자들에 의해서 관심의 대상으로 연구되고 교육의 활성화를 추진하기 시작했는데 이때의 다문화 교육의 목적은 국가통합과 사회통제를 유지하기 위해 주류계급이 관용과 배려로 이민자를 수용하는 것이었다(C.A.M. Banks, 2004). 1960년대에는 미국에서 인종통합이 더욱 강조되면서 공동체에서 문화적인 차이는 결함으로 간주되었다. 이에 정부는 특히 저소득층의 학생들에게 보상교육, 즉, 헤드 스타트 같은 프로그램을 개발하고 지원하는 정책에 집중하였다. 1970년대에는 비주류집단과 주류집단의 문화는 서로 다른 것이라며, 이의 해결을 위해서는 비주류문화의 학생들에게 주류문화의 유형을 더 많이 가르쳐서 이들이 주류문화에 잘 적응하도록 돕는 교육이 시행되었다(Sleeter & Grant, 2006).

슬리터Sleeter에 의하면 1970년대에는 민권연구와 민족학 연구가 새롭게 관심을 불러일으키며 다문화교육의 목표도 서로의 고정관념을 완화하거나 제거할 목적으로 집단간, 인종 간 이해 등을 개선하는 것이었다. 1990년대에 들어서 다문화교육의 쟁점은 주류 국가주의의 입장에 있는 사람들과 다문화주의의 입장에 있는 사람들 간의 논쟁에 따른 견해차이 좁히기 그리고 거리 좁히기였다. 주류 국가주의의 입장에 있는 사람들은 교육의 표준을 민주주의의 기초가 되는 애국심과 역사의 전통이 무엇인지를 강조해야 한다는 것이었고, 다문화주의 입장의 사람들은 이를 비판적 교육학, 인종차별 반대 교육, 비판적 인종이론을 기반으로 해야 한다고 하였다.

여기에서 비판적 교육은 일상생활의 문화와 권력의 쟁취 싸움에서 계급, 인종, 젠더의 상호작용에 초점을 두며, 인종차별 반대교육은 불평등한 재정지원, 능력별 반 편성, 인종분리와 같은 관행을 제거하는 것이고, 비판적 인종이론은 인종불평등·인종억압 등에 대해서 문제를 제기하는 것에 초점을 두는 것이었다(Ladson-Billings, 2004).

이민자와 함께 하는 교육은 국제사회에서 필수적으로 요구되는 상호문화교육intercultural education 또는 국제이해교육education for international understanding으로 이해된다.

국제이해교육의 개념은 유네스코에 의해서 주장되었는데, 유네스코는 1946년 창립총회에서 세계평화와 인류의 복지 향상을 위해서 국제이해교육을 강화하기로 결의하였고, 그 이후 세계의 여러 나라들은 유네스코의 결의에 동의하고 동참하는 프로그램에 상호 협력하는 노력과 함께 구체적인 프로그램을 운영하여 왔다. 국제이해를 위한 교육이 유네스코의 주도하에 서로 다른 문화의 사람들이 상호 이해와 공존의 필요성에 따라 여러 가지 장벽을 뚫고 협력과 국가 차원에서의 교환 성격 프로그램으로 진행되어 왔지만, 보다 체계적인 시민사회에 밀착한 교육과 다문화의 역량을 강화하는 교육에는 미치지 못하였다.

그러나 국제적인 협력과 정보의 교환 그리고 프로그램의 특화노력들은 점차 많은 국가들에게 다문화교육을 문화적 상대주의, 이중문화주의, 다문화주의, 문화적 다원주의 등의 개념 등으로 진화시켜 오는데 도움을 주었다. 즉 다문화교육의 목표는 많은 국가들에게서 점차 민주주의와 평등, 사회정의와 사회통합의 실현으로 그 초점이 맞추어지고 있다. 다문화교육에서 이들 특히 평등과 사회통합의 개념들은 무엇보다 중요하고도 의미 있는 것이 되었다. 이를테면 문화적 상대주의는 마치 한쪽의 상대방이 다른 쪽의 문화 구성원인 것처럼 그 문화를 바라보는 것이며, 이는 본질적으로 다른 사람의 문화렌즈를 끼고 세계를 바라보려는 시도이다(Gollnick, 2009). 또 이중문화주의는 경쟁력 있고 성공적인 개인은 두 개 이상의 다른 문화에서 잘 살아가고 있는 사람을 의미하기 때문에, 사람들은 다양한 집단의 유형에 따라 다르게 인지하고 평가하고 행동하는 시스템에 익숙해져야만 성공하는 시대에 살고 있음을 인정해야 한다는 의미를 갖고 있다. 이중문화주의가 갖는 중요한 의미는 이중문화의 역량이 이렇게 성공을 위한 필수 항목이 되어가고 있다는 점이다.

　이민자와 함께 공존하기 위한 교육은 일반적으로 주류사회의 시민교육과 이민자를 위한 교육 그리고 이민자 자녀를 위한 교육으로 구분할 수 있다. 그러나 지금 한국에서 이민자와 관련한 교육은 주로 한국으로 이주해 온 여성결혼이민자나 그 자녀들에 대한 교육으로 초점이 맞추어져 있다. 물론 이들에 대한 교육도 중요한 건 사실이지만 이민자와 함께하는 사회의 시민적 역량과 국가적 역량이 사실상 매우 부족한 한국에서 가장 중요하고도 역점을 두고 교육해야 하는 대상이 빠져 있다. 바로 주류 한국사회의 시민교육과 이민 당사자 그리고 일반학교의 초 · 중 · 고 · 대학생들에 대한 교육이다. 우리는 어려서부터의 교육을 통해 타문화의 사람, 다른 인종의 사람, 다른 국가의 사람, 다른 정체성을 갖고 자라온 사람, 다른 언어를 사용하고 다른 역사 속에서 살아온 사람들과 상호 이해하고 잘 살 수 있다는 성숙한 공존의 역량을 갖추는 자질을 함양할 수 있음을 잘 알고 있다.

　사회통합과 공동체를 번영시킬 수 있도록 하는데 기여할 수 있는 교육이 이렇게 중요한데도 불구하고 지금 한국에서는 내국인에 대한 정규교육의 추진내용이나 체계적인 교육계획들은 거의 없다. 현재 시행되고 있는 정부차원의 다문화교육은 시민사회에게 '성숙한 다문화사회의 시민이 되어 달라'고 하는 구호성 교육정도의 수준과 학생들에 대해서는 다문화사회의 홍보차원의 교육에 그치고 있다. 이는 다문화사회의 정책 대상이 여성결혼이민자에게만 맞춰진 잘못된 동화지향의 이민정책으로 인해 이민사회에 대한 교육도 이민자 전체와 주류 한국의 시민 그리고 학생들을 교육하는 균형 있는 체제를 갖추지 못하고 있기 때문이다.

한편 질 높은 다문화 교육, 이민자와 공존하게 하는 사회통합 교육을 위해서는, 먼저 이를 교육을 할 수 있는 우수한 교사가 가장 우선적으로 필요하다. 다문화 역량을 강화하는 교육은 일선의 우수한 교사들이 주축이 되어 가장 핵심적인 역할을 수행한다. 훌륭한 교사들이야말로 이민자와 주류사회 구성원이 서로의 차이를 인정하고 서로의 관계가 상호작용을 통해 원활하게 소통할 수 있도록 돕는 데 필요한 지식과 정보를 주는 첫 번째의 역할을 하기 때문이다.

다문화교사는 인종차별, 성차별, 편견, 억압, 무기력, 권력, 불평등, 평등, 고정관념 등을 이해해야 한다(Gollnick, 2009). 이러한 개념을 모두 이해하고 습득하는 것은 그렇게 쉽거나 호락호락 하지 않다. 이것은 많은 시간의 투자와 공부를 요하는 매우 어렵고 힘든 과정을 필요로 한다. 또 교육현장에서의 다양한 경험과 시행착오의 경험도 함께 요구한다. 그렇기 때문에 이민자를 이해하고 동시에 학생들을 잘 교육할 수 있는 질 높은 교사를 양성하는 것은 성숙한 사회통합의 사회를 위해 이민정책에서 가장 먼저 사회나 국가가 투자해야하는 항목이 되고 있다.

2. 법제도와 정책시스템

1) 관련 법률의 총괄관리와 새로운 입법

이민정책의 합리적인 방안 마련과 중장기적 계획을 위한 법제도는 가능한 한 통합하여 운영되고 관리되어야 한다. 그동안 이민자를 대상으로 한 관련법은 가능한 통합관리하고 이후 추가적 법제정과 시행을 위한 주 업무도 가칭 '이민지원청'에서 총괄 관리한다면 정부의 이민정책이 일관된 정책목표와 기조를 유지할 수 있는 체제에서 관리되고 운영될 수 있을 것이다.

'재한 외국인처우기본법', '다문화가족지원법', '외국인 근로자의 고용 등에 관한 법', '출입국관리법', '국적법' 등이 그것이다.

이들 법들이 통합·관리되고 운영되어야 하는 이유는 다음과 같다. 첫째, 지금까지의 이민정책 관련법들의 제정과 시행은 이민자 전체를 고려하여 제정된 법이라고 말하기 어렵기 때문에 이 법과 제도들은 다시 세부적으로 검토되고 점검되어야 한다. 둘째, 이민정책과 관련한 주요 법들이 서로 다른 주관부처에 의해 제정되고 시행되는 현재의 체제에서는 앞으로도 서로 다른 주무부처가 정책 대상과 정책 목적을 달리하며 새로운 법의 제정과 개정 등을 경쟁적으로 만들 수 있다. 이는 대상에 따라서 내용을 달리하는 동화 지향적 혹은 시혜성 법률과 배제 지향적 혹은 통제 지향적 법률 등이 불필요하게 양산될 가능성을 크게 하기 때문이다. 셋째, 이들 법들이 통합 운영될 수 있으면 그 정책의 운영과정에서 시행착오나 낭비를 부르는 인적·물적 요소들을 최소화할 수 있게 되며, 법 운영과 제도 운영의 효과성과 사회통합을 위한 목표도 달성하기가 훨씬 용이하다.

현행 법 운영의 문제점을 예로 들면 2007년 제정되고 시행된 '재한외국인처우기본법'은 대한민국 국민과 재한 외국인이 서로를 이해하고 존중하는 사회 환경을 조성하여 대한민국의 발전과 사회 통합에 이바지하는 것을 목적으로 시행되고 있으나, 그 실질적 법 제정의 목적을 보여주는 내용은 주로 여성결혼이민자를 염두에 둔 차별방지나 국제결혼 가정과 자녀의 지원과 관련한 내용 그리고 지방자치단체들이 이를 따르도록 하는 내용들로서 사실상 이민자 전체의 사회통합과 지원을 위한 규정들은 매우 미미한 수준에 있다. 또 2007년 제정되고 시행된 '다문화가족지원법'은 주로 다문화가족과 그 자녀의 동화와 사회통합을 위한 지원 등에 집중되어 있어서 이민정책 전반을 다루는 객관적 의미의 법으로는 너무 제한적이다. 한편 2004년 시행된 '외국인 근로자의 고용 등에 관한 법률'은 고용노동부의 주도에 의해 제정되고 시행됨에 따라 그 법의 내용이 정부 정책의 일면적 측면만을 너무 고려하여 제정되고 시행되고 있다는 지적과 비판을 받는다. 특히 이법은 그 내용의 정비에 있어서 다음의 사항을 주목하며 향후 개선에 힘써야 한다.

예를 들어, 이주노동자가 한국의 기업에서 일하는 계약을 체결하였을 경우 2년 이상의 체류를 할 경우에는 가족 중 최소한 배우자와 자녀들은 동반할 수 있도록 규정을 바꾸어야 한다. 이주노동자는 가족을 동반하여 근무할 수 있어야 우선 가장 기본적인 권리 중의 하나인 가족과 함께 살 수 있는 권리가 보장되는 것이다. 이것이 중요한 이유는 여러 가지가 있다. 먼저 당사자는 배우자와 함께 생활할 수 있어서 아주 중요한 정서적인 안정을 갖게 된다. 이주노동자가 새로운 사회에서 적응하고 안정적으로 일하기 위해서 필요한 정서적 안정과 환경은 사회심리학을 연구하는 학자들의 보고에 의하면 그 어떤 배려나 조건을 제공하는 것보다 중요하고 가치 있는 것이라고 한다.

배우자와 함께 생활 할 수 있다는 것은 특히 힘들고 열악한 환경에서, 어려움이 있을 때마다 가장 큰 위로와 격려가 된다. 배우자의 초청은 인간의 기본적인 욕구인 사랑과 성의 욕구를 지나치게 억제하고 금욕함에 따라서 생길 수 있는 성적인 일탈의 위험으로부터 이민자를 지킬 수 있으며 자녀의 초청은 부모의 책임감과 아동 혹은 자녀의 부모로부터 또 사회로부터 그리고 교육으로부터 보호되고 양육받아야 할 기본권을 보장할 수 있다는 점에서도 개정이 필수적인 항목이다. 이주노동자가 많이 밀집해 있는 안산의 이주노동자 마을의 경우에 점차 여성 성매매의 장소와 규모 또한 매우 커지고 있다는 실태보고 등은 이러한 이주노동자 관련법의 미개정과 미시행에 따른 사회의 부정적 단면이라고 아니할 수 없다.

만일 자녀의 동반입국이 허용되고 이들 가정의 자녀가 부모의 보살핌 속에서 유대를 지속하면서 비교적 더 안정적인 교육을 받을 수 있으면, 이주노동자 자녀는 한국학교 또는 외국인 학교에서의 새로운 문화와 교육제도 등을 체험하고 습득하는 매우 귀한 경험을 갖게 된다. 이 경험은 장차 이 자녀가 성장하여 어른이 되었을 때 한국과 한국사회에 대한 보다 긍정적인 태도나 가치를 가질 수 있도록 해줄 수 있는 매우 의미 있는 국가 간, 사람 간의 조기 교류와 문화적 체험의 기회가 될 수 있다. 뿐만 아니라 이주노동자 가족 동반의 허용은 현재 여성결혼이민자들이 이주노동의 변이형태로 한국사회에 비정상적으로 유입되는 현상을 억제하거나 경감시킬 수 있으며, 이로 인한 예상되는 미래의 사회적 불안과 예상되는 부작용들도 상당부분 줄일 수 있다.

2) 중앙정부 전담부처의 설치: 이민지원청

정책의 예측가능성이나 미래전략에 일관성을 유지할 수 있도록 기능하는 법제도는 부처의 기능이나 업무가 따로따로 산발적으로 작용하고, 부처들 또한 너무 비슷하고도 중복되는 업무에 관여하며 또 동일한 정책들을 별 제재 없이 경쟁적으로 시행하는 지금과 같은 체제에서는 개선하기가 어렵다.

지금 한국 중앙정부의 이민정책에는 그 전담부처가 존재·기능하지 못하면서 정책의 목표와 철학을 분명하게 제시할 수 있는 중심기능의 역할이 없거나 매우 미미하다. 비록 정책이 아무리 많은 이해관계자 혹은 사회 여론의 힘이나 태도, 필요에 의해

바꿔질 수 있는 산물이라고 할지라도 지금의 이민정책은 정부의 조직운영 시스템과 기능·편재의 구조 등에서 전담과 책임의 역할을 맡는 직제로 구축되어 있지 않아서 비효율적인 문제가 너무 많이 발생하고 있다.

한국 이민정책 정부 전담기구의 부재로 인한 문제점을 지적하면 다음과 같다. 첫째, 한국 이민정책의 정부구조는 그 근본에서 국민들이 이해하고 지지할 수 있는 구조나 형식을 갖고 있지 못하기 때문에 정부의 서로 다른 정책에 대한 소통이 부처 간에 쉽지 않고, 이는 이민정책에 대한 국민적 합의를 오히려 방해하는 역작용을 할 수도 있는 우려가 있다. 둘째, 한국 이민정책의 정부구조는 정부와 시민사회가 합의된 정책을 만들기 위한 것이 중심적인 기능이 아니라 부처만의 독자적인 대상 집단에 대한 일방적 정책으로만 운영되고 있어서 점차 이민자를 보는 서로 다른 시각과 프레임을 더 고착화시킬 수 있다. 셋째, 각 정부 부처의 이민정책은 이를 총괄적으로 지휘하고 조정할 전담부처가 존재하지 않아서 오히려 더 경쟁적으로 앞 다투어 동시 다발적인 성책을 비슷하게 시행하는 바람에 그 효율성은 더욱 떨어지고, 부처 간의 사업 확장이나 예산 강화의 확보를 위한 경쟁 등은 치열해지고 있다.

이와 같은 상황은 이민정책을 일관되게 운영하고 체계적으로 지원하고 조정할 수 있는 철학적 기반과 시간적 여유도 확보하지 못하게 한다. 총괄적 기능의 전담부처가 존재할 수 있다면 이러한 잘못된 정책의 심화되고 있는 현상 혹은 일부 중복적인 기능들은 바로잡을 수 있다. 현재의 정부구조에서 이민정책을 총괄하는 전담부처를 설치하고 현재의 이주노동자 정책 소관부처와 여성결혼이민자 정책 소관부처를 없애고 전담부처가 이를 총괄하여 정책을 운영한다면 사회통합의 기능과 목적에 합치하는 정책을 만들고 시행하는데 매우 효율적인 기여를 할 수 있다.

사실상 한국 이민정책의 실질적인 업무 내용에서 현재 가장 많은 역할을 담당하고 또 이를 수행하는 부처는 여성가족부도 아니고 고용노동부도 아닌 법무부이다. 법무부는 이민정책의 업무 내용들의 약 70%에 해당하는 사항을 담당하고 있다. 이민정책의 제도적 기반이 되는 법과 이민자의 출입국관리업무, 외국인정책의 정부차원의 미시적·거시적 계획과 목표설정 등의 많은 사항들을 기본적으로 모두 총괄하며 추진·운영하고 있다.

법무부의 외국인 정책의 내용은 그 기조에서 2000년 이전에는 크게 변동되거나 바뀌지 않았다. 1980년대 말 이전까지 내국인의 외국으로의 송출 이민정책, 1990년대 이후 외국인 이주노동자를 유입하는 이민정책은 모두 국가의 경제적 이익을 고려하는 차원에서 이루어졌고 따라서 이 시기까지는 그 밖의 다른 정책적 고려나 시행의 항목들은 사회적으로나 국가적으로 크게 부각되지 않았다. 그러나 1990년대 이후 한국으로의 이주노동자가 점차 크게 증가하면서 이들을 보다 잘 관리하고 통제할 수 있는 필요성이 대두되었고 이에 관련법의 정비와 함께 고용노동부가 주관이 되어 그 역할을 본격적으로 수행하기 시작하였다.

이 시기까지 한국의 이민정책은 한국의 경제상황과 경제여

건의 이해관계에서만 이민정책을 바라보고 있었고 정부의 정책도 그 이상의 정책 즉, 이민자 집단이나 이민자의 국가에서의 위치 또는 이민자 개인의 인권, 이민자에 대한 국제사회와의 연대와 교류, 사회통합 등에는 큰 관심을 갖지 않았거나 주목하지 않았다. 따라서 이민정책을 다루는 부처도 법무부와 고용노동부의 영역으로부터 크게 벗어나지 않았다. 그런데 2000년대에 들어서면서 이민정책에 변화의 바람이 불기 시작했다. 이주노동자만을 주목해왔던 한국의 이민자 대열에 여성결혼이민자가 늘어나기 시작하였고 점차 그 규모도 무시하기 힘들 만큼 증가하기에 이르렀다.

여성결혼이민자의 한국사회의 등장과 증가현상이 이렇게 단기간에 한국의 이민정책에 강력한 영향과 관심의 한가운데로 집중시킬 수 있었던 이유는 제3장과 제4장에서 자세하게 설명하였지만 결국 이로 인해 한국의 이민정책은 순식간에 그 화두의 중심에 여성결혼이민자가 서게 되었고 또 그 정책의 주관부처도 여성가족부가 하게 되었다. 따라서 이제 정부 이민정책 전반의 방향제시까지도 여성가족부에 의해 주도되는 우려할 만한 상황에 이르게 되었다.

이러한 기조로 인해 최근까지 한국의 이민정책은 이미 설명한 것처럼 2000년 이후 여성결혼이민자만을 고려하고 중시하는 정책으로 일관되게 유지·시행되고 있다. 현재 정부 이민정책의 담당 부처와 주관부처는 여러 부처로 다양화되어 있지만 중심적인 지원과 예산을 동원하는 정책은 대부분 여성가족부에 의해 주도되고 있다.

정부 이민정책의 예산도 전체 규모의 80%수준을 모두 여성가족부에서만 집행하고 있다. 지금과 같은 편향된 이민정책은 근본적으로 이민정책을 운영하는 정부 구조의 혁신적인 전환이나 개편 없이는 절대로 바꿀 수 없다.

현재의 정부구조는 이민자들 중 누구를 정책대상으로 주목하느냐와 이들에 대한 시기적 관심의 수준에 따라 여론 영합적 차원에서 일면 자연스러운 순응의 정책 구조를 갖고 있다. 이에 이민정책의 직제별 해당 부처의 기능들도 단기적인 목표나 이민자 중 사회의 관심과 주목을 받는 일부 대상에 대한 성과에만 집중하는 구조에 머물고 있다. 따라서 한국의 이민정책의 총괄 부처가 마치 여성가족부인 것으로 모든 국민들이 오해할 수 있는 현상도 지금의 구조에서는 너무 당연한 자업자득의 결과이다. 지금 한국의 이민정책은 이민정책 본연의 모습이 아닌 여성결혼이민자를 중심에 둔 다문화가족정책만으로 시행·운영되고 있다고 볼 수밖에 없으며 이러한 다문화가족정책은 구체적 세부 항목에서 거의 모든 부문 여성결혼이민자를 대상으로 만들어지고 시행되고 있다.

이러한 편향적이고 이중적인 한국의 이민정책을 근본으로부터 전환할 수 있도록 하기 위해서는 정책시스템의 정비, 특히 정책을 책임지고 통합하여 운영할 수 있는 가칭 '이민지원청'과 같은 전담부처가 반드시 필요하다. 정부가 이러한 전담기구의 설치로 이민정책을 통합하여 운영한다면 2020년 현재 전국에 250

여 개로 확장하면서 비교적 잘 구축되고 운영하고 있는 '다문화가족지원센터'의 운영을 전폭적으로 개편하여 종합적 이민정책의 전국 네트워크의 핵심 구조로 잘 활용할 수 있는 방안도 새로이 만들 수 있다.

지금까지는 이 센터 운영의 주무부처가 여성가족부인 이유로 인해 이민자 전체를 위한 통합기능으로의 발상의 전환은 아직 못하고 있다. 지방자치단체의 일선에서 일하는 이 센터의 운영이 만일 이민자 모두를 지원하는 센터로 전환되어 이주노동자나 탈북이주민 또는 지역의 외국인 유학생들에 대한 운영내용 등으로 개편된다면, 그 효과는 예상보다 훨씬 더 커서 장차 이민자의 사회통합과 지역밀착형 이민지원 서비스의 열매를 기대할 수 있는 센터로 거듭날 수 있을 것이다. 오직 여성결혼이민자에게만 집중하며 이들만을 지원하는 센터의 역할 구조로만 이 기구가 운영되고 있는 것은 너무 안타깝고 또 비효율적이다.

이에 비록 조금은 늦었지만 지금이라도 정부가 현재의 이민정책 운영의 기조를 대폭 전환하는 조치를 취하고 그 바탕으로부터 근본적인 개선을 위한 전담기구, 즉 가칭 '이민지원청'의 설치와 같은 구체적인 체제정비가 적극적으로 모색된다면 이렇게 기존의 잘 구축되어온 일부 시스템의 적절하고도 유용한 활용은 얼마든지 가능하다. 정책 프레임의 전환과 목표의 전환은 곧 수단의 전환도 함께 가져와 결국 한국 이민정책이 사회통합 본연의 역할을 잘 할 수 있도록 도울 수 있을 것이다.

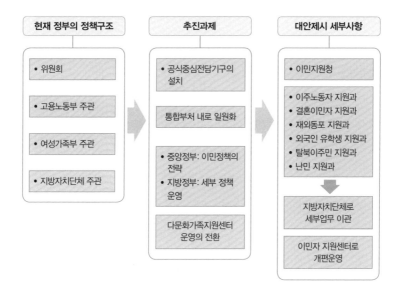

<그림17> 이민정책의 전환을 위한 전담부처 설치제안: 이민지원청

현재 정부의 정책구조	추진과제	대안제시 세부사항
• 위원회	• 공식중심전담기구의 설치	• 이민지원청
• 고용노동부 주관	통합부처 내로 일원화	• 이주노동자 지원과 • 결혼이민자 지원과 • 재외동포 지원과 • 외국인 유학생 지원과 • 탈북이주민 지원과 • 난민 지원과
• 여성가족부 주관	• 중앙정부: 이민정책의 전략 • 지방정부: 세부 정책 운영	지방자치단체로 세부업무 이관
• 지방자치단체 주관	다문화가족지원센터 운영의 전환	이민자 지원센터로 개편운영

3) 지방정부의 역할 강화

　이민정책은 중 · 장기적으로는 중앙정부가 주도하기보다는 그 역할을 분담하여, 점차 지방정부와 지방자치단체가 그 역할을 주도하고 담당해야 한다. 그 이유는 다음과 같이 매우 자명하다.

　첫째, 한국으로 이주해온 이민자는 그가 어디에 있더라도 가장 먼저 그가 속한 거주지에 근거한 행정 및 생활서비스의 대상자가 된다. 둘째, 중앙정부의 정책은 결국 그가 거주하는 지방자치단체의 행정 및 생활서비스에 의해서 이민자 개인에게 최종 달성되기 때문이다. 셋째, 이민자가 실제 거주하는 지방자치단체나 지역의 특성 그리고 이민자의 거주 및 체류의 개인적 · 집단적 특성은 오직 그 지역의 정책담당자나 주민들이 가장 잘 알고 있기 때문이다. 즉, 이주노동자나 여성결혼이민자 또는 외국인 유학생 등의 이민자들의 그 지역의 인구 통계적 분포와 지역 거주의 지리적 접근성의 실제 상황 등은 자치단체가 가장 잘 파악하고 이에 적절하게 대처할 수 있기 때문이다. 따라서 이민정책에서 중앙정부는 그 중장기적인 정책의 철학과 비전의 제시 그리고 일관된 흐름을 유지하면서 정책을 추진하는 것이 필요하고 지방자치단체는 이러한 중앙정부의 정책을 지방정부가 주민과 함께하는 공존의 지방 밀착형 이민정책, 시민 밀착형 이민정책으로 주민과 같이 병합 운영하는 전략을 사용해야 한다.

한국의 이민정책 현황은 지금까지 살펴본 것과 같이 중앙정부의 주도하에 각 부처가 중심이 되어 서로 경쟁적으로 시행하여 왔다. 중앙정부의 이민정책의 시행과 관련정책은 크게 이주노동자의 유입과 관리, 외국 국적의 한국 동포에 대한 정책, 여성결혼이민자의 한국사회 적응과 정착을 위한 지원 정책, 외국인 유학생의 유치 정책 등의 네 가지로 구분되어 시행되고 있다. 예를 들어 이주노동자의 유입과 관리정책은 고용노동부와 법무부가 시행 및 운영하고 있고, 여성결혼이민자 지원 정책은 여성가족부와 보건복지부 등이 시행하고 있고, 외국인 유학생의 유치정책은 교육과학기술부가 시행하고 있다. 이들 부처의 정책은 서로 매우 중복되어 시행되기도 하고 또 때로는 경쟁적으로 시행된다. 문제는 중앙정부 이민정책의 운영과 중점적 예산편성에 따라서 지방정부의 이민정책도 그 지방마다의 성격이나 특징과는 상관없이, 중앙정부의 정책과 대동소이하게 계획되거나 시행되어 그 유용성이 의심되는 경우가 많다는 사실이다.

이민정책에서 한국 지방정부의 정책과 시행내용을 자세히 살펴보면 중앙정부와의 차별성이 거의 없거나 너무나 유사한 것을 알 수 있다. 지방정부의 정책 중에서 이를 실질적으로 대표한다고 할 수 있는 서울특별시와 경기도의 정책을 일부만 살펴보아도 이를 확인할 수 있다.

서울시의 외국인 체류인구는 2020년 말 현재 28만여 명이고 경기도의 외국인 체류 인구는 41만여 명이다. 서울시의 경우 자치구 중에서는 영등포구와 구로구에 가장 많은 외국인이 살고 있는데, 영등포구에는 3만3천 명이, 구로구에는 3만2천여 명이 살고 있으며 이들은 주로 기업들이 많이 밀집되어 있는 공단 주변에 살고 있다. 서울시의 2014년 이후 자체 이민자 대상 사업은 각 구별로는 성북구와 동대문구의 결혼이민자 가족을 위한 가족캠프, 영등포구의 생활문화체험 일일 교실 운영, 용산구의 다문화교육사 양성과정 운영, 종로구의 서울 글로벌 클러스터 빌딩 건립 추진, 중구의 외국인 근로자 지원 사업 등이 시행되고 추진되었다.

자체사업의 내용은 다문화가정에게 지역공동체의 일자리를 우선적으로 제공, 외국인 밀집지역인 영등포구와 구로구 등을 포함한 5군데에 글로벌 빌리지 센터를 설치 운영하고, 서울시 대표 외국어 인터넷 홈페이지를 6개 언어로 운영하며 매월 5만 2천부의 중국어 월간지 '니하오'를 정기적으로 발행하며 지속적으로 다문화 카운슬러단과 전문 법률자문단을 운영함으로써 외국인 소외계층을 지원하여 다문화 역량을 강화하는 것이다. 서울시는 특히 다문화가족지원센터의 역할을 중시하고 이 센터를 통한 사업을 강화하며 시행하고 있는데 그 내용은, 다문화 방문지도사의 증원, 다문화가정 자녀의 한국어 발달 지원, 이중 언어교실 시행, 다문화사회의 이해 교육, 취업과 창업 상담, 직업 교육 등이다.

경기도의 경우 외국인 거주자 중 이주노동자가 20만여 명으로 가장 많고, 여성결혼이민자는 3만2천여 명, 그리고 외국인 유학생은 7천8백여 명이 거주하고 있다. 경기도의 각 지역별 외국인 거주자는 안산이 가장 많은 44,316명, 다음으로 수원이 29,708명, 화성이 27,079명, 성남이 17,126명의 순으로 나타났다. 경기도는 지방자치단체 중에서 외국인의 거주가 가장 많으며, 인구대비 외국인의 비율도 약 2.5% 수준으로 서울과 비슷한 수준 이다. 경기도는 지방자치단체들 중에서 가장 적극적이면서도 비교적 세부적인 정책 시행계획을 수립하고 이를 추진하고 있다고 평가되고 있는데, 그 이유는 무엇보다 지자체 중 가장 많고 다양한 외국인 이민자의 거주실태와 그 중에서도 특히 안산과 같이 이주노동자가 많이 밀집해서 살고 있는 공단 등이 여러 곳에 산재하고 있어서 이에 대한 행정수요가 증가하여 왔다는 데에서 찾아볼 수 있다.

특히 경기도는 여성결혼이민자 지원사업의 기반이 되는 '경기도여성발전기본조례'를 2006년 개정하면서 여성결혼이민자의 행정지원을 보다 강화하였다. 이에 따라 경기도는 이 사업의 주무부서로 가족여성정책과를 두고, 여성결혼이민자의 국내 적응을 돕기 위한 지원사업과 이주여성을 위한 지역 내 쉼터의 설치, 가정학습 도우미제도의 운영, 결혼이주자 관련 소식지 발간 그리고 다문화가족지원센터의 추가 설치 및 운영 등을 시행하고 있다.

경기도의 최근 자체사업과 각 시의 사업내용을 살펴보면 다음과 같다. 먼저 자체사업은 다문화가족 소식지의 발간, 외국인 근로자 자녀의 보육지원, 경기도 국제교류네트워크 운영 등과 외국인을 위한 지원을 강화하기 위해 외국인 주민 복지센터를 확대하고, 특히 경기도 고양시에 위치한 이민정책 연구원을 통해서 외국인 주민 지원 사업을 다양화하였으며, 또 외국인의 실생활과 취업에 도움을 주고자 기술과 직업훈련 프로그램을 강화하고 문화와 의료지원서비스도 확대 하여 시행하였다. 다음으로 각 시의 사업내용을 보면, 안산시의 경우에는 외국인 지원 단체의 구성, 외국인 주민 인권증진 조례제정에 따른 기본계획의 수립, We Start 글로벌아동센터 운영, 한국어교사 역량 강화 연수 등과 평택시의 다문화도서관 설치 및 운영, 김포시의 외국인 주민 지원센터 건립 추진, 파주시의 외국인 주민 생활체육교실, 수원시의 다문화 국제학교 운영, 의정부시의 다문화 1가정 1멘토, 즉 한 이웃 프로그램 운영 등의 내용이 있다.

이렇게 가장 대표적인 지방정부들의 구체적인 정책내용들만을 살펴보아도 조금은 차별화된 항목들도 발견되고 있지만 대부분 중앙정부의 중점 이민정책의 시행내용들과 그 내용이 겹치거나 다르지 않다. 지방정부는 분명히 지역마다의 거주특성과 이민자의 규모 그리고 인구구성의 특징 등이 다르고 따라서 이민자를 대하는 구체적 정책 수단이나 프로그램들이 다를 수밖에 없는 환경이 많을 텐데도 현실정책은 이를 잘 반영시키지 못하였다.

이와 같은 현상을 중앙정부의 이민정책이 너무나 잘 운영되고 있어서 지방자치단체도 거의 이를 가감 없이 적용하고 있기 때문이라고 해석할 수 있다면 매우 다행스럽다고 할 수 있겠지만 이는 너무도 안이한 생각일 뿐이다. 지방정부의 이민자에 대한 정책의 철학부족과 예산의 부족으로 인한 자체적인 중장기적인 이민자와의 공존을 위한 지방마다의 준비된 정책이 부재함으로 인해 이렇게 중앙과 대동소이한 정책들, 특히 여성결혼이민자들에게만 집중하는 정책들이 많이 보이는 것이다.

이민정책이 중앙정부보다는 중장기적으로 지방정부 중심으로 짜여지고 실행되어져야 하는 이유는 외국의 사례에서도 확인할 수 있다.

이미 오래전부터 다문화사회를 이루어 온 나라라고 평가되고 있던 프랑스가 중앙정부 주도의 동화 지향적인 최근까지의 이민정책을, 실패 혹은 새로운 접근이 필요한 잘못된 정책이라는 표현을 적극적으로 사용하며 반성의 목소리를 높이고 있는 것은 한국이 눈여겨 볼 대목이다. 인구의 8%가 넘는 이민자를 갖는 프랑스가 스스로를 성공적이라고 하지 못하는 것에 대한 이유를 크리스토프 베르토지 프랑스 국제관계연구소장은, '프랑스의 다문화정책은 정치적 위기에 대한 모면책으로 제시된 정치적 필요의 산물이었고, 소수자를 사회에 위험을 주는 도전적인 세력으로 끌고 가서는 다문화사회가 성공할 수 없으며 누구든 다문화사회를 정치적으로 이용하지 말고 사회통합의 큰 틀에서 접근해야 한다'고 하였다.[26] 그는 프랑스가 중앙정부의 배타성에서 벗어나서 소수자에 대한 이해와 정치적 계산에 이끌리지 않는 지방자치단체의 정책으로 전환하는 진정성을 가질 때 성공적인 다문화 사회를 이룰 수 있다고 하였다.

이러한 지적은 이민정책이 필연적으로 국가의 시책이나 정치적 의도로부터 완전하게 자유롭지 못할 수밖에 없는 국가에 의해서 주도 될 때 그 실패의 확률이 여전히 많을 것이라는 예상을 가능하게 한다. 따라서 이민정책은 시민사회와의 공조 그리고 지방자치단체로의 현실적인 삶의 공간으로의 이관이 무엇보다도 중요하고 또 필요하다.

4) 현 '다문화가족지원센터'를 '이민자지원센터'로 개편 운영

한국의 이민정책은 많은 문제점과 시행착오에도 불구하고 아직은 정책의 거시적 차원의 평가에서나 중·장기적인 개선방안

---

26) 중앙일보, 2011.12.6, '한국 다문화정책의 반면교사 프랑스', 이화영(경희대)

마련의 측면 모두에서 낙관적인 부분도 있다. 다문화사회를 대비하는 중앙정부의 미래 지향적 태도와 국민들의 다문화사회로의 이행에 대한 긍정적인 태도는 비교적 비슷한 수준의 이웃 국가들과 비교해 보아도 그리 부정적이거나 폐쇄적이지는 않은 것으로 조사되거나 평가되고 있기 때문이다. 물론 이민정책이 부분적으로 무계획적이고, 중·장기적이고 체계적인 목표가 없어 보이고 또 정부의 정책 시스템도 부처 간 경쟁적인 부처 이기주의적 성향이 두드러지게 나타남에 따라 이를 저지하고 조정하는 균형추 역할의 중심기구가 필요한 상황은 지금까지 이야기한 바와 같다.

　그러나 그동안 한국의 이민정책이 이렇게 잘못하기만 한 것은 아니다. 정책의 운영과정에서 비교적 잘 대처하여 운영하고 있는 시스템 중의 하나는 바로 다문화가족지원센터의 운영구조이다. 이는 비록 그 내용과 방향에서 설립초기부터 일관되게 여성결혼이민자에게 집중되는 지원 서비스 중심의 사업으로 전개되어 오고 있지만 그 시스템의 운영구조와 기능은 매우 훌륭하다. 현재의 다문화가족 지원센터는 2006년 여성결혼이민자지원센터로부터 시작하여 2008년에는 보건복지부가 주관하는 건강가정지원센터의 기능과 연계한 내용으로 확대, 강화되었고 이후 다시 여성가족부로 그 주관부처가 이동하면서 현재는 전국 대부분의 시·도와 자치단체에 250개가 넘는 다문화가족지원센터가 설치되어 운영되고 있다.

　이 센터의 가장 큰 장점은 중앙정부의 이민정책의 구체적인 추진 내용과 세부적인 실행계획들이 그대로 지방자치단체의 이민정책의 운영구조에 침투하여 실시될 수 있도록 기능하는 데 성공적인 역할을 하고 있다는 평가에 근거한다. 이 센터는 각 지방자치단체들의 다문화 관련 부서와 긴밀하게 연계하며 그 지역만의 특성이나 이민자 고유의 거주 실태 파악 등을 기초로 비교적 적실성 있는 지원과 정보교류의 역할을 수행하고 있다. 이 센터의 초기 운영은 각 지역의 시설이나 자치단체의 준비 부족이나 인식부족 또는 초기 시민사회 단체들의 의식 부족 등의 상황에서 그 역할의 강화나 중앙정부의 지원 시스템 구축들의 효과성에서 큰 기대를 걸 수 있는 수준은 아니었다. 그러나 시간이 지나면서 정부의 다문화사회를 대비하는 정책 의지가 강고 해지고 이에 따라 주관부처의 예산운영의 지원시스템이 가동되면서 가장 두드러지게 지원되는 부문으로 현재의 다문화가족지원센터가 만들어졌다.

다문화가족지원센터의 주요 운영내용은 다음과 같다. 여성결혼 이민자를 대상으로 하는 한국어 교육, 이주여성의 가정에서 겪는 가정 폭력이나 인권침해 상황의 긴급 지원이나 예방, 다문화가족 방문 교육사업, 다문화가족의 취업과 창업 등의 정보제공과 지원사업, 다문화 사회와 양성평등사회를 위한 교육, 다문화 사회의 이해를 위한 교육, 직업능력 개발 프로그램의 운영, 다문화가족 자녀들을 위한 방문 교육과 멘토링 사업, 다문화가정 청소년의 부모님 나라 방문 사업 등이다. 물론 이들 사업들은 대부분이 여성결혼이민자들과 그 가족들을 대상으로 하는 사업에 집중되어 있다.

지금은 비록 그 역할이 한정되어 있지만 이 시스템의 기능이나 지방자치 단체와의 협력 구조는 매우 긍정적이고도 효율적인 부분이 많다. 그 이유는 첫째, 이 센터가 비교적 전국 곳곳의 시도와 지방자치단체에 고루 분포되어 있을 정도로 그 수가 확보되었고 지금도 센터의 추가 설치가 지역적 안배와 이민자의 접근성 등을 고려해서 더 보강되고 있다. 둘째, 이 센터의 운영을 위한 예산은 비록 중앙정부의 여성가족부로부터 대부분 지원받고 있으나 그 기능은 지방자치단체의 특성을 고려하여 운영되고 있는 요소가 많이 있다. 셋째, 이 센터는 현재 중앙정부의 예산지원과 운영지침을 기본으로 하고 있기 때문에 향후 중앙정부의 정책 기능의 보강이나 변경 혹은 추가 사항이 있을 경우 생각보다 유연하게 그 기능을 조정하여 운영할 수 있는 여지가 있다. 넷째, 따라서 이 센터는 중앙정부의 의지나 정책 목표의 의지에 따라서 큰 무리 없이 중앙정부와 지방정부의 정책의 운영 역량을 극대화하고 특히 지방정부의 정책 역량의 수준을 단기간에 향상시킬 수 있는 노하우를 보유하고 있다.

이러한 이유들을 통해 알 수 있는 것은 향후 한국 이민정책의 일정부분을 감당할 지방자치단체의 역할 강화와 자치성의 확보를 위한 과정에서, 다문화가족지원센터가 기능의 변화와 전환의 필요성 요구를 잘 수용하여 이를 살린다면 미래에 통합지원센터의 역할을 충실히 수행할 수 있는 잠재력을 확보하고 있다는 확신을 가질 수 있다는 것이다.

5) 이민자의 노동 가치를 동등하게 인정: 이민자 사회보장제도의 시행

'사회보장'이라는 개념은 모든 국민에게 복지를 보장하는 것이 사회의 의무라는 의미를 갖고 있다. 그런데 이러한 사회보장의 개념은 노동과 자본 그리고 국가 간의 화합하기 어려운 논쟁의 중심에 있다. 이 세 주체는 서로 상반되는 방식으로 복지 혹은 사회보장의 개념을 인식하고 해석하기가 다반사이기 때문이다. 클라우스 오페(Claus Offe, 1981)는 노동의 가치를 인정하면서 자본과 국가가 사회보장을 위해 노력하는 것이 쉽지 않은 일임을 다음과 같이 말하였다.

> "대규모로 국가의 보조금을 받는 주택, 공교육과 건강보험 그리고 사회보장제도들이 존재하지 않으면 산업과 자본주의의 작동은 상상하기 힘든 것이다. 사회 복지국가의 당혹스러운 비밀은, 그것이 자본의 축적에 미치는 영향이 당연히 파괴적이지만 동시에 복지국가의 폐지도 또한 파괴적이라는 데에 있다. 즉, 자본주의는 복지국가와 함께 공존할 수 없으며, 또 복지국가 없이는 자본주의가 존재할 수도 없는 것이 바로 모순이지만 우리는 어떤 의미에서 이러한 돌이킬 수 없는 구조에 살고 있다."

국가에서 사회보장이나 복지는 나눔의 윤리를 실천하는 의미이지만 이렇게 어려운 이해관계의 산물이며, 결함이 있는 시민이나 이주노동자들에게는 더욱 미치지 못하는 경우가 많다. 일반의 경우에 노동자들이 그들의 사업장에서 일을 하고 또 일자리를 이동할 수 있는 자유도 이주노동자들에게는 허용되지 않는 것도 바로 이들이 주류사회의 사회보장이나 복지의 혜택을 받아서는 안 된다는 묵시적인 배제의 사회적 태도에서 비롯한다.

복지의 거창한 수혜의 목록에 사회보장의 목록을 내미는 것보다 더 필요하고 급한 사회보장의 의무들이 있다. 이를테면 사업장을 이동하려고 하거나 새로운 사업장으로 이동하려고 하는 것은 노동자가 선택할 수 있는 당연한 권리다. 정부나 기업은 오히려 적극적으로 이러한 정보와 도움을 위한 지침이 있다면 이를 이주노동자들에게 더 많이 제공하고 알려야 한다. 이주노동자의 유입이 10년, 20년을 지나오면서 이제 이주노동자들 중 일부는, 한국에서 계속해서 재취업을 희망하거나 한국에 더 머무르는 영구거주를 희망한다. 따라서 이들은 재취업이 되지 않은 상태에서도 한국에 계속 거주하거나 정주하며, 비합법적 방법으로라도 경제활동이나 정주활동을 연장하려는 의사를 포기하지 않으려 한다. 비록 미등록 체류자신분의 이주노동자라고 하더라도 이들은 대부분 3년 이상의 노동활동과 소비활동을 한국에서 영위한 사람이다. 이주노동자는 이미 한국 전체 인구의 2%가 넘는 수준에 와 있다. 이주노동자의 수가 더 많아질수록 영주를 희망하는 사람도 많아질 가능성은 더 늘어난다. 이들에게는 한국의 사회보장이나 복지가 미치는 여러 가지 항목들보다 노동의 보장과 노동할 수 있는 자유가 더욱 중요하다.

한국사회에서 이주노동자의 증가는 내부적 요인으로부터도 앞으로 더욱 증대될 것이다. 그 이유는 첫째, 중소제조업의 인력을 담당하는 청년층의 인구가 저출산과 고령화의 사회구조 변화로 인해 점차 감소하고 둘째, 실업계나 기술계 고등학교 졸업생의 감소와 높은 대학 진학률, 셋째, 중소기업과 대기업의 임금 격차 심화와 자발적 실업의 증가 그리고 단순노무·기능인력 수요의 증가현상 지속 등이 계속될 것이기 때문이다(양현봉, 2007). 이주노동자를 둘러싼 내적·외적 상황이 이러하고 따라서 이들의 수용과 사회통합을 위한 정책이 불가피한데도 정책은 이들을 한국사회로 수용하거나 공존하려는 태도를 보이지 않는다.

한국의 이주노동자 정책은 이주노동자들이 한국사회에서 중장기적으로 함께 공존할 수 있는 방법과 제도를 만들어가기를 거부하거나 혹은 이를 방관적 태도로 지켜본다. 개인과 공동체 모두가 이익이 될 수 있도록 정책을 정비하고 동시에 사회적 소수자의 위치에 있는 이주노동자가 특히 경제적 권리회복과 분배의 정의 실현을 위한 임금의 현실화·형평화 작업에서 혜택을 받을 수 있도록 하는 작업은 아직 한국 이민정책에서는 고려되고 있지 않다.

정부의 2021년 이민정책의 예산규모는 5,847억 원으로 그 규모가 대폭 상승하였다. 정부는 이러한 규모의 정부 정책이 첫째, 해외 우수인재 유치 강화와 둘째, 다양한 이민자의 수요에 부응하는 종합적인 사회통합적인 정책의 추진과 셋째, 취약계층 외국인에 대한 사회적 배려 확대에 중점을 두고 추진한다고 하였다. 그러나 실제의 예산집행 내용을 보면 주로 여성결혼이민자 가족들에게 집중하여 사용되어지고 있다. 정부의 자체 분석에서도 예산의 사용에 이주노동자와 관련된 예산사업의 배정은 미미하다는 것이 확인되고 있다.

이렇게 현실에서는, 정부가 주장하고 있는 것처럼 외국인 이주민의 사회통합을 위한 정책에서 여성결혼이민자들의 배려와 지원에만 많은 예산이 투입·집중되고 이주노동자들은 여기에서 원천적으로 배제되고 있는 상황이다(김석호 외, 2011). 이민자를 위한 사회보장이나 복지는 소수 열등한 계층의 부족함을 만족시켜 주는 시혜의 프로그램이 아니다. 이것은 사회의 안전망이며 적극적 공동체의 일원이 되고자 노력하는 이주민과 시민이 미래를 함께 살아갈 수 있도록 도와주는 사회보장제도 확보의 주춧돌은 이민자노동의 정당한 인정으로부터 시작된다.

제9장

차이를 인정하고
포용하는
열린 공동체를 향하여

》》》

      이 글은 지금까지 살펴본 것과 같이 다음의 두 가지 문제 인식을 보다 명확하게 하고 이를 통해 문제의 해결을 위한 성찰적 방안을 만드는데 일조하고자 하였다.

  첫째, 이민정책의 개념 그리고 현재 한국사회에서 충분한 숙의 없이 상용화되면서 사용되고 있는 다문화정책과 다문화주의의 이론적 개념과 실행배경을 다시 한 번 자세히 살펴보는 일이 필요하다는 인식이다. 그 이유는 최근까지 한국의 이민정책의 시행내용과 사회적 수용현상을 지켜보면서 한국의 이민정책이 실제의 용어나 개념의 사용 그리고 정책적용의 측면 모두에서 매우 적절하지 않아 이론의 새로운 정립이 필요하다고 생각하였고, 또 정책내용의 철학적 · 인권기초의 부족함(인권위원회, 2011) 등이 수차례 사회 일각으로부터 지적받아 온 점 등에도 기인하였다. 정책개념과 이론의 정립은 이민자의 존엄성과 인권의 보편적이고도 적실성 있는 사회적 보호와 보장을 위한 방안이 정책의 내용 안에 얼마나 잘 포함시킬 수 있는지를 담보하는 지렛대의 역할을 한다고 생각하기 때문이다.

둘째, 올바른 의미의 이민정책은 한 사회공동체가 지향하는 방향과 목표를 명확하게 제시할 수 있어야 하며 동시에 그 정책의 대상과 범위에 대한 정의 그리고 정책의 실행을 위한 조직과 구조, 법·제도적 근거 등이 잘 정비되어 있어야 하는데 한국 이민정책의 실제 현실은 이에 크게 못 미치고 있다는 인식이다. 또한 이민정책의 대상을 여성결혼이민자에게만 지나치게 주목하는 정부나 사회 그리고 학계의 묵시적 태도에 대한 반성이다.

한국의 이민정책이 그 이중성과 함께 많은 문제를 드러내고 있음에도 불구하고 이를 무비판적으로 보는 과도하게 온정적이고 비합리적인 시민정서 또한 우려스러운 상황이다. 따라서 이 글은 여성결혼이민자에게만 포용의 정책이나 사회적 관용을 강조하며 동화지향의 정책에 쉽게 편승하고 추종하는 중앙정부—지방정부의 정책 그리고 이들에게만 관심을 집중하는 일부 동화지향의 선행연구 추종적인 학계의 태도 등에도 경종을 울리고자 하였다.

이 글에서 살펴본 바와 같이 한국의 이민정책은 이민자 전체를 아우르는 정책목표가 명확하게 보이지 않으며 또한 이민자 전체를 포괄하는 기본 틀이나 실행구조도 잘 보이지 않는다.

현재의 이민정책은 이민자 전체의 사회통합을 위한 목적에 부합하거나 부응하지 못하고 있으며, 실질적으로 사회공동체의 통합기능을 선도하는 역할을 수행하지 못하고 있다. 특히 지난 20여 년 동안 중앙정부 주도의 정책은 여성결혼이민자와 그 가족들을 대상으로 여성가족부가 주관하는 여성정책 또는 다문화가족정책의 복지지원 차원에서만 머무르고 있다. 더 이상 이와 같은 운영기조를 방치해서는 문제를 해결할 수 없으며 따라서 이를 개선하기 위한 성찰적이면서도 새로운 대안적 탐색이 필요하다.

1. 배제·동화의 프레임 이중성을 '사회통합'의 상위프레임으로 바꾸자

한국의 이민정책에서 '사회통합'이라는 용어는 어느새 너무도 자연스럽고도 일상적으로 사용되고 있다. 이 용어가 실제의 이민정책의 구체적 내용에서 어떻게 구현되고 실행되는지의 여부와는 별도로 정부나 언론은 이미 '사회통합'이라는 용어를 빈번하게 사용한다. 이에 대다수의 국민들은 이민자를 대하는 정부의 정책에서 '사회통합'이라는 용어가 너무 쉽게 강조됨으로 인해 이 개념을 별다른 생각 없이 수용하고 단순히 이를 사전적인 의미로 받아들인다. 따라서 많은 사람들은 사회통합이라는 말과 의미를 너무 쉽고도 평범한 개념으로 생각하는 경향을 갖게 되었다. 이제 사회통합Social Cohesion이라는 말은 이민정책의 정책목표나 계획에 언제나 빠지지 않고 등장하는 용어가 되었다. 그러나 과연 우리가 '사회통합' 개념을 얼마나 잘 이해하고 그 본래의 의미를 퇴색시키지 않는 수준에서 정책이나 전략을 구현하고 있는지는 매우 의심스럽다.

마치 과거 군사정권의 권위주의적인 정부가 자신들의 정치적 정당성을 확보하고 강조하기위해 한때 유행처럼 사용했던 '정의사회 구현'이라는 말이 공허하게 느껴졌던 것처럼 지금 한국정부가 사용하고 있는 이민정책의 '사회통합'이라는 용어도 국내에 거주하는 외국인과 정주이민자를 심리적으로 안심시키거나 혹은 국제사회로부터 정당성의 근거확보를 위한 구호성 개념이 필요하기 때문에 사용하는 전시성 용어에 불과한 것이 아닌가하는 의문이 들 때도 있기 때문이다.

만일 진정으로 이민자 정책이 이민자와 내국인의 사회통합을 위해 목표 차원 부문에서라도 그 역할을 제대로 하여 왔다면, 이 글이 문제제기를 하고 논의를 전개하여 왔던 이민정책의 이중성 현상이 이렇게까지 두드러지게 드러나는 현상은 일어나지 않았을 것이다.

사회통합이란 "공동체에서 공유되는 가치를 형성하고, 빈부의 차이를 최소화 하며 사회의 공통된 도전에 직면하여 이를 해결하기 위해 모두가 기꺼이 참여하는 인식을 제고하는 노력을 결집하는 것"을 의미한다. 사회통합을 이렇게 정의했을 때 한국의 이민정책이 이주노동자나 여성결혼이민자들에게 한국사회공동체의 신념이나 가치를 공유할 수 있도록 하는 노력을 얼마나 정책에서 수행하고 있는가 하는 질문으로부터 자신 있는 대답을 할 수 있을까?

또 한국의 이민정책이 이민자들과 내국인이 사회적 갈등상황이나 위기 상황 등에 봉착했을 때 이와 같은 도전에 공동으로 대처하고 공동으로 참여할 수 있는 실제적 구성원이라는 인식을 갖게 하는데 기여하는 순기능을 하고 있을까 하는 질문에도 고개를 갸웃할 수밖에 없는 것은 왜일까?

이러한 물음들을 극복하고 한국의 이민정책이 본래 의미의 사회통합의 정의에 걸맞는 메타프레임으로서 사회통합의 기능을 하기 위해서는 그 정책의 구체적인 내용에서 구호나 용어의 소개수준에서 그치는 수준의 정책이 아니라 내국인과 이민자의 경제적·사회적 격차가 더 크게 벌어지지 않도록 하는 구체적 노력이 우선되어야 한다. 또 이민자를 대상으로 하는 사회복지 시스템을 점검하여 내국인의 사회복지 보장시스템과 다르거나 차별적 요소 있을 때는 이를 국제 인권의 보장과 규약의 상호 약속에 따라 제거하고, 내국인과 이민자가 구분 없이 평등한 권리를 누릴 수 있도록 보장해야 한다. 진정한 의미의 사회통합은 공유된 가치와 제도의 틀 속에서 모든 구성원에게 기회균등을 보장하는 것이어야 하기 때문이다.

한국의 이민정책은 미국의 이민정책이나 캐나다, 독일, 프랑스 등의 다인종문화국가의 이민정책과 다민족문화국가와 민족 혈통정체성도 일부 강조하고 있는 국가들의 이민정책들을 비교 평가하면서 이를 다문화사회의 '다문화정책'으로 수용하는 접근 방식을 택하고 있다. 외면적으로는 다문화의 역사가 깊은 국가들의 인종과 민족의 정체성을 인정하는 추세의 국제적 조류를 따르고 있는 것처럼 보이지만, 정책의 내면적 시행 수준에서는 최근 보다 이민자의 유입에 엄격해지고 있는 미국이나 유럽의 일부 국가들의 이민자 통제정책을 따르고 있다.

실제 선진 이민국들의 많은 국가들도 겉으로는 사회통합과 다문화를 표방하며 정책에 반영하고 있지만 동시에 내국인의 일자리 보호와 기업경제의 보호를 명분으로 이민자의 유입, 특히 단순노동자의 유입에 엄격한 기준을 적용하는 선별주의와 규제를 통한 유입의 최소화정책을 채택하고 있다. 그러나 한국의 경우 이민자의 구성이나 한국 내에서의 인구비율 등이 다른 국가들과 다르다. 한국의 이민자들은 대부분 이주노동자와 노동을 위해서 입국한 해외동포 그리고 여성결혼이민자로 구성되어 있다. 이주노동자는 특히 단순노동자의 비중이 90% 이상으로 OECD 국가들의 평균인 54%를 크게 넘어서고 있다.

주로 비숙련 이주노동자의 한국사회로의 유입은 이들을 사회의 한 쪽에서 무리지어 거주하는 게토Ghetto화를 강요할 수 있고 또 자칫 한국사회가 아시아의 다른 국가들로부터 온 사람들과 인종적으로 계급적인 관계를 강화하는 배경으로 작용할 수 있다. 삼성경제연구소[27]는 2010년 한 보고서에서 현 한국의 이민정책은 전문 인력 중심의 폐쇄적 구조로 향후 인구감소에 대응할 정주인구 확충에 한계가 있다고 하며 이민자의 유입이 빈곤층으로 추락하기 쉬운 단순인력과 결혼이민자가 대다수를 차지하면서 향후 고비용구조로 전개될 우려가 높다고 지적하였다. 또한 취학률이 저조한 다문화 2세들이 잠재적인 빈곤층으로 전락하고, 이들의 사회이동성을 취약하게 만드는 것이 향후 통합비용을 높이는 요인으로 작용할 것이라고 하였다.

한국의 이민정책이 미래의 저출산 · 고령화와 인구감소 등의 사회문제에 대비할 수 있는 경제성장의 선순환 구조와 경제의 역동성을 발휘할 수 있게 하려면 단순 이주노동자의 유입보다는

---

27) 최홍, 이동원, 박준(2010, 다문화사회의 정착과 이민정책), 삼성경제연구소 CEO보고서 5.19.

숙련노동자나 전문 인력 등 영주권과 시민권을 취득하며 실질적으로 한국사회에 정주화가 가능한 이민자 구성의 다원화와 이민자 인구비율의 확대가 동시에 필요하다. 경제적 차원에서만 본다고 해도 정주나 영주가 아닌, 단기나 중기 체류수준의 이민자는 그 내수부문의 소비 규모가 상대적으로 내국인보다 작고, 그들의 모국으로의 송금 규모는 매우 크며 내국에서의 사회적 연대와 참여의 수준은 매우 낮아서 국가의 성장과 역동성 제고에서 그 역할이 미흡하다.

한국은 일부 잘못된 선진 이민국의 정책이 이민자를 국가의 경제적 편익제고의 차원에서만 바라보고 '사회통합'의 명분적 구호만을 앞세우며 내부적으로는 이민자를 배제하고 차별화해 왔다는 점을 직시하고 이를 무비판적으로 답습해서는 안 된다. 이민정책은 이민자와 주류민 모두가 미래의 공존과 공동번영을 위한 과정에서 한 단계 더 도약할 수 있는 기회를 가질 수 있는 역할을 감당해야 한다.

한국의 이민정책이 진정한 의미의 사회통합, 즉 배제와 동화의 충돌하는 프레임을 극복하고 이를 통합하고 이민자를 내국인과 공존할 수 있도록 구조적 심리적 부분 모두에서 이를 결합할 수 있는 메타프레임으로서의 '사회통합'으로 새롭게 기능하고 자리매김하려면 그 프레임의 전환을 위한 과정과 이행 항목들이 그리 쉽지만은 않은 무거운 과제임을 잘 인식해야 한다. 이민자들을 최대한 배려하고 존중하면서 국가가 미래를 함께하는 국민으로 수용하기 위해서는 긴 시간과 선별적 선택의 절차가 필요하다. 한국의 이민정책이 본래 의미의 사회통합의 개념에 어긋나지 않는 메타프레임으로서 기능을 하기 위해서는 그 정책의 구체적이고 세부적인 내용이 새롭게 통합 정비되고 또한 이주민을 장차 국민으로 수용할 수 있는 정비된 구조를 미리부터 잘 갖추고 있어야 한다.

정책의 목표가 되는 '사회통합'은 목표가치의 사회적 합의를 전제로 한다. 다음으로 정책목표를 설정하고 계획하는 정책구조의 구축, 정책을 실천하기 위한 구체적이고 세부적인 사항에 대한 내용확정과 이의 실행을 위한 우선순위의 결정 등이 제도와 규칙에 상세히 명기되어야 가능하다. 그래야만 사회통합을 위한 정책이 구호나 용어의 소개수준에서 그치지 않고 내국인과 이민자의 경제적 사회적 격차가 더 가까워질 수 있도록 현장에서 실제적으로 기능할 수 있다.

또한 사회통합은 무엇보다 경제적 형평의 목표를 지향하는데 초점을 맞추어야 하는데 이를 위해서는 이민자를 대상으로 하는 사회복지 시스템을 점검하여야 한다. 이민자와 내국인의 사회복지 보장시스템이 사람의 기본적 권리를 보장해야 한다는 차원에서 평가할 때, 이의 기준에서 너무 다르거나 차별적 요소 있을 때는 국제 인권의 보장과 규약의 상호 약속의 정신에 따라 이를 해소하고 내국인과 이민자가 구분 없이 평등한 권리를 누릴 수 있도록 보장하는 체제로 전환해야 한다. 이러한 요소들을 비추어 볼 때 한국의 이민정책은 지금까지 고찰해본 것과 같이, 여러 부문들에서 총체적이지 못하고 소관 부처가 대상에 따라 이들을 분리하여 운영하는 등 미약한 수준에 있다. 정책이 두 대상에 대해 지나치게 서로 반대되는 방향으로 작동하는 이중성을 노정하고 있는 현실은 더 이상 정당성을 인정받기 어려운 정책으로 평가할 수 있다. 따라서 이제 한국은 이민정책의 두 프레임을 하나의 메타 프레임으로 통합하여 이민자들이 모두 한국사회에서 사회통합과 공동의 관리·지원의 대상이 될 수 있도록 하는 새로운 정책 패러다임의 구축이 요구되는 시점에 와 있다.

이에 이 글이 정책 대안으로서 이민자의 사회통합프레임 구축 방안을 정책의 대상, 정책의 집행구조, 법제도, 정책의 목적으로 구분하여 제시하면 다음과 같다. 먼저 정책대상에 있어서는 현재까지 한국의 이민정책이 시행해온 두 대상에 따라 충돌하는 구조를 개선하고 새로운 상위목표를 제시하여 이를 공동으로 추구할 수 있도록 전환을 시도해야 한다. 이는 이민정책의 대상을 부처별로 따로따로 분할하여 관리하고 있는 현 정책구조를 전면적으로 개편하여 정책대상이 명실 공히 이주노동자와 여성결혼이민자를 포함한 한국사회의 이민자를 모두 포함하여 총괄하는 형태로 바뀌어야 한다는 것을 의미한다.

정책의 집행구조 측면에서 제시하는 대안은 이와 같이 정책대상이 통합 관리 될 수 있도록 하기 위해서 정부의 정책구조도 하나로 통합하여 운영하는 시스템을 구축하는 것이다. 다시 말해 지금까지 이주노동자와 여성결혼이민자를 분리하여, 목표와 가치가 다른 이민자로 대상화하고 이에 따라 이들을 대하는 주관부처도 고용노동부와 여성가족부로 서로 다른 현실이 갖는 문제점을 인식한다면 이들을 하나로 묶는 전담부처를 신설하는 것이다.

　다음으로 법과 제도 차원에서 제시하는 대안은 법제도의 통합관리와 운영이다. 한국의 이민정책은 그동안 이민자 유입의 역사적 상황과 시간적 맥락에서 법제도 운영의 초기에는 이주노동자와 관련한 경제적 통제와 배제지향의 법 운영이 시행되었고 이후 시간이 경과함에 따라 여성결혼이민자를 주 대상으로 한 지원과 동화지향의 법제도 운영이 서로 다른 부처의 주도와 관리 하에 시행되었다. 이러한 이유로 1980년대 말 이후 이주노동자가 증가하기 시작한 입국이민정책의 초기에 만들어진 법과 제도들은 점차 시간이 지나면서 그 정책의 가치와 의미가 달라지고 퇴색하는 등 변화를 겪으면서 일부는 의미를 상실하거나 유명무실 해졌다. 반면 2000년대 이후 증가하기 시작하여 사회적으로 주목받으면서 만들어진 여성결혼이민자와 관련한 법제도들은 현재까지 동화지향의 내용들로 더 강화되어 왔다. 이에 이들 법제도들은 처음에는 외국인이민자의 사회통합을 위한 큰 틀에서는 크게 다르지 않았지만 시간이 흐르면서 점차 그 정책가치와 정책충돌의 격차가 더 커지고 있다. 이에 새로운 메타프레임이 작동하는 향후 이민정책에서는 이들 법제도를 총괄 관리함으로써 모든 이민정책의 대상자들이 차별 없이 합리적인 국가의 관리와 가능한 한 공평한 수준의 지원을 받을 수 있어야 한다.

　정책 목적의 차원에서 제시하는 정책대안은 이민정책의 궁극적인 목표를 합법적인 중·장기체류 이민자들을 모두 잠재적 국민 구성원으로 대하는 것이다. 이민자들을 한국사회가 합법적으로 받아들이고 이들이 1년 이상의 중·장기체류를 하는 한 이들은 모두 실질적으로 한국사회의 한 구성원이 분명하며 따라서 이들은 국민구성원이 갖는 기초적 인권과 사회보장의 기본권이 보장되어야 할 대상이다.

이민자와 함께하는 공동체의 사회통합프레임 구축을 위한 성찰적 정책대안을 정책의 목적, 집행을 위한 법제도, 정책을 담당할 전담부처, 정책의 대상 등으로 구분하여 표를 통해 제시하면 그 내용은 다음과 같다.

<표22> 사회통합 프레임으로의 전환을 위한 제안

구분	사회통합프레임
목적	잠재적 국민으로의 수용 (초기 선별적, 계획적 이민자 유입: 영주 희망 시 수용)
법제도	합리적 관리와 지원 (법제도의 통합관리)
전담부처	이민지원청(전담부처: 가칭) 전담부처와 고용노동부·여성가족부·법무부·지방자치단체의 협력.
정책대상	이민자(중·장기체류)모두를 총괄 (이주노동자 · 여성결혼이민자 · 재한외국국적동포 · 유학생 · 탈북이주민 · 난민)

2. 이민자를 잠재적 국민으로 포용하자

대부분의 국가나 사회는 이민자들에게 매우 양면적인 태도를 보인다. 한편으로는 불안한 경계와 두려움이, 다른 한편으로는 연민과 동정과 같은 감정이 교차한다. 이러한 사회적 인식이나 태도는 이들을 현실에서 주류구성원과 다르게 대하는 동기의 원형이다. 주류사회의 두려움과 경계의 태도는 이민자들을 질서와 통제를 중시하는 정책기제로 나타나게 하였고, 연민이나 동정적 태도는 이민자들을 관용과 포용으로 수용해야 한다는 정책적 규범의 의미를 강조한다.

국가나 공동체에서 질서나 규범은 전통적 권위이기도 하고 오래도록 전승되어 온 관습이기도 하다. 일반적으로 이민자들은 이러한 주류사회의 질서와 규범에 위협적인 존재들로 인식되거나 혹은 안정적인 공동체에 걸림돌이 되는 문제가 있는 존재가 된다. 오늘날 대부분의 국가에서 이민자는 더 이상 기꺼이 환영하고 공동체가 수용해야할 사회적 포용과 수용의 대상이 되는 동족이나 동지가 아니다. 따라서 정책현장에서 이민자들을 대상별로 나누고 구분하여 소관부처마다 다르게 정책을 적용하는 것을 탈피한다고만 해서 모든 문제가 다 해결되는 것은 아니다. 마찬가지로 이민자를 모두 통합하여 총괄하고 이들을 전부 잠재적 사회통합의 대상으로 한다고 해서 역시 모든 문제가 해결되거나 없어지는 것은 아니다. 아무리 훌륭한 정책과 운영 수단도 완벽할 수는 없다. 국가가 한국사회에 거주하는 이민자들을 향후 완전한

국민으로 수용하려는 의지와 목표를 갖는다고 하더라도 이에 해당하는 이민자들을 모두 국민으로 수용할 수 있는 절차와 자격기준이 제도적으로 마련되지 못했거나 미흡할 수 있기 때문이다.

한국사회에서 이주노동자나 여성결혼이민자는 모두 그 역할에서 비국민의 범주로 분리되고, 그 지위도 낮추어서 평가 절하되는 의미를 갖는다. 이주노동자를 경제적 필요에 의한 통제와 감독의 대상으로 대하는 것과 여성결혼이민자를 가족구성원이기 때문에 반드시 동화해야 하는 대상으로 일방적으로 간주하는 것이나 모두 이러한 사회적 · 정책적 경시태도로부터 비롯된 현상이다. 이 글이 지적하고 주목하였던 한국 이민정책의 이중성도 그 정책의 수단과 방법 등이 모두 잘못되고 문제되고 있다는 것만을 지적하는 것은 아니었다. 다만, 진정한 의미에서 이민자의 국민으로의 수용을 위한 포용성은 잘 보이지 않는다는 점이었다. 진짜 문제는 정책의 대상에 따른 충돌과 갈등양상이 지나치다는 데 있다. 이민자들을 잠재적 국민으로 수용하라는 의미도 무조건적인 수용과 통합을 말하는 것은 아니다. 다만 이민이 갖는 국제적 의미와 이동의 자유가 갖는 천부적 인간의 권리가 국가 혹은 국경이라는 폐쇄적 장벽에 부당하게 봉쇄되거나 또는 이주 후 새로운 국가나 공동체에서의 기본권과 노동의 자유 등이 현저하게 침해되거나 방해받아서는 옳지 않다는 의미이다.

주류사회와 이민자들의 사회적응과 공존을 위한 상호 수용태도는 매우 다를 수 있다. 이민자들은 이민자들대로 주류사회와의 적응을 위해 또는 권리의 확보를 위해 끊임없이 싸워야 하고 주류사회의 사람들은 이민자들을 위한 배려나 정책적 지원, 복지적 지원 등이 국가적 낭비 혹은 나누지 않아도 될 이익을 나누는 것이기 때문에 경제적 합리성에는 맞지 않는 불합리한 투자라고 생각한다.[28] 이러한 이유 때문에 주류민과 이주민은 서로를 경계하며 다툰다.

사회적 수용과 포용의 정책 개념은 전통적으로 이민사회의 역사가 깊거나 주로 영주이민을 받아들여 왔던 미국, 캐나다, 호주 등의 국가에서 비교적 더 발달하였다. 특정국가가 어떠한 유형의 이민국가에 속하는지는 그 국가의 이민정책에 영향을 미칠 수밖에 없다. 즉 이민정책의 단계가 초기단계에 머물러 있는지 아니면 더 발달하여 사회통합의 성숙한 단계까지 나아가 있는지는 현재 그 사회의 이민사회 유형에 따라서 영향받는다. 대부분의 국가들은 통상 첫 번째 단계로 분류되는 출입국정책부터 시작하여 두 번째 단계의 적극적 이민정책으로 나아간다. 일반적으로 이민정책의 상위 단계인 '사회통합정책'은 국가의 '국민전체'를 대상으로 하기 때문에 그동안 주로 영주이민을 받아들이며 성장한 서구의 이민 국가들에서 발달하였다.

선진 이민국가에서 이민자는 이렇게 주로 '영주이민자'를 의

---

28) 유럽의 경우 1985년에 체결된 셍겐조약은 유럽국가(영국, 아일랜드 등은 제외) 간에는 비자 없이 마음대로 통행할 수 있도록 규정하고 있다. 그러나 이 셍겐 지역 내에서의 자유 이동 가능한 비자 정책은, 사실상 이 지역 이외의 많은 사람들을 더 철저하게 통제하는 수단으로 기여하는 정책으로 기능해 오기도 하였다.

미하였으므로 이들은 잠재적 시민으로 간주되어 유입초기부터 '사회 통합'의 대상이 되었다. 그러나 한국과 같이 영주이민자보다는 일시적 초청노동자를 많이 받아들이고 있는 국가나 '후발이민국가'들에서 '이민자'란 곧 일시적으로 머무르는 사람들을 의미한다. 이들은 일정한 계약기간이 끝나면 모국으로 돌아갈 것으로 기대되고 있기 때문에 엄밀한 의미에서 사회통합이나 동화·수용의 대상은 아니었다. 그러나 최근 들어 이민선진국이나 이민후발국 모두에서 이러한 인식을 바꾸는 급속한 변화의 바람이 일고 있다. 이러한 변화의 배경은 그동안 이들 국가들에서 일시적 체류나 거주일 것이라고 생각했던 상당수의 이주노동자가 유입국에 정주하는 경향을 보였고, 최근 영국, 프랑스 등 여러 국가들에서 이주노동자들이 문화와 정체성 차이의 인정, 사회참여와 정치적 참여의 보장, 경제적 차별의 해소 등을 기치로 집단적 항의성 요구를 빈번히 하고 이것이 대규모 시위 등의 사태로 확대되는 등 크게 사회문제로 이슈화하였기 때문이기도 하다.

이와 관련 OECD 국제이주회의(2009.6)에서 논의된 회원국들의 이민자의 사회적 수용을 다루는 일부 현황은 한국 이민자의 이민자 포용 정책의 이행과정에 많은 시사점을 준다.[29] 이때 회의에 참석한 국가들은 '사회적 수용'과 '사회통합'에서 이민자들을 받아들이는 국가의 경제·심리적 영향이 현실적으로 매우 중

---

29) 고용노동부 국제협력담당관실은 2009년의 OECD의 국제이주 고위급 회담 및 국제 이주작업반의 회의 결과를 '국제노동정보'자료를 통해 공개하였다.

요한 영향을 미친다고 분석하였다. 다음은 이 회의에서 보여준 각 국가의 간략한 자체 관련 평가와 분석 내용이다.

영국은 GDP가 1% 감소하면 외국인력 일자리가 약 20% 정도 감소할 것이라고 발표하였고 캐나다는 외국 인력의 유입을 줄여야 한다는 여론은 그리 크지 않지만 현재 캐나다로 유입된 외국 인력의 실업률이 높은 상태에 있어서 매우 우려된다고 하였다. 핀란드는 경기에 민감하게 반응하는 건설업과 도소매 그리고 음식숙박업 등에 외국 인력이 주로 취업하고 있어서 국내 경기불황의 영향을 외국 인력이 국내인력보다 더 크게 받는다고 우려하였다. 호주는 비교적 지금까지의 자국의 사회통합교육이 성공적이라고 평가하면서 그 원인으로 무료 언어교육, 양질의 공교육, 공공기관 간의 긴밀한 협조체제, 고용보조금의 지원 등을 예시 하였고 앞으로도 이러한 정책들을 계속해서 강화할 것이라고 하였다. 이날 회의에서 OECD 사무국은 노르웨이를 비교적 회원국가들 중에서 가장 외국인력 사회통합 인프라가 잘 갖추어져 있다고 평가하였는데 그 이유는 사회통합노동청Ministry of Labor and Social Inclusion이 그 역할을 잘 수행하고 있기 때문이라고 분석하였다.

이와 관련 유럽위원회(2004)는 이민자를 포용하고 수용하는 국가의 이민정책은 이들과의 격차를 최소화하고 양극화를 예방함으로써 사회구성원 모두의 복지를 보장할 사회적 역량이라고 정의한 바 있다. 최근 서유럽 등 초청노동자 유입 국가들과 2000년대 동아시아의 후발 이민 유입국가들 중 일부 국가들도 이주노동자들을 영구거주가 가능한 적극적인 사회통합정책의 대상으로 다시 생각하기 시작하였다. 따라서 이들 일부 국가들과 국제이주회의의 참가 국가들의 이민자와 이주노동자를 보는 최근의 변화된 시각과 현실인식은 한국의 이민정책에서도 고려되고 참고할 부분이 있다고 생각된다.

한국에서 이민자의 사회적 수용을 위한 정책은 한국사회로 이주하여 거주하는 외국인들 중에서 최소 1년 이상의 중·장기 체류 외국인들과 외국국적의 재외동포 그리고 탈북이주민을 모두 포함하여 이들을 한국사회에 수용하고 포용하여 공존할 수 있도록 제도적 수단과 행정적 방안을 마련하는 것을 의미한다. 이들 이주민의 한국사회로의 수용과 공존을 위한 정책이 중요한 이유는 다음과 같다. 첫째 한국사회에 거주하는 이민자들은 대부분 중장기적으로 보았을 때 대부분 경제적 측면으로만 보아도 부정적인 평가보다는 긍정적인 평가를 받고 있다. 둘째, 이민자들은 한국사회에 기주하면서 그들의 문화와 종교 그리고 정체성이 갖는 특징을 한국사회에 전이한다. 이들의 문화적 다른 특징과 성격은 한국사회에 새로운 지식과 인식을 전수하고 이에 한국사회는 더 창조적이고 유연한 사고방식과 태도를 배울 수 있는 기회를 가질 수 있다. 한층 더 가까워지는 지구촌의 사람들이 서로 돕고 공존하는 삶을 살려면 다른 문화와 정체성, 가치 등의 상호교류는 장차 국가공동체의 큰 자산이 된다.

3. 정책대상을 이민자 전체로 재인식하자

한국의 이민정책이 올바른 목표를 지향하고 설정할 수 있으려면 그 정책 대상을 대하는 인식과 태도가 지금과는 달라져야 한다. 이민자는 모두 한국사회가 통합하고 수용해야 하는 대상이며 따라서 이들은 어떠한 정치적 혹은 경제적 목적이나 명목으로도 구분되거나 나누어져서는 안 된다. 공동체의 사회통합을 위한 대상에서 외국인 유학생이나 탈북 북한주민 또는 난민이라고 해서 제외해서는 안 되는 것과 똑같은 맥락이다.

이주노동자나 결혼이민자, 유학생이나 탈북 북한주민들은 모두 같은 국경을 넘은 이민자이고 또 그들이 한국사회로 이주해온 목적은 크게는 모두 다르지 않다. 이들은 각각 그 국가가 다르고 자라온 환경도 다르고 개인적인 능력도 다르지만 개개인들은 한국에 이주해온 이상 한국사회에 거주하며 대부분 긍정적이며 발전적인 기여를 하고 싶어 한다. 누구도 공동체에서 탈락하거나 소외되고 싶은 사람은 없다. 자신의 익숙한 환경으로부터 이탈하여 낯선 환경과 열악한 상황을 기꺼이 견디면서 오히려 이들은 누구보다도 더 열심히 일하며 개인적인 성취와 사회적인 성취를 기대하며 새로운 사회에 적응하려고 노력한다. 이들 이민자들의 사회적 적응과 기여를 위한 노력 등을 증명하는 선진 이민 국가들의 사회적 평가와 사례는 많다.

실제로 이주노동자들은 한국경제에서 구체적 자본 축적과 중소 제조업의 인력난 해소에 기여한다. 또한 여성결혼이민자의 한국 남성과의 결혼은 중 · 장기적으로 경제의 안정과 자녀출산의 증가 등과 함께 이들을 수반한 더 많은 사회적 기여를 한다. 외국인 유학생들의 대거 유입은, 교육으로 인한 한국의 높은 수준의 기술 전수 그리고 국제적 문화교류의 이익을 준다. 한편 탈북 북한 이주민들의 증가는 북한 사회의 실태 파악과 이들의 한국사회 적응노력으로 북한 주민들이 잠재적으로 한국사회에 대해 보다 긍정적인 이해를 통해 미래 통일에의 기여 등을 하게 한다. 한국사회에서 간혹 이민자들을 부정적으로 인식하거나 평가하기 위해, 한국사회에서의 거주 형태나 외국인 범죄자의 범죄율이나 범죄의 형태 등을 예시하기도 하는 사례가 있었지만 이들 내용들을 면밀하게 검토하거나 살펴보면 모두 사실이 아닌 것으로 밝혀졌다. 범죄율과 같은 언론의 보도들은 내용에서 대부분 과장되어 있으며 그 사례나 실제에서는 일반통계의 수준보다 결코 더 지나치거나 나쁘지 않다.

그런데 지금까지 한국사회에서 이주노동자와 여성결혼이민자가 특히 그 정책의 실제 내용에서 그 대상이 구분되고 또 운영의 항목늘에서 동화와 지원, 배제와 통제의 정책으로 이분화된 이유는 지금까지 살펴본 것과 같이 한국 이민정책의 역사, 사회적 인식과 태도의 배경적 기반 그리고 이러한 기반과 함께 뿌리내린 정부 정책 프레임의 이중성 때문이었다.

또한 현실에서 많은 국민들에게 실제의 이민자들은, 그렇게 자주 만나거나 빈번하게 부딪치는 중요한 사람들이 아니다. 매일 매일의 삶에서 국민 대다수의 사람들에게 이들은 아직, 이해관계 혹은 정서적 교류의 차원 모두에서 자주 직접적인 대면을 하는 사람들은 아니기 때문이다. 이러한 이유로 이민자들은 그동안 우리사회에서 중요한 사람들로 인식되지 못했다. 따라서 정부의 이민정책은 시민이나 국민들의 주목대상이 아니었다. 한국의 이민정책이 지나치게 정부 주도적이라는 비판적 시각은 한편으로는 국민의 무관심으로부터도 배태되었다.

이러한 결과들로 인해서 이민정책을 보는 시민사회의 무관심과 정부 정책의 인식이 모두 이중성의 프레임 틀을 갖게 되어, 이민정책의 시행내용도 이민자를 대상 별로 구분하는 정책을 당연시하였다. 그러나 이민정책은 그 대상을 더 이상 이주노동자나 여성결혼이민자만으로 한정해서는 안 된다. 한국사회에서 국경을 달리해 이주해온 이민자는 이들을 포함하여 유학생과 난민 그리고 탈북 이주민 등이 있다. 정부의 이민정책은 한국사회의 이들 이민자들을 따로 구분하거나 분리하지 말고 전체 이민자의 사회통합을 위한 정책 대상으로 함께 다루어야 한다.

이주노동자나 여성결혼이민자 그리고 외국인유학생, 탈북이주민 등은 숫자나 통계에서는 잘 보이지 않는 국가 간의 문화 차이, 언어의 차이, 정체성의 차이 등과 함께 눈에 보이는 인종적 차이, 성별의 차이, 나이 차이, 학력 차이 등의 요소가 함께 내재하고 있다. 이민정책에서 정부차원의 대응은 이들 요소들을 모두 고려해야 한다. 현재 한국의 이민정책은 그 대상이 되는 이민자들 모두를 고려할 때, 너무 단편적이고 일방적인 여성결혼이민자들을 대상으로 한 동화지향의 정책들로만 이루어지고 있어서 장차 그 실효성이나 사회통합의 효과성이 얼마나 잘 달성될 수 있을지 염려스럽다.

따라서 이제는 이를 바로잡고 이민정책이 제자리를 찾아야 한다. 국가의 모든 구성원이 함께 노력하며 공동의 목표를 향해 나아가려면 내국인과 이민자들을 모두 포괄하는 사회통합정책으로 이민정책이 전환되어야 하며, 그 시작은 이민자를 대상에 따라서 구분하고 분류하지 않고 이들을 모두 이민정책의 대상으로 삼는 것에서부터 비롯해야 한다.

4. 문화다양성 · 차이를 인정하고 과감히 수용하는 공동체를 만들자

　문화는 사고, 행동, 습관, 가치, 언어, 종교, 민족 등을 모두 포함하는 사람들의 행동양태를 의미한다. 역량을 "전문가나 기관이, 개인이나 지역사회가 갖고 있는 문화적 신념, 행동과 욕구 등이 효과적으로 기능할 수 있는 능력"(장미혜 외, 2008)이라고 한다면 문화다양성 역량은 다문화상황에서 사회조직이나 소관기관 그리고 전문가들이 서로 협력하며 효과적으로 활동하거나 일을 할 수 있도록 하는 사회 전반의 준비된 행동과 태도 등이라고 할 수 있다. 또한 문화적 역량은 문화적 강점이라는 관점에서 각 문화에 내재하는 장점 그리고 사회적 자산을 인정하면서 사회적 소수자나 약자에 대해 갖고 있는 부정적 개념이나 무시하는 태도 등으로부터 근본적으로 전환하는 것을 의미한다.

　2001년 유네스코 총회는 문화다양성 선언[30]을 하였는데, 이 선언의 목표는 자본의 세계화에 맞서서 각국의 문화주권과 문화정체성을 지키는 것이었다. 여기에서 문화정체성의 의미는 각 국가의 정체성, 가치 등을 의미하기 때문에 경제논리만으로는 취급할 수 없다는 것이다. 문화다양성은 문화적 가치로 이해해야 하며 이는 문화권과 의미를 같이한다. 문화권은 또 인권을 구성하는데 서로 의존하는 요소이며 이는 소수자나 토착민들에게

---

30)　인터넷 UNESCO 홈페이지, 검색일 2012년 12월 14일.

도 자유롭게 보장되어야 한다. 문화적 역량을 이론화한 맥페터 (McPhatter, 1997)는 문화적 역량을 '계몽된 의식', '근거에 기반한 지식토대', '축적된 기술적 능력'이라는 세 가지 요소로 구분하여 보았다. 이러한 문화적 역량은 어떤 시점에서 결과적으로 달성되어지는 목표라기보다는 다문화와 관련된 문제 인식에 기반하여 적절한 대응전략을 축적하고 발전시켜 나가는 점차적 진행과정이라고 할 수 있다.

프로리다(R. Florida, 2002)는 주류사회에 적극적으로 통합되기를 희망하는 이주민이 증가할수록 사회의 다양성과 개방성이 높아진다고 하였다. 예를 들어 다른 지역보다 더 역동적이고 개방적이고 활발한 미국의 도시 뉴욕, 보스톤, 샌프란시스코 등은 다른 도시보다 이민자가 더 많아서 다양한 인종들이 어울려서 시너지를 형성하기 때문이라고 평가하였다. 그는 또 도시의 인종의 다양성은 사회문화적 다양성과 창의성과 높은 상관관계가 있다고 하였다. 한 사회에서 다양성의 부족은 결국 성장의 둔화와 창의성의 둔화를 가져오게 한다.

이와 관련 많은 학자들은 일본의 경우를 예로 든다. 1980년대와 90년대, 일본의 경제적 성장을 평가하는 일본사람들은 스스로를 우수한 단일민족이라는 배타적 민족주의를 강조하였다. 결국 일본은 국가혁신과 개방정책에 실패하여 장기적인 불황과 국가경쟁력 상실의 시대에 접어들게 되었다는 평가가 그것이다. 일본의 외국인과 이민자에 대한 폐쇄적인 태도는 현재에도 별로 바뀌지 않고 있다. 일본은 그동안 고령화와 인구감소 등

으로 인해 국가의 생산인구의 감소로 인한 경쟁력이나 인구 구
성상의 역동성 등이 계속해서 약해져왔는데도 불구하고, 이민자
등을 개방적으로 받아들이지 않음으로써 상실하고 있는 기회비
용이 약 3조8000엔으로 추산되고 있다는 보고도 나오고 있다(최
홍, 2010).

이와 같은 주변 국가의 바람직하지 않은 사례를 일부러 예시
하지 않는다고 하더라도 다른 국가와 다른 문화를 존중하고 인
정하는 것을 경제적 또는 정치적 목적을 갖는 이익이나 승리의
관점만으로 이해해야 한다면 이는 매우 서글픈 일이다. 만일 그
렇다면 국가나 집단은 서로를 경쟁상대 혹은 내가 이겨야만 하
는 상대로만 바라보아야 할 것이기 때문에 이는 미래의 지구촌
공동체가 함께 나아갈 방향은 아니다. 다른 문화를 존중하고 그
차이를 인정하는 것은 지구촌의 모든 국가들과 공동체가 공존하
며 성장할 수 있게 하는 필요불가결한 덕목이다.

나가며 >>>

인간은 이주하는 본성을 가진 '호모 미그란스Homo Migrans'이다(토토라 G. Tortora, 1971). 뒤돌아보면 인류의 역사는 이주의 역사, 이민의 역사이기도 하다. 지금 이 순간에도 지구촌 전역에서는 중단 없이 이주와 이민의 대열이 이어지고 있다. 세계인구가 67억 명에 이른 2000년대 중반 현재에도 자기가 태어난 지역 바깥에서 살고 있는 사람들의 수는 전체의 2.2%인 1억5천만 명이며, 매년 250만 명의 이민자들이 가난한 국가를 떠나 더 부유한 국가로 이주한다(Harm de Blij, 2005: 유나영, 2007).

이민의 원인이나 이유는 역사 이래 전쟁 또는 자연재해로부터의 피난, 정치적 박해로부터의 탈출 등 매우 다양하지만 오늘날 가장 큰 이민의 원인은 무엇보다 지구촌의 세계화, 부국과 빈국의 차이에 따른 노동력의 국제적 이동이다. 사실 이민은 더 살기 좋은 환경이나 경제적 여건에서 살기위한 개인, 가족 또는 집단의 생존을 위한 자연스러운 선택에 다름 아니다. 그럼에도 국경을 넘는 이민은 대부분의 사람들이 모두 경험하거나 또는 개인적으로 자주 경험하는 삶의 모습은 아니다.

가속화하는 전 지구화와 세계화의 흐름 속에서 이미 이민사회의 역사가 깊은 서구사회에서도 '국경을 넘어서는 이주'로 인한 이주민의 정체성과 소외문제 등이 여전히 심각한 사회갈등을 불러일으키고 있고, 목전의 한국사회 역시 이주민의 대거 유입으로 인해 발생하는 사회갈등 문제에 직면해 있다. 이민정책은 이민의 역사가 뿌리 깊은 국가에서도 쉽지 않은 과제이다. 한 국가의 이민정책은 이민자의 공동체 내 소수자의 정체성과 인권의 현 수준을 묻는 맥락과 인류 보편의 이주문제를 함께 다루는 국제사회와의 연대의 차원을 함께 고려하고 생각해야 한다.

지금 한국의 이민정책은 이중성 프레임을 노정하고 있다. 표면적으로 보기에는 '다문화정책'의 이름으로 한국사회의 외국인 이민자들을 차별 없이 수용하고 통합하는 모습을 보이고 있지만 정책의 실제는 그렇지 않다. 국가 공동체에 거주하는 모든 사람들을 통합하고 공동번영을 꾀하려는 이민정책의 구체적인 실행을 위한 대상은 물론 거시적으로는 한국에 거주하는 내국인 전체와 외국인 거주자 전체이지만 미시적으로는 국경을 넘어 한국으로 이주하여 살고 있는 1년 이상의 중·장기체류 외국인들이다. 한국에 거주하고 있는 중·장기체류 외국인거주자는 2019년 현재 약 250만 명을 넘어서고 있다. 이들을 인구 구성에 따른 대상별로 구분해 보면 이주노동자가 약 41만 명, 여성결혼이민자가 약 16만 명, 주로 중국국적의 한국인동포 약 60만 명, 외국인 유학생 약 15만 명, 기타 미등록외국인 39만여 명 등이다.

문제는 한국정부의 이민정책이 이들 이민자들 중 특히 이주노동자와 여성결혼이민자들에게 서로 상반된 정책적 접근을 하고 있다는 데 있다. 외국국적의 한국인동포와 상대적으로 적은 규모의 외국인 유학생, 난민 등을 제외하면 당면한 이민정책의 주요 대상이 되는 외국인거주자는 사실상 이주노동자와 여성결혼이민자이다. 한국이 이민자를 대하는 일천한 경험과 이민자들의 한국으로의 짧은 이주역사에 비추어보면 이민자들을 대상에 따라 서로 다른 정책 혹은 상반되는 정책으로 대응하는 것이 그리 특별하거나 문제시된다고 생각하지 않을 수도 있다. 그러나 한국의 이민정책의 실제내용을 세부적으로 찬찬히 들여다보고 분석해 보면 이러한 정책양태가 매우 바람직하지 못하며 장차 국가공동체 구성원들의 사회통합에 부정적인 정책임을 알 수 있다.

한국은 1990년대 이후 크게 증가하기 시작한 이주노동자들에 대해서는 일관되게 사회적 배제와 경제적 통세를 강제하는 배제정책 프레임을 작동하는 정책을 시행하여 왔다. 반면에 2000년대 이후 크게 증가해온 여성결혼이민자들에 대해서는 사회적 수용과 국민으로의 동화를 유도하는 동화정책 프레임을 작동하는 정책을 시행하여 왔다. 정부 이민정책의 이와 같은 이중성 프레임은 이미 상당부문 고착화되었다. 그러나 이렇게 대상에 따라 다르게 적용되는 이민정책의 이중성은 점차 한국사회의 유연성과 개방성 그리고 포용성에 의문을 제기하는 용어가 되고 있다. 경제적 편익의 추구를 정당화하는 배제지향의 이주노동자정책과 국민으로의 무조건적인 수용을 전제로 하는 동화지향의 여성결혼이민자정책은 모두 지나치게 자국 중심적이며 한쪽 편향적인 정책이기 때문이다.

한국 이민정책의 이중성 프레임은 대상을 구분하여 소관부처를 달리하는 정부의 정책구조로부터도 영향을 받고 있지만 보다 근본적인 이중성 프레임의 배경은 뿌리 깊은 한국사회의 단일민족·단일문화 신화의 의식구조와 인종에 대한 편견, 가부장적 사고방식 그리고 노동자를 중시하지 않는 태도 등으로부터도 기인하고 있다. 따라서 이러한 배경을 가지고 있는 한국의 이민정책을 다시금 개방과 포용 그리고 내국인과 이민자 모두의 진정한 사회통합을 이룰 수 있도록 하는 새로운 정책구조와 사회의 의식구조의 전환을 위한 메타프레임의 필요성은 매우 절실하다. 지금과 같은 한국 이민정책의 이중성 프레임은 점차 시간이 지날수록 더 바람직하지 않은 결과를 초래할 가능성을 많이 노정시키고 있으며 따라서 미래 한국사회의 내국인과 이민자 모두의 공생을 위한 정책으로는 적합하지 않다는 것이 드러나고 있기 때문이다. 이제 한국의 이민정책은 대상에 따른 배제 또는 동화지향의 이중성 프레임으로부터 벗어나서 시민사회의 참여와 함께 새로운 메타프레임으로 전환하여 난민과 탈북이주민 등 이민자 전체를 포함하는 진정한 사회통합정책을 수행하는 체제가 되어야 한다.

처음 글을 쓰기 시작한 목적을 생각하며 이 책의 결과를 살펴보면 어느 정도 성과를 이루기는 하였다고 보지만 그럼에도 다음과 같은 몇 가지 아쉬움과 한계를 드러내고 있음을 감출 수 없다. 첫 번째로 크게 아쉬운 점은 다문화사회를 맞는 이민정책이 생각해야 할 부문에서 무엇보다 중요한 이민정책의 규범적·이념적 기초가 되는 이론과 개념을 일정부분 개괄적으로 논의하였으나 그 논의의 필요성과 중요성에 비해 내용을 보다 충실하게 다루지 못했다는 점이다. 다음으로 아쉬운 점은 이민자를 대상에 따라 다르게 인식하는 사회와 정부의 이중성 프레임을 통해 정부의 이민정책을 분석하고 살펴보다 보니 그 대상을 이주노동자와 여성결혼이민자 정책으로 한정한 점이다. 이러한 설명과 분석은 당면한 한국 이민정책의 문제점을 드러내고 확인시키는 데는 유익하고 가치가 있었지만 반면에 이민자 모두를 대상으로는 정책내용과 논의를 전개시키지 못하는 한계를 보였다. 따라서 이 책은 한국 중앙정부의 이민정책이 구체적으로 어떠한 프레임을 통해 이루어지고 있는지에 대한 설명을 하는 데는 어느 정도 유익하였지만, 다른 한편으로는 한국사회의 또 다른 이민자인 유학생과 난민 그리고 탈북이주민 등에 대한 고찰과 정책의 구체 내용들을 알아보고 이들을 모두 통합하는 세부 정책 대안을 제시하는 데는 한계를 가질 수밖에 없었다. 이 글의 세 번째 또 다른 한계와 아쉬움은 보다 구체적인 지방자치단체 이민정책의 내용과 전개방식과 그리고 현황을 더 자세히 살펴보고 논의하지 못한 점이다. 현실에서 이민자들은 대부분 모두 그들이 실제로 거주하는 거주지의 구체적인 행정과 정책집행의 접촉을 통해서 한국사회를 경험하고 교감한다. 이민자들은 가장 먼저 그들의 주소지의 주민센터와 시청, 구청 혹은 동사무소 등을 통해서 한국을 접촉하고 한국 사람과의 교류를 시작한다. 이러한 면에서 보면 분명히 이민정책은 중앙정부 차원보다는 지방자치단체의 차원에서 더 세부적이고 구체적인 정책들이 계획되고 실행되는 것이 유익하다. 따라서 정책의 대안제시와 관련한 세부 내용도 중앙정부 보다는 지방자치단체 차원에서 더 많이 나와야 할 것이다.

이러한 아쉬움들에도 불구하고 내가 이 책의 출판에 얼마간의 위안을 삼는 것은, 미래 한국의 이민정책이 보다 더 중요하게 다루어야 할 다문화사회 규범과 이념의 기초가 더 다져져야 함을 강조하며 향후 더 깊이 있게 다룰 수 있도록 하는 계기를 마련하였다는 것이고, 다음으로 한국의 이민정책이 짧은 역사와 경험으로 인해 어느 정도는 불가피하게 중앙정부의 주도로 이루어져 왔음을 밝히고 동시에 그 정책의 내용이 프레임의 충돌현상을 심각하게 노정하고 있다는 점을 그동안의 연구를 통해 비교적 충실히 제시할 수 있었기 때문이다. 따라서 나는 이제부터 우리사회에 더 많은 다문화사회와 다문화주의의 규범 논의 확산과 한국 이민정책 문제의 과제 해결을 위한 후속 논의가 관련 학계나 정부의 정책 일선에서 활발해질 수 있기를 기대한다.

참고문헌 >>>

고자카이 도시아키 (2002). 「민족은 없다」 방광석 옮김. 뿌리와 이파리.

고혜원 외 (2010). 다민족 · 다문화사회로의 이행을 위한 정책패러다임 구축
(IV). 여성결혼이민자의 취업 지원방안: 언어 · 문화자원 활용분야를 중심
으로. 한국여성정책연구원 · 한국직업능력개발원.

곽영순 (2009). 「질적 연구」 파주: 교육과학사.

구견서 (2003). 다문화주의의 이론적 체계. 「현상과 인식」 제90호: pp. 29-53.

국가인권위원회 (2011). 「이주인권분야 결정례집」 2006.1.1.-2011.9.1.

권기철 외 (2005). 「동아시아의 이주노동자: 현실과 정책」 부산대학교 출판부.

권미경 (2007). 「다문화사회의 교육문화 과제 탐색: 여성결혼이민자의 체험에
관한 질적 연구」 동아대 대학원 박사학위논문.

권혁민 (2009) 다문화 공간과 다문화 사회. 「한국지역지리학회」

김게르만 (2005). 「한인 이주의 역사」 서울: 박영사.

김광억 외 (2005) 「종족과 민족: 그 단일화 보편의 신화를 넘어서」 서울아카 넷.

김남국 (2008). 한국에서 다문화주의 논의의 전개와 수용. 「경제와 사회」 제80

호 pp. 343-361.

김미숙 (2009). 「지역사회 다문화가족 교육지원 인프라 현황과 과제」. 한국교육 개발원.

김병조 (2009). 「한국의 이주노동자와 자본축적」. 경상대학교 박사학위논문.

김비환 (2007). 한국사회의 문화적 다양화와 사회통합: 다문화주의의 한국적 변용과 시민권 문제. 「법철학연구」: 10(2): pp. 317-348.

김상돈 (2010). 「다문화교육의 목표와 내용체계 연구」. 고려대학교 박사학위논문.

김석호 외 (2011). 노동이주 추이와 사회통합정책의 과제. 한국여성정책연구원 · 한국사회학회.

김선희 · 전영평 (2008). 결혼이주여성정책의 정체성 분석: 인권보호인가?, 가족유지인가? 「행정논총」: 46(4):pp.305-330.

김연진 (1999). 미국 내 한국 이민과 소수 민족적 정체성의 형성. 「미국학논집」 31(1): pp.259-302.

김영란 (2008) "한국사회에서 이주노동자의 사회문화적 적응에 관한 연구".「담론201」. 11(2):pp.103-138

김용신 (2009). 한국사회의 다문화교육 지향과 실행전략. 「사회과교육」 48(1): pp. 13-25.

김이선 (2008) 「다문화 사회의 전개에 대한 한국사회의 이중성 수용성」. 한국다문화학회.

김이선 외. (2008). 「다문화사회로의 이행을 위한 문화정책 현황과 발전방향」. 한국여성정책연구원.

김이선 · 김인순 · 박준규 · 이창호 (2008). 「다문화사회로의 이행을 위한 정책 패러다임 구축(Ⅰ): 한국사회의 수용 현실과 정책과제」. 한국여성정책연구원.

김이선 · 마경희 · 선보영 · 이소영 (2010). 「다문화가족의 해체문제와 정책과제」. 여성가족부.

김이선 · 정해숙 · 이정덕 (2010). 「다민족다문화사회로의 이행을 위한 정책 패러다임 구축(Ⅳ): 생산적 다문화사회 구현을 위한 정책의 질적 도약 기반 구축」. 한국여성정책연구원

김지현 · 손철성 (2009). 세계시민주의, 공동체주의, 자유주의. 「시대와 철학」 20(2): pp. 73-126.

김태길 (1988). 한국과 한국인, 그 어제와 오늘. 「문음사」

김태헌 · 전광희 · 이윤석 · 조영태 (2006). '인구대사전' 한국인구학회. 통계청

김현선 (2009). 국적과 재일코리안의 정체성: 조선 · 한국적 유지자의 삶과 의식을 중심으로. 경제와사회 제83호.

김혜순 (2007). 「한국적 다문화주의의 모색: 세계화시대 이민의 보편성과 한국의 특수성」 한국사회학회: 동북아시대위원회 용역과제.

_____ (2008). 결혼이주여성과 한국의 다문화사회 실험. 「한국사회학」 42(2). pp. 36-71.

노명식 (2011). 「자유주의의 역사」 서울: 책과함께

라경수 (2011). 「1960-1980년대 한국인의 국제이주: '인력수출'이라는 담론 분석을 중심으로」 이주와 이산의 역사—2011 전국역사학 대회.

마경희 외 (2011). 「범부처 다문화사회 정책 예산 분석」 한국여성정책연구원.

민경희 (2006). 미국 내 한국이민자의 빈곤에 관한 연구. 「한국사회학」 40(2): pp.227-266.

민무숙 (2011). 「여성결혼이민자의 사회적 관계 양상을 통해 본 사회통합의 가능성」 한국여성정책연구원 제 71차 여성정책포럼.

박경태 · 설동훈 · 윤수종 외 (2005). 「우리시대의 소수자 운동」 이학사.

박경태 (2010). 「인권과 소수자 이야기」 서울: 책 세상

박내영 외 (1988). 「한국의 해외취업: 어제, 오늘 그리고 내일」 아산사회복지사업재단

박명규 · 김병로 · 김수암 외 (2012). 「노스 코리안 디아스포라」 서울대학교통일평화연구원

박명선 (2007). 독일 이민법과 통합정책의 외국인 차별에 대한 연구. 「한국사회학」 41(2):pp. 271-303.

박병섭 (2009). 다문화주의에 관한 철학적 연구. 「사회와 철학」 제18호: pp.

박영신 (1986). 「역사와 사회변동」 서울: 민영사.

박정순 (2003). 공동체주의적 사회비판의 가능성: 마이클 왈쩌의 논의를 중심으로. 「범한철학」제30집: pp.211-247.

박종일 (2006) 「다문화 시대의 정체성 연구를 위한 '에스니시티(Ethnicity)'의 개념화: 민족, 인종, 종족 그리고 소수민족과 연결하여」. 사회학대회.

박종훈 (1998). 공동체주의적 자유주의와 자유주의적 공동체주의. 한국국민윤리학 회「국민윤리연구」40호: pp. 213-241.

배관용 (1984). 「동서양 규범문화의 변화, 한국사회와 규범문화」. 정신문화연구원

백영서 (2007). 「제국을 넘어 동아시아 공동체로: 동아시아의 지역질서」. 서울: 창비

법무부 (2010). 「이민자 사회통합프로그램 및 그 운영 등에 관한 규정」.

보건복지부 (2005). 「국제결혼 이주여성 실태조사 및 보건·복지 지원 정책방안」.

보건복지부 (2010). 「2009년 전국 다문화가족 실태조사 결과」.

보건사회연구원 (2009). 「다문화가족 실태연구조사」.

사까이 나오끼 (2003). 「국민주의의 포이에시스」. 이규수(역). 서울: 창비.

사단법인 국경없는마을 (2007). 「이주민 공동체의 문화다양성에 대한 연구: 다문화지도」.

서범석 (2010). 「다문화교육정책의 현황과 발전방향 탐색」. 한양대학교 박사학위논문.

서종남 (2010). 한국사회의 다문화 관련 용어에 관한 연구-현황분석 및 다문화교육 관계자 FGI를 중심으로. 「교육문화연구」16(2): pp. 145-168.

석정원 (2003). 한국의 여성 이주노동자 실태와 연대를 위한 제언. 노동조합기업경영연구소.

설동훈 (2007). 「외국인이민자사회통합 정책」. "2007-2011년 국가재정운용계획: 일반행정분야 종합보고서".

설동훈·김명아. (2008). 「한국의 이민자 사회통합지표 및 지수 개발에 대한 연구」. 법무부.

설동훈 · 김윤태 · 김현미외 (2005). 「국제결혼 이주여성 실태조사 및 보건 복지 지원 정책방안」. 보건복지부.

설동훈 · 이혜경 · 조성남 (2006). 「결혼이민자 가족실태조사 및 중장기 지원정 책 방안 연구」. 여성가족부.

손인수 (1984). 「한국인의 가치관」. 문음사.

송재룡. (2009). 다문화주의와 인정의 정치학, 그리고 그 너머. 「사회이론」 제35 권: pp.79-105.

스테판 에셀 (2011). 「분노하라」. 임희근(역). 서울: 돌베개

신용하 (2006). 민족의 사회학적 설명과 '상상의 공동체론' 비판. 「한국사회학」. 40(1): pp. 32-58.

심준섭 (2013). 「프레임분석방법」. 고려대학교 정부학연구소 학술대회 발표자 료.

아르준 아파두라이 (2011). 「소수에 대한 두려움」. 장희권(역). 에코리브르.

양승태 (2007). 똘레랑스, 차이성과 정체성, 민족 정체성, 그리고 21세기 한국의 민족주의. 「정치사상연구」 13(1): pp.53-77.

오경석 (2008). 「전환기의 안산 : 쟁점과 대안」. 서울: 한울.

오경석 외 (2009). 「한국에서의 다문화주의」. 서울: 한울.

오성배 (2009). 외국인 이주노동자 가정 자녀의 교육실태와 문제 탐색. 「한국청 소년연구」 제54호: pp. 305-334

외국인정책위원회 (2012). 「제1차 외국인정책 기본계획(2008-2012): 2012년 도 중앙부처 시행계획」. 법무부 · 외국인정책본부

원숙연 · 박진숙 (2009). 다문화사회와 외국인정책에 대한 정향성 분석: 중앙정 부공무원의 인식을 중심으로. 「행정논총」. pp. 201-224.

원숙연 (2008). 다문화주의시대 소수자정책의 차별적 포섭과 배제-외국인대상 정책 을 중심으로 한 탐색적 접근. 「한국행정학보」 42(3). pp. 29-49.

원진숙 외 (2010). 「글로벌 시대의 다문화교육」. 사회평론.

유길상 · 이규용 (2001). 「외국인근로자의 고용실태와 정책과제」. 한국노동연구 원.

유네스코아시아 · 태평양국제이해교육원. (2008). 「다문화사회와 국제이해교육」. 동녘.

윤건차 (1997). 「일본 그 국가, 민족, 국민」. 서울: 일월서각.

윤수종 외 (2005). 「우리시대의 소수자 운동」 서울: 이학사.

윤인진 · 송영호 · 김상돈 · 송주영 (2011). 「한국인의 이주노동자와 다문화 사회에 대한 인식」. 파주: 한국학술정보(주)

윤인진 (2003). : 코리안 디아스포라: 재외 한인의 이주, 적응, 정체성: 「한국사회학」. pp. 101-142.

_____ (2004). 「코리안 디아스포라」. 고려대학교 출판부.

_____ (2008). 한국적 다문화주의의 전개와 특성: 국가와 시민사회의 관계를 중심으로 「한국사회학」. pp 72-103.

윤인진 외 (2009). 「국제이주, 소수자, 재외한인, 다문화연구의 동향과 과제」. 한국사회학회 사회학대회 논문집.

윤평중 (1999) 「자유주의-공동체주의 논쟁의 한국적 의미」. 철학연구회 춘계연구발표회

이금연 (2003). 「국내국제결혼과 그 이해-실태와 문제점을 중심으로」. 국제결혼과 여성폭력에 관한 정책제언을 위한 원탁토론회 자료집.

이명진 외 (2010). 다문화사회와 외국인에 대한 사회적 거리. 「조사연구」11(1): pp.63-85.

이민정책연구원 (2011). 「한국 이민정책의 이해」. 이민정책 연구총서 1.

이선미 · 황필규 · 이민경 외 (2011). 「한국 이민정책의 이해」. 백산서당

이선민 (2008). 「민족주의, 이제는 버려야 하나」. 서울: 삼성경제연구소

이세기 (2012). 「이주, 그 먼 길」. 후마니타스

이소희 (2012). 「다문화사회, 이주와 트랜스내셔널리즘」. 서울: 보고사.

이승환 (2002). 한국 가족주의의 의미와 기원, 그리고 변화가능성. 「유교사상연구」제20집. pp. 47-64.

이식 · 전원경 (2007). 「영국 바꾸지 않아도 행복한 나라」. 리수.

이정환 (2007). 외국인 노동자에 대한 사회학적 연구의 방향. 「다문화 사회 한국

사회과학의 과제」. 성균관 대학교 동아시아지역연구소.

이준웅 (2000). 프레임, 해석 그리고 커뮤니케이션 효과 「언론과 사회」: 29. pp.85-152.

이진영 (2010). 「한국의 재외동포 정책」. 이민정책연구원. 워킹 페이퍼 No. 2010-11.

이한숙 (2004). 「외국인 노동력 유입의 경제적 효과에 대한 연구」. 부산대학교 박사학위 논문.

이현철·김영천·김경식 (2013). 「통합연구방법론」. 파주: 아카데미프레스

이혜경 (1994). 외국인노동자 고용에 관한 연구: 국내 노동시장에 미치는 영향. 「한국사회학」 제28권: pp.

_____ (2007). 「이민정책과 다문화주의: 정부의 다문화정책 평가」. 한국사회학회 동북아시대위원회 용역과제.

_____ (2011). 「한국 이민정책사」. 이민정책연구원 이민정책연구총서. 백산서당.

이혜경 외 (2006). 이주의 여성화와 초국가적 가족: 조선족 사례를 중심으로. 「한국사회학」 40(5):

이황식 (2002). 「한국사회의 가족주의: 개념설정 및 개념사 연구」.pp. 331-358.

임선일 (2011). 「한국사회 이주노동자의 문화변용」. 파주: 한국학술정보(주)

임의영 (2011). 「형평과 정의」. 한울 아카데미

임의영·김태환 (2013). 한국사회에서 이주노동자의 사회적 수용을 위한 정책 지향에 관한 연구. 「행정논총」 51(1): pp. 237-263.

장미혜·김혜영·정승화·김효정 (2008). 「다민족다문화사회로의 이행을 위한 정책 패러다임 구축(Ⅱ): 다문화역량 증진을 위한 정책사회적 실천 현황과 발전방향」. 한국여성정책연구원.

장붕익·김용민·김일곤·송병준·이선필 (2013). 「유럽연합: 연속성과 정체성」. 서울: 한국외국어대학교 출판부.

장승진 (2010). 다문화주의에 대한 한국인들의 태도: 경제적 이해관계와 국가 정체성의 영향을 중심으로. 「한국정치학회보」 44(3): pp. 97-119.

장영진 (2006). "이주 노동자를 대상으로 하는 상업 지역의 성장과 민족 네트워크: 안산시 원곡동 사례로"「한국지역지리학회지」. pp.523-539.

전숙자 외 (2009).「다문화사회의 새로운 이해」. 도서출판 그린.

전영평 외 (2010).「한국의 소수자 정책 담론과 사례」. 서울: 서울대학교출판문화원

정재각 (2010).「이주 정책론」. 고양: 인간사랑.

정정훈 (2010).「외국인 인권 기초 연구」. 이민정책연구원.

정태석 (2002).「사회이론의 구성」. 서울: 한울.

조현미 (2009). 일본의 다문화공생. 정책을 통해서 본 사회통합정책의 과제「한국지역지리학회지」. 15(4): pp.449-463.

조효제 (2011).「인권을 찾아서」. 한울아카데미.

총리실 (2009).「다문화가족지원정책 추진현황 및 향후 계획」. 국무총리실·관계부처 합동 제28차 국가정책조정회의.

최경애 (2007) 한국의 전통적 공동체주의와 신공동체주의의 구성원리 비교.「사회 과학연구」. 46(2): PP. 177-204.

최경옥 (2010).「이주노동자 가족의 권리보호 및 다문화가족지원법의 문제점과 개선방안 - 다문화사회를 위한 정책제언」. 한국비교공법학회·국가인권위원회.

최무현 (2008). 다문화시대의 소수자정책 수단에 관한연구.「한국행정학보」. 42(3): pp. 51-77.

최병두·임석회·안영진·박배균 (2011).「지구·지방화와 다문화 공간」. 푸른길.

최병두 (2009). 한국 이주노동자의 일터와 일상생활의 공간적 특성「한국경제지리학회지」. pp. 319-343.

(2011).「다문화 공생」. 푸른길.

최종열 외 (2008). "다민족·다문화사회로의 이행을 위한 정책 패러다임 구축Ⅱ: 다문화주의의 이론적 패러다임과 국가별 유형비교" 한국여성정책연구원.

최종열·김정규·임운택·최인영 (2008).「다문화주의의 이론적 패러다임과 국

가별 유형비교」, 한국여성정책연구원 · 한국사회학회.

최혜자 · 이금연 · 정귀순 외 (2007). 「이주노동자 문화예술교육 프로그램 개발 및 운영에 관한 연구」 문화관광부.

출입국외국인정책본부 (2009). 「출입국 · 외국인정책 통계연보」

토비아스 휘비네트 외 29인 (2012). 인종 간 입양의 사회학. 뿌리의집.

하민철 · 윤견수 (2010). 메타프레임으로서 녹색성장 정책: 딜레마 대응 방안으로서 메타프레임 구성. 「한국정책학회보」, 19(1): pp. 101−125

한건수 (2008). 「비판적 다문화주의: 한국적 다문화주의의 모색을 위한 인류학적 성찰」, 유네스코 아시아 태평양 국제이해교육원 엮음.

한건수 · 설동훈 (2007). 「이주자가 본 한국의 정책과 제도」, 한국여성정책연구원 경제 인문사회연구회 2007년도 협동연구사업 연구과제 보고서. 한국여성정책연구원 · 유네스코 아시아태평양 국제이해교육원.

한경구 (2008). 「다문화사회란 무엇인가?」 유네스코 아시아태평양 국제이해교육원 엮음. 동녘.

한국국민윤리학회 (1998). 공동체주의적 자유주의, 자유주의적 공동체주의. 「국민윤리연구」, 제40호: pp. 213−241.

한국이주민건강협회 (2009). 「한국사회와 이주민 건강」, 외국인노동자 의료백서 2.

한승준 (2008). 프랑스 동화주의 다문화정책의 위기와 재편에 관한 연구. 「한국행정학보」 42(3): pp. 463−486.

행정안전부 (2009). 「활기찬 지역경제와 선진정부 실현을 위한 2010년 핵심정책 과제」.

행정안전부 (2013). 「인구주택 총 조사」.

황정미 · 김이선 · 이명진 · 최현 · 이동주. (2007).「한국사회의 다민족 · 다문화 지향성에 대한 조사연구」

황정미 (2007). 「다문화사회에 대한 한국인의 태도와 인종적 배제주의: 다민족 다문화사회를 향한 한국사회의 도전과 전망 토론회 자료집」한국여성정책연구원.

황필규 (2009). 「출입국 관련 국내법 현황 및 국제기준의 이해」. 국가인권위원회 대구인권사무소, 공익변호사그룹 '공간' 워크샵.

허범 (2001). 정책학의 이상과 도전. 「한국정책학회보」 11(1): pp. 293-311.

Anderson, Bennedict. (1991). 「민족주의의 기원과 전파」. 윤형숙(역). 서울: 나남; *Imagined Communities: Reflections on the Origin and Spread of Nationalism*. London: Verso. 1983.

Arjun Appadurai. (2006). *Fear of Small Numbers*. Duke University Press

Bade, Klaus J. (2006). Integration und Politik–aus der Geschichte lernen? *Ausder Politik und Zeitgeschichte*. 40-41.

Barro, R. (1992). Regional Growth and Migration: A Japan–United States Comparison. *Journal of the International and Japanese Economies*, 6.

Bauman, Zygmunt (2010). 「새로운 빈곤: 노동 소비주의 그리고 뉴푸어」. 이수영(역). 천지인. *Work, Consumerism, And The New Poor*. McGraw-Hill. 2004.

Berry, Brian (1973). *The Liberal Theory of Justice*. Oxford: Clarendon Press.

Berry, J. W. (1980). Acculturation as varieties of adaptation. In A. M. Padilla(Ed), *Acculturation: Theories, Models and Findings*. Bouder CO; Westview.

Bohning, W. Roger. (1972). *The Migration of Workers in the United Kingdom and the European Community*. New York: Oxford University Press

Brown, Wendy. (2010). 「관용: 새로운 제국의 통치전략」. 이승철(역). 서울: 갈무리; *Regulating Aversion: Tolerance in Age of Identity and Empire*. 2006

Bundesregierung. (2007). *der Nationale Integrationsplan: Neue Wege – Neue Chanoen*. Berlin.

Castle, S. and Miller. M. (2003). *The Age of Migration: International Population Movements in The Modern World(3rd ed.)*. New York:Guilford Press.

De Blij, Harm J.(2007). 「분노의 지리학: 공간으로 읽는 21세기 세계사」. 유나영(역). 천지인. *Why Geography Matters: Three Challenges Facing America: Climate Change - The Rise of China, and Global Terrorism*. Oxford University Press. 2005.

Delaney, David (2013). 「짧은 지리학 개론 시리즈: 영역」. 박배균 · 황성원(역), 서울: 시그마플러스; *Territory: a Short Introduction*. John Wiley & Sons, Ltd. 2005.

Dworkin, A. G. and Dworkin, R. J. (1999). *The Minority Report: An Introduction to Racial, Ethnic, and Gender Relations*. Harcourt Brace College Publishers

Elias, Norbert (1990). *Uber den Prozeß der Zivilisation—soziogentische und Psychogenetishe Untersuchugen*

European Commitee for Social Cohesion (2004). *Revised Strategy for Social Cohesion*.

Fennema, Meindert. (2004). The Concept and Measurement of Ethnic Community. *Journal of Ethnic and Migration Studies* 30(3).

Florida, R. (2002). *The Rise of the Creative Class*. Basic Books.

Freeman, Gary P. (1995). Modes of Immigration Politics in Liberal Democratic State. *International Migration Review.* : 24(4).

Gamson, W. A. (1992) *Talking Politics*. New York: Cambridge University Press.

Gamson, W. A. and Andre, Modigliani (1989) Media Discourse and Public Opinion on Nuclear Power: A Constructivist Approach. *American Journal of Sociology.* 95(1).

Gay, G. (2002). Preparing for Culturally Responsive Teaching. *Journal of Teacher Education.* 53(2).

Gellner, E. (1983). *Nations and Nationalism*. Oxford: Blackwell

Goffman, Erving. (1974) *Frame Analysis: An Essay on the Organization of Experience* (reprinted 1986). Boston: Northeastern University Press.

Gollnick, Donna. M. (2012). 「다문화 교육개론」. 염철현(역). 서울: 한울; *Multicultural Education in a Pluralistic Society*. 2009.

Gordon, Milton M. (1978). *Human nature, Class, and Ethnicity*. New York: Oxford University Press.

Habermas, J. (1994) Citizenship and National Identity. In B. van Steenbergen (Ed.), *The Condition of Citizenship*. Sage Publication.

Holley E, and Vicki. L. (2009). *National Identity: Civic, Ethnic, Hybrid, and Atomised Individuals*. Europe-Asia Studies.

Jean-Christophe Victor, Virginie Raisson, Frank Tétart, Frédéric Lernoud. (2008). 「변화하는 세계의 아틀라스」. 안수연(역). 책과함께. *Le dessous des cartes : Tome 2 : Atlas d'un monde qui change*. Tallandier. 2007.

Joppke, C. (1998). *Challenge to the Nation State: Immigration in Western Europe and the United States*. New York : Oxford University Press.

Josepe, May. (1999). *Nomadic Identities. The Performance of Citizenship*. Minneapolis & London: University of Minnesota Press.

Kymlicka, Will (1996). *Multicultural Citizenship: A Liberal Theory of Minority Rights*. Oxford: Oxford University Press.

Kymlicka, Will (2007). *Multicultural Odysseys: Navigating the New International politics of Diversity*. Oxford: Oxford University Press

Kymlicka, Will (2010). 「다문화주의 시민권」. 장동진(역). 파주: 동명사; *Multicultural Citizenship*. Oxford: Oxford University Press. 1996.

Legomsky, Stephen H. (2001). *Immigration Law and Policy* (Edition 3). Foundation Press.

(Le)Monde diplomatique.(2010). 「르몽드 세계사 2: 세계질서의 재편과 아프리카의 도전」. 이주영 · 최서연(역). 휴머니스트. *(Le)Monde diplomatique*. 2010.

Macarthy, Jane Ribbens and Edwards, Rosalind (2013). 「가족학의 핵심개념」. 전영주 · 원성희 · 황경란외 5인(역). 서울: 시그마플러스.; *Key Concept in Family Studies*. Sage Publication. 2011.

Marx, Karl and Engels, Friedrich (2008). 「공산당 선언」 강유원(역). 이론과 실천. *Communist Manifesto.*

McCrone, D. (1998) *The Sociology of Nationalism.* London: Routledge

Nisbett, Richard E. (2004). 「생각의 지도: 동양과 서양, 세상을 바라보는 서로 다른 시선」 최인철(역). 서울: 김영사; *The Geography of Thought: How Asians and Westerners Think Differently and Why.* New York: Free Press. 2003.

Nozick, R.(1997). 「아나키에서 유토피아로」 남경희(역). 문학과지성사. *Anarchy, State, and Utopia.* 1977.

Nozick, Robert (2008). 「아나키, 국가 그리고 유토피아」. 한국문화사회학회 (역). 서울: 이학사; *Anarchy, State and Utopia.* International Politics of Diversity. Oxford University Press. 1974.

OECD (2009). *International Migration Outlook Special Focus.*

Offe, C. (1987). *The Utopia of the Zero-option: Modernity and Modernization as Normative Political Criteria.* Praxis International. 1

Paige, R. M. (2004). Instrumentation in Intercultural Training, in Landis, J. M. Bennet and M. J. Bennet(eds.). *Handbook of intercultural Training,* 3rd ed. Thousand Oaks, CA: Sage.

Paul, R. Brass. (1991). *Ethnicity and Nationalism.* Theory and Comparison.

Portes and Rumbaut. (2001). *Legacies: The Story of the Immigrant Second Generation,* CA: University of California Press.

Portes, Alejandro, and John, Walton (1981). *Labor, Class, and the International System.* New York: Academic Press.

Putnam, Robert D. (2009). 「나 홀로 볼링: 사회적 커뮤니티의 붕괴와 소생」 정승현(역). 페이퍼로드. *Bowling Alone : the Collapse and Revival of American Community.* Simon & Schuster. 2001.

Rawls, John (2008). 「정의론」 황경식(역). 이학사. *A Theory Of Justice.* Harvard University Press. 1999.

Redfeild, R., Linton, R., and Herskovits, M. (1936). *Memorandum on the*

Study of Acculturation. American Anthropologist. 38(1).

Rein, Martin. and Schon, Donald (1991). Frame Reflective Policy Discourse. In P. Wagner et al.(eds). *Social Sciences and Modern States: National Experiences and Theoretical Crossroads.* 262-289. Cambridge: Cambridge University Press.

Russel, B. (1973). 「새 시대의 새 희망」 박상규(역). 대양서적; *New Hope for a Changing World.* 1951.

Sam, D. L. and Berry, J. W. (2006). *Acculturation Psychology.* Cambridge University Press

Sleeter, C. E. and Grant, C, A. (2006). *Making choice for multicultural education: Five approaches to race, class and gender*(5th ed). New York: John Wiley & sons.

Smith, Philip (2001). *Cultural Theory: An Introduction,* Oxford: Blackwell Publishing C0, Ltd.

Smith. (2004). 「만들어진 전통」 박지향(역). 홉스봄, 랑거편, 휴머니스트; *National Identity.* Las Vegas: University of Nevada Press. 1999.

Strayer, Joseph R. (2001). *On the Medieval Origins of the Modern State.* Princeton University Press.

Tamura, E. H. (1994). *Americanization, Acculturation, and Ethnic Identity.* University of Illinois Press.

Taylor, Charles (1994). The Politics of Recognition. Gutman, Amy(ed), *Multiculturalism: Examining the Politics of Recognition. Princeton,* New Jersey: Princeton University Press pp. 25-73.

Taylor, Michael (1976). *Anarchy and Cooperation,* London and New York: Wiley.

Taylor, Michael (1982). *Community, Anarchy & Liberty.* Cambridge University Press

Taylor, Michael.(2006). 「공동체, 아나키, 자유」 송재우(역). 이학사. *Community, Anarchy, and Liberty.* Cambridge University Press. 1982.

Tilly, Charles (1975). Reflections on the history of European state−making, in Tilly(ed), *The Formation of National State in Western Europe*. NJ: Princeton University Press.

Tobias Huebinett. et, al.(2012). 「인종간 입양의 사회학: 이식된 삶에 대한 당사자들의 목소리」 뿌리의집(역). 뿌리의집. *Outsiders within : writing on transracial adoption*. South End Press. 2006.

Troper, H. (1999). "Multiculturalism." In Magocsci, P. R.(ed.), *Encyclopedia of Canada's Peoples*. Toronto: University of Toronto Press

Tversky, Amos and Kahneman, Daniel (1981). *The Framing of Decisions and the Psychology of Choice*. Science. 211.

UN (1998). 「국제이주의 통계에 관한 권고」

UN (2007). *Committee on the Elimination of Racial Discrimination*.

UNDP (2009). 「제1차 외국인정책 기본계획」 외국인정책위원회(역); *Human Development Report*. 2008.

Weber, Max (1968). *Economy and Society*, Vol. 1, edited by G. Roth and C. Wittich, New York: Bedminster Press.

Whitehead, K. (2009). Implication of Ethnic Identity Exploration and Ethnic Identity, Affimation and Belonging for Intergroup Attitudes Among Adolescents. *Journal of Research on Adolescence* 19(1).

Yack, B, (1999). The Myth of the Civic Nation. Beiner, R.(ed.), *Theorizing Nationalism*. Albany: State University of New York Press

Yuval−Davis, Nira (2012). 「젠더와 민족」 박혜란(역). 서울: 그린비; *Gender and Nation*. SAGE Publications. 1997.

宮崎正勝(2005). 「지도로 보는 세계사: 인류의 역사가 새겨진 새로운 세계지도를 읽는다」 노은주(역). 이다미디어. 地圖と地名で讀む世界史. 日本實業出版社. 2004.